フリー エージェント 社会の到来

FREE AGENT NATION 新装版

組織に雇われない新しい働き方

THE FUTURE OF WORKING FOR YOURSELF

ダニエル・ピンク

序文＝玄田有史

訳＝池村千秋

DANIEL H. PINK

ダイヤモンド社

FREE AGENT NATION

by Daniel H. Pink

This edition published by arrangement with Grand Central Publishing, New York, New York, USA through Japan UNI Agency, Inc., Tokyo.

序文

組織か、個人か――。

組織を重視すべきか、それとも個人を重視すべきか、という二者択一の発想が、いまだに日本社会を覆っている。

ビジネスでも、スポーツでも、これまで日本の強みとは、すぐれた「組織の力」だと言われてきた。一人ひとりは傑出した才能をもっているわけでもなく、体格面で欧米に劣っていたとしても、一致結束した組織の団結力さえあれば、難局はきっと乗り越えられる。それが日本社会の信念であり、美学であった。

だが、そんな組織頼みの考え方は、すでに限界を迎えているのかもしれない。インターネット・ビジネスの変革は、スティーヴ・ジョブズのような突出した才能の個人がいなければ起こらなかった。2014年のサッカー・ワールドカップで優勝したドイツも、善戦したチリやコロンビアも、最後にモノをいうのは、個人の意志と技と体力である。どんなにチームでいいサッカーをしても、最後にゴールを仕留めるのは、結局のところ、個人の力だ。

一方、日本社会では突出した個人が生まれにくい、とも考えられてきた。生まれ出ようとしても、出る杭は打たれるがごとく、個性的な才能は得てして認められなかったり、ときには煙たがられ、つぶされてしまうことすらある。日本で個性は育たない。その結果「だから日本は駄目だ」ということになる。

そうなると、今度は「個人の力」を伸ばしていかなければならないという意見が必ず強まっていく。会社内でも、組織にどれだけ貢献したかという曖昧な評価よりも、個人としての具体的な成果を評価すべきという考えに重きが置かれるようになる。1990年代以降、会社人事の主流となった、年功主義から成果主義という流れも、その変化と軌を一にする。

しかし、個人を重視する傾向が強まれば強まるほど、今度は一人ひとりがバラバラになってしまい、チームとしてのまとまりが失われていくことが懸念されるようになる。個人としても、組織で取り組んできたときのような一体感が保てなくなり、仲間意識も消えていく。最後に待っているのは、孤立した状態に陥った個人ばかりが増える現実だ。そして今度もまた「やはり日本は駄目なんだ」となっていく。

そろそろ、私たちは、組織か、個人か、という不毛な二分法から抜け出さなければならない。大事なのは、組織も、個人も、である。しかし、そこから抜け出すための新しい発想や向かうべき確かな方向性が見いだせないまま、日本社会は迷走を続けてきた。

そんな二者択一を軽々と飛び越えてしまう存在。組織をうまく活用しつつ、同時に個人としての自由や成功を謳歌する。それが本書で示されるフリーエージェントの姿だ。

日本で社会的に成功するとは、偏差値の高い大学に入り、有名な大企業に就職し、そこで着実に出世しながら定年まで勤め上げ、引退後は悠悠自適な生活を過ごすことだ、と永らく信じられてきた。しかしいまや、いわゆる一流大学を卒業しただけでは、就職もおぼつかないご時世である。首尾よく一流企業に就職したところで、数年後には業績が突然悪化し、統合・再編やときには倒産したりすることも珍しくはない。そうなると途中で再就職に努力しなければならないし、年金もおぼつかないまま、老後も働き続けることは当たり前になる。

もはや、一流大学・一流企業での成功など、夢の夢でしかない。いや、そんな一流志向など、幻想でしかなかった。日本人の大多数からみれば、ごくごくひとにぎりの人のみにしか、そんなチャンスはそもそも与えられていなかったのだ。

むしろ、多くの日本人にとって開かれた、リアルなジャパニーズ・ドリームとは、もっと別のところにあった。地方で中学や高校まで暮らし、卒業後は都会に出て、下町の工場などでせっせと働く。社長や先輩に毎日きびしくしごかれながら、次第に職人としての腕を磨いていく。まさに映画『ALWAYS　三丁目の夕日』の世界だ。

その後、別の地方から出てきた同じ職場の同僚と結婚、所帯を構える。数年たち、社長から呼ばれた夫婦は「自分の会社をもってみないか」と言われ、銀行も紹介してもらう。そして晴れて自営業として小さいながらも一国一城の主となり、子どもはなんとしても大学に行かせてやりたいと、汗水垂らして働く。従業員ではないので定年など無関係に生涯働き続け、たまに顔を見せてくれる孫の成長を見守って生きていくのだ。

それが、努力すれば手が届く本当のジャパニーズ・ドリームだった。高度成長の時代には、実際その多くが実現してきたのだ。

ただ高度成長が終わるのと時を同じくして、そんな古き良きジャパニーズ・ドリームも失われていく。1980年代以降、それまで増え続けていた農林業以外の自営業者も、減少の一途をたどり続ける。その後、目指すべき道が見いだせないままの状態が、日本では続いてきた。

しかし、そうした閉塞状況を打破し、新しいジャパニーズ・ドリームにつながる可能性をこそ、フリーエージェントは秘めている。

フリーエージェントとは「インターネットを使って、自宅でひとりで働き、組織の庇護を受けることなく自分の知恵だけを頼りに、独立していると同時に社会とつながっているビジネスを築き上げた」人々のことである。それは大別すると、フリーランス、臨時社員、そしてミニ起業家から構成される。

驚異なのは、本書が初めて刊行された2001年時点で、米国社会ではすでに、働くほぼ4人に1人が、なんらかの意味でフリーエージェントであるという事実だ。著者ダニエル・ピンクは、家族とともに1年をかけて全米を旅し、大勢のフリーエージェントとじかに会い、生活や仕事、悩みや希望をつぶさに聞いて回った。そんなフリーエージェントの生の証言の数々が、本書ではふんだんに紹介されている。

それらのフリーエージェントに共通するのは、インターネットや地域コミュニティーを活用した、ヨコのネットワークの存在である。ヨコのつながりの存在こそ、フリーエージェントがプロジェクトを成し遂げるための根幹であり、セーフティーネットである。フリーエージェントは、組織に従属はしていないが、同時に社会から孤立した個人でもない。

フリーエージェントの世界では、遊びと仕事の境界がいい意味で曖昧である。むしろその渾然とした状態こそが「クール・フュージョン（カッコいい融合）」という考え方が、フリーエージェントには根を下ろしている。

かつて、仕事をする上での前提は、すべて「組織」にあった。組織に人が集まり、集まった人々のみが知恵をしぼり、粘り強く努力を積み重ね、やっとの思いで何かを成し遂げる。それが「仕事をする」ということだった。

しかし、インターネットが普及し、組織の外部とも格段につながりやすくなり、同時にグローバル化が競争のスピードを加速させるようになると、仕事の前提は「組織」から「プロジェクト（事業）」へ移っていく。仕事はまず組織ありきでなく、顧客や取引先から「プロジェクト」がダイレクトに舞い降りてくる。もしくは経営からトップダウンで、リーダーに対し「プロジェクト」のミッションが伝えられ、一定期間内での遂行が求められる。

にもかかわらず、組織のタテ社会の人間関係に縛られているならば、プロジェクトの期限内での実現は到底不可能である。必要なのは、組織のしがらみにとらわれることなく、適材適所で縦横無尽に活躍できるフリーエージェントの存在だ。重要なプロジェクトの多くは、既存組織のメンバーだけから構成されるのではなく、組織を超えて集まったフリーエージェントたちの手を借りることによってのみ、成し遂げられるのだ。

その事実は、働く個人にとってみれば、仕事上の安定を手にするために組織にしがみつき続ける時代が、確実に終焉を迎えつつあることを意味する。少なくともひとつの組織に忍耐強くこだわり続ける生き方や働き方は、これからは確実に少数派となる。むしろ複数のプロジェクトから常時必要とされ、臨機応変に対応できるフリーエージェントのプロジェクト・マン（事業人）として輝くことこそ、いまや成功とやりがいを得るための、最も有効な手立てとなっている。

ビジネスは、組織一辺倒の世界から、プロジェクトの世界へと大きく重心を変えつつある。それが「フリーエージェント社会の到来」の背景にある。

そして本書の著者であるダニエル・ピンク本人こそ、現在、最も輝いているフリーエージェントのひとりである。

ピンクは、ノースウェスタン大学を卒業し、イェール大学のロースクールを修了している。ただ、あるスピーチのなかで「私は若気の至りからロースクールに入りました。成績は控え目にいってもあまりよくなく、上位90％以内の成績で卒業しました（笑）。これまで法律の仕事はしたことがありません。というか、やらせてもらえなかったというべきか（笑）」と、学生時代を述懐している。

だがその後、ダニエル・ピンクは、米上院議員の経済政策担当補佐官を経て、ビル・クリントン政権下でロバート・ライシュ労働長官の補佐官、ゴア副大統領の首席スピーチライターなどを務めることになる。そしてしばらくすると、家族と過ごす時間が十分に取れないことに嫌気が差し、ホワイトハウスの職を捨て、ピンク自身、フリーエージェントへと転身している。

2002年に刊行された日本語初版本のなかで、訳者の池村千秋は「本書の主張をとりわけ説得力あるものにしているのは、マクロな視点とミクロな視点をあわせもっていること」「高度で専門的な裏づけを求められるポストを歴任してきた著者の主張は、単なる現場報告やハウツーの指南にとどまらず、『産業革命以来の変化』と著者が呼ぶ社会の大きな潮流を（本書は）とらえたものになっている」と述べている。ちなみに池村氏は、話題のビジネス書や経済書の翻訳を数多く手がけ、次から次へとたたみかけるように展開される本書でも、その魅力を刺激的かつわかりやすく伝えることに見事に成功している。

独立後、ニューヨーク・タイムズやワシントン・ポストで記事や論文を執筆していたダニエル・ピンクにとって、2001年に米国で出版された本書『フリーエージェント社会の到来（原題：*Free Agent Nation*）』は、記念すべき処女作である。本書で高い評価を獲得することに成功した後、次々に著作を執筆、『ハイ・コンセプト』（2006年）、『モチベーション3・0』（2010年）、『人を動かす、新たな3原則』（2013年）など、日本を含めた世界各国で翻訳されている。その著作はこれまで34カ国語に翻訳され、世界中で200万部以上を売り上げているという。2013年には、世界で最も影響力のある経営思想家トップ50を選ぶ〝Thinkers50〟の第13位に選出されるなど、ダニエル・ピンクは当代随一のオピニオン・リーダーであり、思想家である。

そんなダニエル・ピンクが、来日していた2007年5月、フラリとひとりで私の研究室をたずねてきたことがある（日本語初版本に、私が解説を寄せたことが理由のようだった）。会ってみると、実にきさくな明るい人柄で、こういう人だからこそ、本書のような親しみがもてて、信頼できる文章が書けるのだなと、つくづく感心した。柔軟で好奇心を大切にするフリーエージェントとしての生き方を、ダニエル・ピンクはまさに体現している人物だった。

この本を読むと、ダニエル・ピンク自身や本書に多数登場するようなフリーエージェントの清々しい生き方に、憧れる読者も多いはずだ。読者には、単に憧れを抱くだけにとどまらず、ひとりでも多くフリーエージェントとして成功してほしいと願っている。だとすれば、そのために何から始めればよいのか。

まずは、自分はフリーエージェントになると「フリーエージェント（FA）宣言」することだろう。自分のホームページをつくり、そこでFAとなることを宣言する。その上でフリーエージェントとして自分がやりたいこと、やれることの発信をとにかく始めるのだ。

情報であれ、環境であれ、医療・福祉であれ、コミュニティー・ビジネスであれ、今後成長が期待される分野に共通する法則がある。それは「与えた者こそが与えられる」という法則だ。インターネット上では、情報を発信する人ほど、貴重な情報が集まる。医療や福祉の分野でも、他者を癒そうとする人が最も癒され、ケアする人ほどケアされる。フリーエージェントも、まずは宣言し、みずから行動を起こすことが何より必要だ。それがあって、はじめてチャンスやヒントは集まってくる。

その上で、日頃思っていたり感じていることについて率直に話し合える仲間を、働いている会社や通っている学校などの外に、せっせとつくることである。それは、SNS、コネクション、同窓会、保護者会、自治会、NPO活動、地域活動など、なんでもかまわない。大事なのは、心をむなしくし、そこで交わされる他人の話や、自分の知らない世界に耳を澄まし、深くうなずき、ときに感動することだ。フリーエージェントのネットワークで「いちばん得るものがあるのは、自分の問題について考えているときではなく、他人の問題を検討しているとき」なのだ。

フリーエージェントは、けっして夢物語ではない。会社で働いている人なら、オーガニゼーション・マン（組織人）の世界だけにとどまることなく、フリーエージェントとしてのもうひとつの別の場所と時間を、今日からつくりはじめるべきだ。

大事なのは夢見ることではない。行動することである。

本書には、フリーエージェントとして行動するためのヒントが、これ以上ないほど満載である。これからの日本の確かな希望となるフリーエージェント社会の到来を実感してほしいと思う。

２０１４年７月

玄田有史

プロローグ

もっと違う種類の仕事を探したほうがいいと気づいたのは、もう少しのところでアメリカ合衆国副大統領にゲロをひっかけそうになったのがきっかけだったと思う。

6月のワシントンDCは、うだるような暑さだった。ワイシャツは汗に濡れてべったり肌に張りつき、気分までじめじめした。アル・ゴア副大統領の首席スピーチライターになって、まる2年がたとうとしていた。夕方までにスピーチ原稿を2本仕上げなくてはならない。その午後、私はコンピュータにかじりついて、キーボードを力任せに叩いていた。

散らかったオフィスでは、同僚のスピーチライターがほかに2人働いていた。2人も仕事を抱えて苦しんでいた。これ以上ないくらい鬱陶しい天気だというのに、私たちはホワイトハウスで働く男に求められる制服をきっちり着込んでいた。スーツのズボンに、糊のきいたゴワゴワのワイシャツ。喉仏は、窮屈なネクタイに締めつけられている。私たちのオフィスが入っていた267号室は、いつもどことなく中学の更衣室のようなにおいがした。この日は、ことさらひどかった。ワシントン全体が蒸し風呂になったような日に、国家権力の片隅にあるはずの私たちのオフィスではエアコンが故障していたのだ。

午後5時45分、私は仕上がった2本のスピーチ原稿をプリントアウトすると、ゴア副大統領の執務室に急ぎ足で向かった。ホワイトハウス西館の副大統領執務室は、大統領執務室から歩いて60歩のところにある。6時には、「スピーチプレップ」という奇妙なミーティングが始まる。スピーチライターの見ている前で副大統領がスピーチ原稿を読み上げて、気に入ったところと気に入らなかったところ――こちらのほうが多いのだが――を指摘する。私たちは、たいてい黙って批判を頂戴することになる。

この日のスピーチプレップは、うまくいった。副大統領はご機嫌でジョークを飛ばし（副大統領執務室はエアコンがきいていたのだ）、原稿にもおおむね満足したようだった。私が吐き気と目眩を覚えたのは、45分間ほどのミーティングが終わって席を立とうとしたときだった。副大統領執務室を出て、重々しいマホガニーのドアを閉めると、しばらく控え室でぐずぐずしていた。この時間にもまだ大勢の補佐官が残っていて、電話に応対したり、来客を品定めして、奥の聖なる間を守っていた。顔色が悪いのに気づいて、同僚が声をかけてくれた。「おい、顔が真っ青だぜ」

「ああ」と、私は答えた。「どうも気分が悪いんだ」

気がついたときには、椅子に座って胃の中の物を戻していた。まるで嘔吐の達人であるかのように、淡々と吐き続けた。幸いにして、高価なカーペットは汚さずにすんだが、飾り鉢の中に吐いてしまった。デンマーク女王からの贈り物だったように思う（国際法の解釈次第では、私の行為はデンマークへの宣戦布告と受け取られかねないのだそうだ）。

顔を上げ、瞬きをして、ぼやけていた視界がはっきりしてくると、同僚たちのぎょっとした顔が目に入った。唖然とするのも無理はない。こともあろうにホワイトハウス西館でこんな粗相をする人間には、めったにお目にかかれない。最初に頭をよぎったのは、こんな考えだった。「ああ、これでこの連中には一生、ホワイトハウスでゲロを吐いた男として記憶されることになるんだな。血の汗をかくほど働いて、いいスピーチを書いて、不愉快なことにも我慢してきたのに、これで全部台なしだ」

すぐにホワイトハウスの医師がやって来て、私は医務室まで連れていかれて、血圧や心拍数を測られた。診断の結果は、過労だった。

その3週間後、7月4日のアメリカ独立記念日に、私は勤めを辞めた。そう、もう2度と勤め人にはならないと決めたのだ。私は、フリーエージェントになったのである。

新しい働き方への共感と批判

ワシントンの自宅の屋根裏にオフィスをこしらえると、幼い子どもと妻のために、身につけた技能とコネを生かしてどうにか生計を立てようと考えた。ビジネス誌のファストカンパニーでレギュラーの仕事を確保した。電話で売り込みもした。やがて仕事の依頼が入ってくるようになった。こうして、私ことダニエル・H・ピンクは、特定の組織に属さずに、スピーチの原稿や雑誌の記事を書く仕事を始めた。

実を言うと、ホワイトハウスから我が「ピンクハウス」への脱出は、ずっと前から考えていたことだった。ホワイトハウスの仕事は、最初は楽しかった。副大統領専用機エアフォース・ツーに乗って旅ができるし、会議があれば副大統領公邸に入ることもできる。ウォルフ・ブリッツァーのような花形ニュースキャスターにばったり出くわすこともある。

しかし、権力の中枢に上り詰めたという高揚感はすぐに、どんよりとした悲しみに変わってしまった。もっと妻と一緒に過ごしたかった。もっと娘と一緒に過ごしたかった。もっと人生を楽しみたかった。そして、いわゆる「公職」に就いている人間がこういうことを言うと意外に聞こえるかもしれないが、もっと仕事で充実感を得たかった。

そう思っていたのは、私だけではなかった。少なくとも、私はそう感じていた。友人や知人のなかにも、会社や役所の勤めを辞めて、独立して働きはじめる人たちがいた。もちろん未来の大企業経営者を夢見ている人もいたが、たいていは、そんな大それたことは考えていなかった。転身組の多くは、私のように仕事に疲れ、そして職場に失望していた。自分の好きなように生きることができれば、それで満足だった。

私はファストカンパニー誌の編集部に申し出て、この現象について取材することになった。調査の結果は目を見張るものだった。実に大勢の人たちが独立を宣言し、フリーランスや自営業者、ミニ起業家になっていることにも驚かされたが、こうした「フリーエージェント」とでも呼ぶべき人たちが新しい道を選ぶ理由、そしてそれを実践する方法にも驚かされた。

記事がファストカンパニーのカバーストーリーになると、1日もたたないうちに私の電子メール受信箱は大量のメッセージであふれかえりはじめた。寄せられた電子メールの多くは好意的な内容だった。その後も毎日続々と、フリーエージェントという新しい働き方にお墨付きを与えたことに感謝する電子メールが届いた。

一方、評論家や専門家は批判的だった。フリーエージェントなどというものは、そもそもあり得ないというのである。ピンクは頭がおかしいから治療薬を飲んだほうがいいと、ワシントン・ポスト紙のあるコラムニストは書いた。幻覚を見て、たわごとを言っているとしか思えないというのだ。それだけでなく、フリーエージェントは好ましくないと、彼らは主張した。ニューヨーカー誌はファストカンパニーの私の記事を評して、アメリカの忠誠心を葬り去るべきであると「これほど声高に宣言したものはかつてなかった」と書いた。

普通の人たちは私に快哉を叫び、エリートたちは私を悪しざまに罵った。自分が大きな獲物を捕まえようとしていることはわかっていた。


しかし、わかっているのはそこまでだった。フリーエージェントについて調べれば調べるほど、この新しい働き方についての知識や情報が不足している——もっと言えば、皆無に等しいということに気づかされた。企業でリストラが日常茶飯事になり、コンピュータとインターネットが日々進歩している今日も、組織に雇われずに個人で働いたり、ミニ企業を経営している人たちについては、誰もまったくと言っていいほど知らなかった。

この類の情報をいちばんもっていそうなのは政府の様々な統計機関だが、そこにもデータはなかった。毎月の失業率を発表する労働省統計局やアメリカの「情報の宝庫」をもって任ずる商務省国勢調査局にも資料はなかった。お金を印刷している財務省も、そのお金を人々がどうやって稼いでいるかはほとんど把握していなかった。

そこで私は思いついた。国家が国の実態を把握しようとする場合、どうするだろう？　やることは決まっている。国勢調査を行うのだ。人々に話を聞き、あれこれ質問をし、その時点での国の姿を描き出そうとする。フリーエージェントの実態がよくわからなければ、「フリーエージェント・ネーション（フリーエージェントの国）」の国勢調査を実施すればいい。

自分で調べるしかない！

私の34回目の誕生日の前日、アメリカ政府は「酷暑警報」を発令して祝福してくれた。気温は40度近くまで跳ね上がり、空気は核爆発が起きそうなくらいじっとり湿っていた。もうご存知のように、私は暑いのは苦手なのだが、この日は、どうしてもすませなくてはならない用事があった。

メリーランド州のストートランドという町に、私は向かっていた。ワシントンDCから郊外に5キロほど行ったところにある寂しい町だ。「第一級質店」や「神様におまかせ美容院」などという名前の店が入った狭苦しいショッピングモールから通りを隔てたところに、有刺鉄線で囲まれた4エーカーほどの国有地がある。国勢調査局の本部である。敷地内には建物が5棟あり、そのうちの1棟――ブレジネフ時代のソ連の小学校みたいな煉瓦造りの3階建ての建物――の2階に、お目当ての人物、ジエームズ・F・ホームズはいた。

ホームズの肩書きは国勢調査局の局長代行。前局長が突然辞職してしまったために、この在職30年のベテランに白羽の矢が立った。国勢調査局アトランタ支局長だったホームズは、わずか1週間の時間的猶予で、ピンチヒッターとして2000年国勢調査の一切を取り仕切ることになったのだ。私はホワイトハウス時代のコネを使って、ホームズと面会の約束を取りつけていた。ただし、来訪の本当の目的ははっきり伝えていなかった。

ホームズがオフィスのドアを開けて迎え入れてくれた瞬間、私はこの男にとてもいい印象をもった。ホームズはベージュのシャツを着て、頭がくらくらするようなややこしい柄のネクタイをしていた。ずっと笑みをたたえていたけれど、決して形だけのものではなく、心がこもっていた。黒い口ひげにはちょっと白いものが混じっている。大きな眼鏡の奥では鋭い目が光っていた。彼が国勢調査についてにこやかにしゃべっている間、私は本題を切り出す勇気をどうにか奮い起こそうとしていた。

私はまず、2億8000万もの人の統計を集めるという気の遠くなるような作業を遂行している国勢調査局の仕事ぶりは感服すべきものであり、収集されたデータは極めて有益なものであると、ホームズを称えた。そして、恐る恐る切り出した。けれども、政府はフリーエージェントの人口をはじき出し、その生活の実態を明らかにし、その未来を示すことはしていない、と。いまあなたに必要なのは――いや、アメリカに必要なのは――フリーエージェント・ネーションの国勢調査なのです、と私は言った。「もし調査を委託していただければ」と、私は助力を申し出た。「あとは私が全部やります」

さっきまでの陽気な雰囲気はすっかり消えてしまった。ホームズはまずデスクに目を落とし、視線を上げて私を見て、また目を伏せて、そしてまたこっちを見た。

1970年に行われたアメリカの第1回国勢調査のようなものを考えていますと、私は説明した。第1回国勢調査は、国務長官トーマス・ジェファーソンの指揮の下、わずか17人の調査員によって実施された。完璧とはいえなかったが、これにより実に多くのことがわかった。推測の域にとどまる部分はあるものの、全体的に見れば、調査結果は「真実にかなり近い」ものになったと、ジェファーソンはジョージ・ワシントン大統領に請け合った。私もホームズに約束した――もしフリーエージェント・ネーションの国勢調査を委託してくれれば、「真実にかなり近い」結果をお持ちしましょう、と。

「よく勉強してきましたね」と、ホームズはため息混じりに言った。「ですが、あなたのおっしゃるようなことは、通常やっていないんです。残念ですが、お申し出を受けることはできません」。それでも彼は、ミニ企業やフリーランス、組織に雇われずに働いている専門職について、もっと詳しく調査する必要があることには同意したし、私のプロジェクトに興味をもったように見えた。彼は、ちょっと失礼と言って勢いよく席を立つと、部屋を出て行った。秘書のキャロルに聞きたいことがあるということだったが、私は気が気でなかった。本当は、何かあったらすぐ警備員室に連絡させるために、通報ボタンに指をかけておくようにと秘書に指示しているのではないか……。

しかしホームズは戻ってくると、1枚のメモを私に手渡した。そこには、フリーランスを専門に調査している国勢調査局職員の名前が書かれていた。

「この方に連絡すれば、きっと有益な情報を教えてもらえることでしょう」と、私は言った。「でも全部自分でやりたいんです。それも無償でやるつもりです」

「せっかくですが……」。彼は立ったまま、私を部屋の外に促すようにしながら言った。

「やっぱり駄目ですか？」

彼は、駄目だと首を振った。

「そうですか」。私はホームズのオフィスを出ながら言った。「結果はお知らせしますよ」

ホームズは微笑むと、また首を振り、デスクに戻った。オフィスの外には、まだ大勢の陳情者が待ち構えていた。

駐車場から妻のジェシカに電話した。「駄目だってよ」と報告した。「どうやら、ぼくたちだけでやらなくちゃいけないみたいだ」

「上等だわ」と、ジェシカは電話の向こうで言った。「やりましょう」

こうして、私たちの調査が始まった。それから1年間、妻と私、それに幼い娘――間もなく娘がもうひとり加わることになる――は、フリーエージェント・ネーションを探し求めて、アメリカ各地を旅した。数えきれないほどの町を訪れて、コーヒーショップや図書館や本屋で、家庭のリビングルームやキッチン、地下室や裏庭で、大勢のフリーエージェントと会い、仕事や生活、将来の夢、抱えている問題について話を聞いた。ジェファーソンのように、私は「真実にかなり近い」結果を得たいと思っていた。

そして実際に、「真実にかなり近い」結果を得ることができたと思っている。

フリーエージェント社会の到来　新装版　**目次**

本書に登場する人物は基本的に実名だが、本人の希望により仮名とした場合はその旨明記した。

また、各章末には章ごとのポイントを「まとめ」として付けた。

第1部

フリーエージェント時代が幕を開けた

第1章

組織人間の時代は終わった

私は組織人間じゃないわ。組織を守るのは得意じゃないの。

——リサ・ワーナー・カー（テキサス州ダラス）

朝7時45分のニューヨーク。私はいままでしたことのない——そしてこれからも2度としそうにない——ことをしている。この4月の朝、私は、ニューヨーク市クイーンズ区ベイサイドにあるセブン-イレブンの前に立って、70歳近い女性が現れるのを待っていた。

待ち合わせの相手は、ベティ・フォックス。またの名をグランマ・ベティ（ベティおばあちゃん）。この女性は、フリーエージェント的な発想がアメリカ人の生活の隅々にまで浸透しはじめていることを庶民の実生活のレベルで実証している。

話は、1960年代はじめにさかのぼる。夫のデーヴィッドが2人の息子を残して、33歳の若さで世を去った。当時は、女性解放運動の夜明けの時期。ベティ・フリーダンの『新しい女性の創造』が時代の空気を支配していた。しかし、このユダヤ系の主婦ベティが女性たちに仕事をつかみ取るよう呼びかけていた頃、夫に先立たれたもうひとりのユダヤ系の主婦ベティは仕事に振り回されていると感じていた。

家族の生活を支えるために、ベティ・フォックスは銀行の出納係として働きはじめた。その後、男の子向けのシャツの会社に移り、事務の仕事に就いた。しかし、勤めはじめて16年目に会社が潰れて、彼女は職を失ってしまう。それでも近所の知り合いの紹介で、どうにか小さな広告会社の事務管理の仕事を見つけた。だが、やがてこの会社も遠くに移転してしまい、彼女はとうとう仕事を続けられなくなってしまった。

このときベティは68歳。仕事もなければ、年金もなかった。そんなとき、コンピュータ技術者の息子がウェブTVに接続してくれた。ウェブTVとは、テレビを使ってネットサーフィンを楽しむことのできるテクノロジーである。

それから1年もたたないうちに、ベティはフリーエージェント・ネーションの住人になっていた。彼女が立ち上げたウェブサイトの名前は、「グランマ・ベティ・ドット・コム」。「行動派シニアのための出発点」というのが売り文句だ。ウェブTVでインターネットの世界を覗くようになって、ベティがいつも感じていたのは、インターネットにはごちゃごちゃいろいろな情報があるわりには、本当に欲しい情報は見つからないということだった（「ピーチ（桃）のことを調べようと思って検索すると、ポルノサイトがぞろぞろ出てくるのよ！」と、彼女は言う）。そこで彼女は、いろいろなサイトを自分で整理しはじめた。そのリストを息子が彼女のウェブサイトに載せた。こうして彼女は自分では知らずに、ベンチャーキャピタリストやインターネットの専門家が「ポータルサイト」と呼ぶものをつくり上げていった。

やがて、サイト宛てに電子メールが津波のように殺到しはじめた。「パンの焼き方を教えてほしい」「便秘がひどいんだけれど、どうしたらいいかしら」「サポートストッキングを買うにはどこに行けばいい？」……。こうした質問に答えるために、ベティはネットサーフィンをし、回答を電子メールで送り返し、サイトに新しいリンクを増やしていった。往年の人気テレビ番組「エド・サリヴァン・ショー」の司会者エド・サリヴァンの関連サイトを探すのであれば、「グランマ・ベティ・ドット・コム」の娯楽セクションがいちばん充実したリンクを載せている。ベティのサイトの「ユーモアセンター」を覗けば、「老経理屋は死なず。ただ赤字を計上するのみ」といった気の利いた冗談も載っている。

クイーンズのダイナー（簡易食堂）で話を聞きながら、サイトのコンテンツの整理方法について尋ねると、「全部、アルファベット順よ」と言って、彼女は胸を張った。最近は、ネット上で名前が売れているおかげで執筆やコンサルティングの仕事が入ってくるほか、2〜3のオンラインショッピングサイトと提携して少額ながら安定した収入も入ってくるようになった。

「人の下で働くよりよっぽどいい」と、彼女は言う。「息子は、私のサイトには利用者を惹きつける粘着力があると言うけれど、私自身も粘り強いほうなの」

ベティ・フォックスは、未来を先取りしている。本人に自覚はないかもしれないが、彼女はアメリカ人の労働観や働き方に起きている根本的な変化を象徴している。インターネットを使って自宅でひとりで働き、組織の庇護を受けることなく自分の知恵だけを頼りに、独立していると同時に社会とつながったビジネスを築き上げた。そう、彼女はフリーエージェントとして生きているのだ。

この10年の間に、アメリカのほぼすべての産業と地域で根本的な変化が起きた。それは、100年前にアメリカ人が農場を離れて工場で働きはじめて以来の重要な変化と言ってもいいかもしれない。大勢のアメリカ人が——そして次第にほかの国の人々も——産業革命の最も大きな遺産のひとつである「雇用」という労働形態を捨て、新しい働き方を生み出しはじめている。自宅を拠点に小さなビジネスを立ち上げたり、臨時社員やフリーランスとして働く人が増えているのだ。

従来のように会社勤めをしている人の間でも、フリーエージェントの発想に近い働き方をする人が多くなった。在宅勤務をしている人もいるし、会社を転々と移る人もいる。会社の中でベンチャーを立ち上げ、その成否を自分の肩に背負っている人たちもいる。安定したサラリーではなく、能力給で働く——あるいはそうすることを余儀なくされている——人も増えてきた。

政治や主流派メディアのレーダーに映らない場所で、数千万人ものアメリカ人がフリーエージェントとして働いている。嫌な上司や非効率な職場、期待はずれの給料に嫌気が差して会社を辞めた人もいる。あるいは、レイオフや企業の合併、勤め先の倒産により、会社を離れざるを得なくなった人もいる。いずれにせよ、彼らの行き着いた場所は同じだった。そして、さらに大勢の人たちがその後に続こうとしている。いまや、自分のキャリアやビジネスを理解し、社会と経済の未来を知るうえで、この新しい働き方について理解することは不可欠だ。シリコンバレーの最新テクノロジーやダウ工業株平均の値動きをフォローするのは確かに面白いかもしれない。しかし、経済の未来を本当に理解するためには、フリーエージェントについて知らなくてはならない。フリーエージェントとはどういう人たちで、なにをしていて、どういうふうに働き、なぜこの生き方を選択したのかを理解する必要があるのだ。

〝組織人間〟は過去の遺物

これまで何十年もの間、アメリカ経済を象徴していたのは、フリーエージェントとはまったく異なるタイプの人種だった。フォーチュン誌の編集者だったウィリアム・H・ホワイトは、いまや古典となっている著書『組織のなかの人間——オーガニゼーション・マン』(1956年)をこう書き起こしている。「この本のテーマは、オーガニゼーション・マン(組織人間)である。この言葉が曖昧に感じられたとしても、私はこれ以外に、この本で取り上げようとしている人たちを表現する言葉を思いつかない」

「オーガニゼーション・マン」という言葉は、いまではすっかり英語の中に定着した感がある。オーガニゼーション・マンは、当時のアメリカの典型的な労働者だった。そのほとんどは男性で、大組織のために個性や個人的目標を押し殺した。この禁欲の代償として、組織は定収入と雇用の安定、そして社会における居場所を提供した。「オーガニゼーション・マンはアメリカ社会の主流派である……アメリカの国民性を形成しているのはこの人たちなのである」と、ホワイトは書いている。この本は予想外の大ヒットになり、7カ月間にわたってベストセラーの上位を占め、数十年たったいまも企業研修や大学の参考書に使われ続けている。

オーガニゼーション・マンは、野蛮な個人主義に陥ることなく、高望みせずに、「悪くない給料とまずまずの年金、そして自分と限りなくよく似た人たちの住む快適な地域社会にそこそこの家を与えてくれる仕事に就こうとする」と、ホワイトは書いている。ホワイトによれば、オーガニゼーション・マンは、組織を信仰の中心に置く世俗版の宗教の倫理をしっかり守っていた。その教義では、個人は組織に忠実であることを求められた。それと引き換えに、組織も個人に忠実であってくれた。個性よりも仲間意識、個人の自己表現より集団の調和が重んじられた。個人は組織に忠誠を誓い、その要求に従った。

そうすることが経済的な安定を得るために賢明だったというだけではない。それこそが正しく立派な生き方だと考えられていた。「近頃では、生計を立てていくにはみんなと同じことをしなくてはならないと若者が言う場合、やむなく受け入れざるを得ない現実というだけでなく、それ自体を好ましいことと考えているのだ」と、ホワイトは書いている。

ホワイトは、次のようにも述べている。立志伝中の人物を尊び、開拓者精神を大事にするアメリカの伝統は消え去り、もはや見る影もなくなった、と。「多くの人の目に、起業家は強欲な利己主義者であり、不幸せな人物であると映っている」。その点、オーガニゼーション・マンはそんなことはない。独立への誘惑に負けず、社会で正しいとされる行動規範に従ってさえいれば、満足のいく暮らしをすることができるとされていた。「前途有望なのは……個人主義者ではなく、集団の中で集団のために働ける人間であると考えられた」とも書いている。

ホワイトが『組織のなかの人間』を著して以来、20世紀の終わりまで、オーガニゼーション・マンはアメリカ経済を理解するためのキーワードだった。オーガニゼーション・マンとその価値観や信条、労働形態、社会における地位を理解すれば、アメリカの労働についてすべてがわかると言っても過言でなかった。しかもホワイトによれば、オーガニゼーション・マンの価値観は会社の中だけにとどまらず、大学や研究機関、郊外住宅地にも浸透した。次第に、この発想は、アメリカ人の生活の土台をなす考え方に発展していった。戦後数十年の間、オーガニゼーション・マンを理解することは、アメリカそのものを理解することにほかならなかった。そこからは、アメリカ人がどういう制約の下で生活し、将来にどういう夢を抱いているのかが見えてきた。

ホワイトの本が出版された2年後から発表されるようになったフォーチュン誌の企業上位500社リストは、アメリカの繁栄のシンボルになっていった。このリストに名を連ねる巨大企業は、強大な経済力の象徴であり、アメリカが膨大な数の雇用を生み出しているという実証でもあった。

企業の家族的温情主義（パターナリズム）は当たり前のものだった。私の祖父が40年間勤務した電話会社AT&Tは、「マー・ベル（ベルおばさん）」の愛称で知られていた。理想的な就職先とされたメトロポリタン生命保険は、「マザー・メト」という愛称が誇りだった。10年ほど前までニューヨーク州ロチェスターの地域経済の3分の1を占めていたコダックは、地元では「偉大な黄色いお父さん」と呼ばれていた（コダックは、親どころか聖者になぞらえられることもあった。コダックのボーナス支給日は、ロチェスター周辺では「聖コダック・デー」と呼ばれたものだ）。子煩悩な親のように、組織はその「子ども」たちの面倒を見た。

しかし、1980年代に入ると事情は変わりはじめ、1990年代に入ってその変化は一気に加速した。84〜94年にかけて、「ベルおばさん」は従業員を12万人減らし、「マザー・メト」は1万人をレイオフした。「偉大な黄色いお父さん」は、2万人以上の従業員を整理した。企業はいまでもその組織を家族になぞらえることがあるが、家族の一部のメンバーに家から出ていってほしいと言うようになったのだ。

一方、テクノロジーの進歩により、企業の構造は様変わりし、かつては大企業が独占していたコンピュータや通信手段を個人でも所有できるようになった。21世紀が幕を開け、オーガニゼーション・マンはアメリカ経済の実像を解明するカギとしての力を大きく失ったことがはっきりしてきた。しかし、オーガニゼーション・マンに取って代わるのがどういう人種なのかははっきりしなかった。

そうした状況も、これでおしまいだ。

アメリカ社会を象徴する人物像は変わった

この本のテーマは、フリーエージェントである。この言葉が曖昧に感じられたとしても、私はこれ以外に、この本で取り上げようとしている人たちを表現する言葉を思いつかない。大組織に縛られることなく、自分の未来を自らの手で切り開くフリーエージェントたちは、アメリカの労働者の新しいモデルになりはじめている。自由気ままな独立した労働者が経済の新しいシンボルになりつつあるのだ。テクノロジーに精通し、自ら針路を定める独立独歩のミニ起業家たちが登場したのである。

数字を見てみよう。実は、いまフォーチュン上位500社の企業に勤めるアメリカ人は、10人にひとりもいない。アメリカ最大の民間の雇用主は、デトロイトのゼネラル・モーターズ（GM）でもなければ、フォードでもない。マイクロソフトでも、アマゾン・ドット・コムでもない。全米1100を超す支部をもつ人材派遣会社のマンパワー社だ。いまのアメリカの若者の夢は、組織の中で出世することではない。若い世代は、そもそも会社に就職することすら望まない場合もある。それよりも、主にインターネット上で自分の好きなやり方で仕事をやってみたいと考えている。

アメリカ社会を象徴する人物像が交代したことは、ニューヨーク州のフィッツジェラルド家を見ればよくわかる。父親のウォルト・フィッツジェラルドは、会社の中で出世の階段を一つひとつ上っていったが、30年間勤め続けた会社を55歳のときに辞めなくてはならなくなった。一方、娘のテレサは、出世の階段を一気に駆け上がって部門の責任者を任せられるまでになったが、35歳で会社を辞めてフリーエージェントになった。

ウォルトの勤めた会社は、家電業界の巨人ゼネラル・エレクトリック（GE）だった。ウォルトの故郷ニューヨーク州ユーティカは、GEの工場にちなんで「世界のラジオの都」を名乗っていた。ウォルトがGEに入社したのは、1958年。その後30年間、この会社に勤め続けることになる。ラジオ・キャビネットやパッケージのデザインを担当した後、マーケティング部門に異動。それから20年近く、見本市の運営を担当した。

その間ずっと、ウォルトはオーガニゼーション・マンとして生きてきた。本人にその自覚はなかった（「あんまりそういうことは考えたことがない」と言っている）し、どちらかと言うと型破りなほう（ビジネスカジュアルという習慣が広まるはるか昔に、ノーネクタイで出勤して同僚たちをぎょっとさせたこともある）ではあったのだが。ウォルトは、テレサをはじめ5人の子どもたちが目を覚ます前に家を出て、ダイナーで朝食を取り、毎日80キロもの距離を車で通勤した。

悪い暮らしではなかったと、彼は言う。しかしそれは、望んでいた生き方ともいえなかった。会社の提案箱に入れた業務改善案が評価されて500ドルの臨時ボーナスをもらうと、その金を使って、画家のノーマン・ロックウェルの創設した「フェイマス・アーティスツ・スクール」の通信講座を受講した。「朝4時半や5時に起きて、出勤前に通信講座の課題をやったものだ」と、彼は言う。才能があることは間違いなかった。ロックウェルにも、筋がいいと言われた。けれど彼には、芸術家になるという夢を追いかける時間はなかった。見本市の仕事を始めると「いつの間にか芸術のことは忘れてしまった。もうすっかりやめてしまった。絵を描こうとすると、かえっていらいらするようになったんだ」。ウォルトは、ロックウェルの絵の登場人物のような人生を送ったかもしれない。しかし彼の夢は、ロックウェルその人のような人生だったのだ。

出張先のサウスカロライナ州のホテルでテレビをつけて、GEが同業大手のRCAを買収すると知ったのは、1985年のことだった。この63億ドルの買収劇の結果、新会社では従業員のレイオフが行われ、社内の雰囲気も変わった。「それまでは、自分の置かれた立場はいつもよくわかっていた」と、ウォルトは現在の住まいがあるニューメキシコ州サンタフェでメキシコ風の卵料理を食べながら言った。「社内政治に仕事を邪魔されていると感じたのは、それがはじめてだった」

ほどなくして、忠実なオーガニゼーション・マンはもはやかつてのようには評価されないと悟り、ウォルトは退社することに決めた。55歳だった。十分な額の年金を手にしたが、結婚生活は破綻し、仕事はなかった。

同じ頃、娘のテレサが学校を出て働くようになった。グラフィックアートの学位を武器に、彼女は、コミックのメディアへの配信やキャラクターの版権で業界大手のユナイテッド・メディア社に入社することができた。このオーガニゼーション・マンの娘はトントン拍子に出世した。先輩のアシスタントとして出発して、すぐに複数のアシスタントを抱える身分になった。アシスタントデザイナーからシニアデザイナーに昇進し、入社1年でクリエイティブ・ディレクターに抜擢された。父親の時代であれば、申し分のない大出世と言ってよかった。

しかし、出世するにつれて給料と責任は増えたが、だんだん自分の好きなことをできなくなっていった。父のウォルトと同じく、テレサも芸術が大好きだった。それなのに、自分で芸術をつくるのではなく、芸術をつくる人間を管理するのが彼女の仕事になっていった。『あなたたちみんな、楽しいことをしていてうらやましいわ』と部下に言うのが口癖だった」と、テレサは言う。会議に疲れ、社内政治に嫌気が差して、彼女は会社を辞めた。出世の階段の頂点を極めた人間の退職。それを彼女は〝逆ルート〟と呼ぶ。

退社後の彼女は、別の会社に就職しようとはしなかった。フリーエージェントになったのだ。いまはひとりの上司の下で働くのではなく、コンピュータを備えつけたブルックリンのアパートで、いろいろな顧客を相手にロゴマークやパッケージ、その他諸々のデザインを請け負っている。収入は増えたけれど、会議は減った。それになによりも、いまは自分の好きなことを仕事にしている。「とっても純粋な生活よ」と、テレサはある昼下がり、マンハッタンのアッパー・ウェストサイドのコーヒーショップで言った。「人を管理するより、ものをつくるほうが私には向いている」

その点では、父親のウォルトも同じだった。GEを退社して数カ月後、彼はいくつかのプロジェクトを監督するためにフリーのコンサルタントとして会社に呼び戻された。仕事はきっちりこなした。フルタイムの社員として復帰しないかと、会社からもちかけられた。しかし、彼はその誘いを断り、自分の仕事に徹する職人の道を選んだ。かつてのオーガニゼーション・マンは、フリーエージェントのままでいることを選択したのだ。この娘にして、この父ありである。

「ハリウッドの世界」が普通になる

オーガニゼーション・マンからフリーエージェントへの移行は、経済と社会に起きているもうひとつの根本的な変化の原因であり、結果でもある。いま、力の所在は、組織から個人に移りはじめている。組織ではなく個人が経済の基本単位になった。ひと言で言えば、社会は「ハリウッドの世界」に変わりはじめたのだ。

20世紀前半、アメリカの映画産業は、ジャック・ワーナーやルイス・B・メーヤーのような大物の率いる大手映画会社に支配されていた。大手映画会社は、映画製作のためのテクノロジー、映画配給のルート、必要な人材のほぼすべてを支配下に収めていた。俳優や監督、脚本家、技術者は基本的に、映画会社の従業員、つまり華麗なる宮仕えの身だったのだ。

しかし1950年代になると、テレビが台頭したことや、連邦最高裁判所が反トラスト法違反を理由に映画会社に映画館を手放すよう求めたことにより、スタジオを中心とするシステムは崩れ、権力の移行が起きた。個人の力が強まり、それにともなって業界のあり方も変わった。

いまの映画産業は、かつてとはまるで違う仕組みで動いている。特定のプロジェクトごとに、俳優や監督、脚本家、アニメーター、大道具係などの人材や小さな会社が集まる。プロジェクトが完了すると、チームは解散する。その都度、メンバーは新しい技能を身につけ、新しいコネを手に入れ、既存の人脈を強化し、業界での自らの評価を高め、履歴書に書き込む項目をひとつ増やすのだ。新しいプロジェクトがあれば、またあちこちから人材が集まってくる。同じ人が一緒になる場合もあるだろう。しかしプロジェクトが終われば、フリーエージェントたちは再び別々の方向に別れていく。その繰り返しだ。特定の目的のために特定の場所に人材が集結して、使命が終わると解散し、メンバーはそれぞれ次のプロジェクトに向かっていく。

このハリウッド・モデルが、要するにフリーエージェント・モデルなのである。大勢の個人を常に戦力として抱える固定的な大組織は、戦力が常に入れ替わる小規模で柔軟なネットワークに取って代わられようとしている。新しいウェブサイト、新しい家電製品、新しい雑誌、新しいビル、新しい広告キャンペーン、新しい薬品……新製品や新サービスの成否がプロジェクトに携わる人間の知力、創造性、技能、熱意にかかっている場合、いまやハリウッド・モデルは常識になりつつある。

新しいソフトウェアを開発するにあたって、ソフトウェア会社はフリーエージェントのプログラマー軍団を呼び集める。こうして集結したスタッフは、少数の正社員と一緒にチームを構成して、厳しいスケジュールとプレッシャーの下で働く。開発した商品が市場に出ると、フリーエージェントたちは懐が豊かになり、履歴書の職歴欄にまたひとつ新たなキャリアを加えて、それぞれ旅立っていく。ニューヨーク室内交響楽団やブルックリン・フィルハーモニック、アメリカン・シンフォニー・オーケストラなど、フルタイムの団員をもたないオーケストラは、公演のたびにフリーエージェントの音楽家を集めている。ＰＲ会社にしても事情は似たようなものだ。たとえば「スミス&ジョーンズＰＲ」という会社であれば、社内にはスミス氏とジョーンズ氏しかいないという場合も珍しくない。このスミスとジョーンズは、それぞれのプロジェクトごとに適切な人材をかき集めることに才能を発揮することになる。「いま、仕事は2つの要素で構成されている」と、経営コンサルタントのトム・ピーターズは書いている。「その2つの要素とは、人材とプロジェクトである」

組織から個人への力の移行という大きな潮流のなかで、個人の選択の幅が一気に広がり、個人の生活も大きく変わった。オーガニゼーション・マンの時代には、仕事とはいわば「共通サイズ」の既製服だった。身につける服は、肉体労働者のブルーカラーか、事務労働者のホワイトカラーのどちらかだった。全員がほとんど同じ時間に出勤し、夕方はまた一斉に退社する。この時代の労働者のイメージと言えば、2つにひとつだった。ひとつは、ホイッスルが鳴ると同時に工場の門からぞろぞろ出てくる制服姿の工場労働者の集団。もうひとつは、朝7時31分きっかりに行列をつくって通勤列車に乗り込む灰色のスーツ姿の中間管理職の群だ。仕事が画一的だと、働く人も画一的にならざるを得ない。

働き方だけでなくライフスタイルの問題

しかし今日では、テクノロジーの進歩、経済の繁栄、「ハリウッド方式」の普及など様々な要因により、仕事という洋服の「サイズ」はひとつではなくなった。大量生産から手づくりへ、既製品からオーダーメードへの変化が起きている。

ほかの大勢のフリーエージェントたちと同じように、テレサ・フィッツジェラルドは、仕事を始める必要のある時間に仕事を始め、ノルマが終われば仕事をおしまいにする。普通の会社員のように午前9時から夕方5時まで働く日もあれば、午前11時に仕事を始めて夜8時まで続ける日もある。まったく仕事をしない日だってある。取引先の求める仕事をこなし、金を儲けることさえできれば、どういうふうに働くかは彼女が好きなように決めていい。事業を拡大したいと思えばそうすればいいし、いまのままでいいと思えばそのままにしておけばいい。それは彼女が決めればいいことだ。仕事の依頼を引き受けるのも断るのも、彼女の自由。いわば父親のウォルトは、反発を覚えながらもおおむね「共通サイズの服」に自分を合わせてきたのに対し、テレサは、「自分サイズの服」を着ることを信条にしている、というわけだ。

大量生産経済を支えたのは、フレデリック・ウィンズロー・テイラーの唱えた「科学的管理法」によって運営された工場の組み立てラインだった。反復、機械的作業、標準化、「唯一かつ最善の方法」といった発想を重んじるこの考え方は、提唱者の名前にちなんで「テイラー主義（Taylorism）」と呼ばれている。フリーエージェント経済の土台となる発想は、これとはまったく異なる。個人の事情や希望に合わせたテイラーメード（注文仕立て）の働き方を認めるのが、フリーエージェント経済の考え方だ。テイラー主義ならぬ、「テイラーメード主義（Tailorism）」である。

フリーエージェントとして働く人の大半は、テイラー主義とは異なるテイラーメード主義に惹かれて、いまの生き方を選んでいる。アメリカ人10人のうち7人以上が会社などに勤めるより自分で商売を営みたいと考えているのも、同じ理由のようだ。すでにフリーエージェントを実践している人にとっても、まだ夢見ているだけの人にとっても、これは単なる働き方の問題にとどまらない。ライフスタイルの問題なのである。多くの場合、フリーエージェントのほうが素晴らしいライフスタイルに見えるのだ。こうした発想は、本書でこれから紹介していく何百人もの人のインタビューやエピソード、学術的な研究や世論調査にもはっきり現れている。

とはいえ、なかには、こうした発想をもつ人がいることに驚きを覚える人たちもいる。フリーエージェント・ネーションに恐怖や嫌悪を感じる人もいるのだ。実際、誰もがフリーエージェントを好ましく思っているわけではない。労働省統計局の報告書によると、「臨時労働者」(この報告書ではそう呼んでいる)の半数以上は、できれば普通のフルタイムの仕事に就きたいと答えている。シアトルを訪れれば、うまみのあるストックオプションを与えられたマイクロソフトの正社員と席を並べて、「万年臨時社員」たちが各種の給付を受けられずに働いている。こうした現実を目の当たりにすれば、臨時社員化の拡大も明るい面ばかりでないことがわかる。

しかし、フリーエージェントの台頭に最も強く抵抗しているのは、組織に雇われずに働いている人たち自身ではなく、多少なりとも古いルールの恩恵を受けて現在の地位を得ている人たちだ。「夢を見る分にはいいが、現実問題としては、大半の人は安定した働き口と収入があるほうがいいと思うはずだ」と書いたのは、フォーチュン誌だ。フォーチュンと言えば、オールドエコノミーを代表する有力経済誌である。ホワイトがはじめて「オーガニゼーション・マン」について書いたのもこの雑誌だった。「どんなに起業家精神がもてはやされたところで、人間の性質は変わらない。組織に勤めない人が多くなっているというのは、創造的で果敢な人間が増えている証拠というよりは、就職することのできない悲惨な人間が多いという証拠に過ぎない」と、同誌は書いている。こうした否定的な論者の目には、フリーエージェントは脅威に映る。自分たちの地位が脅かされると感じているだけでなく、個人や企業、経済のあるべき姿についてのそれまでの常識が崩れることを恐れているのだ。

しかし、好むと好まざるとにかかわらず、評価するしないにかかわらず、フリーエージェント・ネーションは間違いなくそこに存在する。かつてSF作家のウィリアム・ギブスンが述べたように、「未来はここにある。ただし、すべての人に均等に訪れているわけではない」のである。それでも、この未来がより多くの人に訪れるようになるにつれて、アメリカ人の仕事や生活に関する古い常識のいくつかに終止符が打たれはじめている。

常識は塗り替えられていく

生活という建物の骨組みをなすのが人間の行動だとすれば、建物の配管系統をなすのは常識だ。常識は、建物の中をくねるようにして通っている配管や配線と同じように、目には直接見えなくても建物の機能を大きく左右する。

建物のたとえを続けよう。あなたの旅行中に、不審者が家の中に入り込んだとする。侵入者は家の電気系統を太陽光発電に取り換え、建物のコンクリートの土台を取り外して車輪を取りつけた。予備のバスルームは、配管をやり直して、床を堅い木に張り替え、ボールを投げ入れるリングを取りつけて、ミニバスケットボール場に変えてしまった。休暇を終えて2週間ぶりに家に戻ってくると、外から見る限りは、前と変わらない寝室3つとバスルーム2つの家に見える。しかし、いま目の前にある家は、屋内バスケットボール場と太陽光発電のシステムを備えた移動式の家なのだ。家の機能は、すっかり変わってしまった。

フリーエージェントは、この奇妙な侵入者に似ている。私たちの社会・文化・経済という名の家に忍び込んで、こっそり配線を組み直し、建物の構造を変えてしまう。フリーエージェントの影響を最も強く受けているのは、配管系統の奥深く――私たちの常識の土台をなす部分だ。フリーエージェントは、現代のアメリカ人の労働や生活に関する最も基本的な常識を覆しはじめている。

●常識の間違い

①忠誠心は死んだ：1990年代の企業のリストラや最近のドットコム企業のレイオフ、そして終身雇用制の崩壊により、職場における忠誠心は弱まったと言われている。しかしこれは、必ずしも事実とはいえない。フリーエージェント・ネーションでも、忠誠心はなくなっていない。忠誠心のあり方が変わっただけだ。個人が組織に示すタテの忠誠心に代わって、新しいヨコの忠誠心が生まれつつある。取引先や同僚、元の同僚、チーム、職業、プロジェクト、業界に対する強い忠誠心が生まれている。ある意味で、忠誠心は強化されたのだ。

②広い領域をカバーする社会的契約がなくなって、労働者は当惑している：オーガニゼーション・

マンの時代に当たり前だった労使間の暗黙の契約はなくなった。しかし、フリーエージェントという胸躍るシステムの下で、個人が才能を機会と交換するという新しい契約が生まれている。

③経済的成功の最大の評価基準は成長である：古い考え方では、収益の多い大企業は、収益の少ない中小企業より成功しているとされていた。しかしこうした発想は、フリーエージェント経済には当てはまらない。大きいことは、必ずしもいいこととは限らない。問われるのは、その中身だ。事業を小規模のままにしておくことを選ぶフリーエージェントが続々と登場し、経済的成功に関する既存の概念を塗り替えはじめている。

④フリーエージェント経済では、職の安定は損なわれる：確かに、そういう場合もあるだろう。しかし、多くのフリーエージェントは顧客やプロジェクトの多角化を図っており、結果的に、従来のように組織に雇用されるよりも安定している場合が多い。

⑤子どもをもつ親は、仕事と家庭を両立させなくてはならない：この20年ほどの間、中流階級のアメリカ人は仕事と家庭の両立に悪戦苦闘してきた。そこで、企業は「家庭に優しい」様々な措置を導入し、アメリカ政府は家族休暇法を成立させた。しかし、こうした善意の措置が導入されても、人々の苦しみが和らぐことはなかった。なぜか。こうした措置は、「自分サイズの服」を着ようとしている人たちに、「共通サイズの服」を着せようとするものだからだ。これに対して多くのフリーエージェントは、仕事と家庭を両立させることを放棄するという、まったく新しいアプローチを取っている。仕事と家庭の境界線を曖昧にする――つまり「両立」ではなく「一体化」が彼らの答えなのだ。

⑥職場の給湯室で井戸端会議ができないミニ起業家やフリーランスは、孤独で寂しい思いをしなくてはならない：孤独に陥りかねないというのは、フリーエージェントのデメリットのひとつだ。しかしこの新しい働き方を実践する人たちは、職場での社交関係の代わりになる小グループをつくり出し、新しい形のコミュニティーを生み出している。

⑦ある年齢に達した人は、退職して一線を退くべきである（そして当人たちも引退することを望んでいる）：退職というのは、いろいろな意味で20世紀の突然変異的現象に過ぎない。それが21世紀にも続くいわれはない。なにしろ高齢者にとって、退職は望ましくないばかりでなく、不必要なものになってきているのだ。フリーエージェントたちは静かに定年退職の日を迎えるのではなく、新しい老年時代の過ごし方を生み出している。グランマ・ベティ（ベティおばあちゃん）の例を見れば、よくわかる。

⑧危機に陥っているアメリカの公教育を立て直すためには、テストの方法を改善したり、要求する水準を引き上げるなど、厳しい規律を導入すればいい：いまの学校にとって最大の問題は、学校が役に立たなくなっているということだ。しかし大半の教育改革案には、画一的な労働に従事するテイラー主義的な労働者を養成するためのテイラー主義的な手法をますます徹底するものになっているという問題がある。アメリカの様々な組織のなかで、学校ほどフリーエージェント経済に適応していない組織はない。アメリカの中流家庭の間では、それぞれの家庭にとって望ましい条件で、その家族の価値信条に沿う形で子どもに在宅教育をさせるケースが増えている。義務教育の妥当性や大学教育の必要性を疑問視する声も、ますます高まるだろう。

⑨人材の流出に悩む企業にとって、「権限委譲」を行って従業員を「つなぎ止める」のは賢明な戦略である：会社を出ていく従業員が増えるにつれて、人材の流出を防ぐための取り組みを強化する企業が増えている。しかし、その結果打ち出される戦略は、間違った前提に立っているために失敗に終わる場合が多い。「権限委譲」という言葉には、組織が権力を握っていて、その一部をご親切にも個人に分けてやるというニュアンスがある。しかしフリーエージェント経済では、個人が組織を必要とする以上に、組織が個人を必要としている（「今日は会社に行って、GMの力になってやるぞ」という考え方をしてもおかしくない時代なのだ）。従業員への「権限委譲」を図ろうとする企業は、恩着せがましいばかりか、いまや物笑いの種でもある。人材を「つなぎ止める」という発想も同じだ。会社はフリーエージェントに刺激とやる気を与えることはできるが、彼らを「つなぎ止める」ことはできない。

⑩医療保険には、勤務先の企業を通じて加入すべきである：65歳未満のアメリカ人で医療保険に入っている人は、たいてい雇用主を通じて保険に加入している。問題は、このシステムは偶然に生まれたもので、経済的にも道義的にもまったく理屈が通らないということだ。ましてや、雇用される人間が減っていく時代に、雇用主を介した医療保険制度を維持する理由はどこにもない。

⑪職場や経済の中枢には男性が多過ぎる：一般的に言って、女性は男性と同じ内容の仕事をしていても、受け取る報酬は少ない。職場で女性の昇進を妨げる「ガラスの天井」はいまだに強固だ。こうした状況は好ましいものではない。しかし、それは普通に考えられているよりもずっと些細な問題になっていくのかもしれない。女性は社会のフリーエージェント化の原動力であり、やが

てフリーエージェント経済の支配者になる可能性がある。

⑫無軌道な個人主義は社会の土台にほころびをもたらす：左派の批評家と右派の批評家の意見が一致することがひとつある。それは、私たちの社会の未来は蝕まれているということだ。批評家たちに言わせれば、束の間の人間関係と一時的な帰属意識を特徴とするフリーエージェント経済が過熱すれば、社会の腐食はますます加速するという。しかし実は、フリーエージェントにはこれと正反対の作用がある。人と人との絆を弱めるのではなく、逆に絆を強めるのだ。コミュニティーにほころびを生み出すのではなく、ほころびを繕い直す。堕落を助長するのではなく、前向きな競争を促す。200年前にアメリカを訪れたフランスの思想家アレクシ・ド・トクヴィルが書き記した「結社の技術」――「正しく理解された利己主義」に基づく本物の共同体を形成する力――は、いまもフリーエージェント・ネーションのなかに健在なのだ。

フリーエージェントは、私たちの仕事と生活に関する基本的な常識を塗り替えようとしている。大きな地殻変動が起きれば、地表の地形も様変わりする。既存のシステムが崩壊し、代わりに新しいシステムが生まれる。パラダイムシフトやデジタル革命についてあれこれ論じ、株式市場のS&P500の上昇やナスダックの暴落に目を配り、ネット長者が財産を築くまでの過程を羨望混じりに解明し、ドットコム企業の凋落を嘲り混じりに記録したところで、それだけでは、木を見て森を見ずと言わざるを得ない。

フリーエージェントこそが、本当のニューエコノミーなのだ。

まとめ

【ポイント】

20世紀後半、アメリカの社会と経済を理解するカギは、「オーガニゼーション・マン」だった。それに対して、21世紀前半のアメリカを象徴する人物像は、フリーエージェント――すなわち、決められたひとりの上司の下で働くのではなく、大きな組織のくびきを離れて、複数の顧客を相手に、自分にとって望ましい条件で独立して働く人たちである。フリーエージェントの台頭により、アメリカ人の仕事や人生、ビジネスに関する基本原則が揺さぶられている。企業のあり方に始まって、医療保険、退職、教育制度、そして私たちの価値信条にいたるまで、様々なものがいま変貌しつつある。ニューエコノミーを本当に理解するためには、まずフリーエージェントを理解しなくてはならない。


【現実】

アメリカ最大の民間の雇用主は、デトロイトのゼネラル・モーターズ（GM）やフォードでもなければ、マイクロソフトでも、アマゾン・ドット・コムでもない。人材派遣会社のマンパワー社だ。


【キーセンテンス】

この本のテーマは、フリーエージェントである。この言葉が曖昧に感じられたとしても、私はこれ以外に、この本で取り上げようとしている人たちを表現する言葉を思いつかない。大きな組織に縛られることなく、自分の未来を自らの手で切り開くフリーエージェントたちは、アメリカの労働者の新しいモデルになりはじめている。自由気ままな独立した労働者が経済の新しいシンボルになりつつあるのだ。

【キーワード】

テイラーメード主義（Tailorism）：フリーエージェントの人たちの仕事に対する姿勢。大量生産体制を整えるためにフレデリック・ウィンズロー・テイラーが提唱した画一的な「科学的管理法」——テイラー主義（Taylorism）——に代わる概念である。テイラーメード主義の下では、人々は従来の画一的な価値観やルール、システムに縛られることなく、自分のニーズや希望に応じて仕事の仕方を決める。オーガニゼーション・マンの時代に全員が同じ「共通サイズの服」を着ていたのに対し、フリーエージェントは「自分サイズの服」を着るのだ。

第2章 全米の4人に1人がフリーエージェント！という衝撃

フリーエージェントの人がどれくらいいるかはわからないけれど、周りを見れば、組織に属さないで働いている友達が大勢いる。

——リー・ゴット（ウィスコンシン州ミルウォーキー）

私は以前、アメリカ政府の最も重要な「秘密の儀式」に脇役として参加していたことがある。毎月第1金曜日、労働省統計局は「月例雇用統計」という報告書を発表する。この報告書には膨大なデータが盛り込まれており、その数字がちょっと上下しただけで、世界の金融相場が大きく変動することもある。そのため、報告書の内容は、発表まで外に漏れることがないように厳重に管理されている。

当日の午前8時、労働省統計局長が補佐官をともなって労働長官の執務室を訪れる。統計局長は労働長官（とその側近）に、前月の雇用状況に関するデータを報告する。就労者数、失業者数、それに失業率。集まった数人の面々は、この数字が経済的にどういう意味をもつか、とりわけ金融市場がどう反応するかを話し合う。統計の発表は、8時30分。それまでの30分間、この最重要情報を知っているのはほんのひと握りの人間だけだ。そしてその最後の5分間は、私もこの秘密を共有することを許されていた。

私は、クリントン政権第1期のロバート・ライシュ労働長官の補佐官兼スピーチライターを務めていた。月例雇用統計が発表される日は、労働長官執務室のすぐそばにあるコンピュータの前に陣取って、呼ばれるのを待つ。8時25分になると、その聖なる間に入るよう言われる。そして最新の統計とそれについての長官の見解を聞くと、大急ぎでコンピュータの前に戻って、長官の談話をまとめる。わくわくする体験だった。なにしろ、この5分間、私はアメリカの最新の失業率を知るほんのひと握りの人間のひとりなのだ。労働長官のコメントを書きながら、オンラインでニュースをチェックし、テレビのニュースに耳を傾けた。8時31分には、最新の失業率を受けて世界中の市場が動きはじめる。1時間後にアメリカの株式市場が取引を開始すると、この数字に反応して何十億ドルもの金が動く。

従来の統計で実態はつかめない

これだけ重要な情報にいち早く触れられることに興奮を覚えつつも、私はいつも不安を感じていた。私の目には、労働省統計局はいささか時代から取り残されているように思えたのだ。21世紀が幕を開け、コンピュータの性能が飛躍的に向上し、電子情報が地球をかけめぐり、遺伝子研究とバイオテクノロジーの進歩が私たちの生命観を揺さぶり、労働の形態、機能、場所が根底から変わりつつあるこの時代に、労働省統計局はいまだにすべての働く人たちを「農業部門」と「非農業部門」の2つに分類しているのだ。

調査を進めていくうちに、労働省統計局は、フリーエージェントの人口を把握していないばかりか、フリーエージェントという働き方の本質を理解していないということもわかってきた。確かに、労働省は臨時社員やフリーランスなどについて統計を取っている。しかしその統計は、フリーエージェントのすべてをカバーしているとはいえそうにない。

そもそも、統計の取り方が古くなっている。アメリカ政府が失業率をはじき出すために使っているのは、「人口現況調査」という統計である。この調査は、約5万世帯を対象に電話と戸別訪問により毎月実施されている。

調査官は、たとえば「あなたは公的機関で働いていますか？　それとも、民間企業で働いていますか？　非営利団体で働いていますか？　自営ですか？」と質問する。第1章で紹介したテレサ・フィッツジェラルドはこの質問にどう答えるだろう？　その週は、アマルガメイテッド・ワイヤレスという会社の2カ月間のプロジェクトに携わっているとする。であれば、おそらく彼女はアマルガメイテッド・ワイヤレス社で「働いている」と答えるだろう。しかしそのプロジェクトが終われば、次はインダストリアル・カーペット・サプライ社のプロジェクトに参加するのだ。彼女はどこの会社の従業員でもない。フリーエージェントなのだ。彼女のような人たちをある特定の週の状況で見ていては、その人の仕事の実態は見えてこないのかもしれない。

では、テレサがちょっと考えて、「私はどこの従業員でもありません。自営業なんです」と答えたとしよう。事業を法人化しているかと、調査官は尋ねるはずだ（フリーエージェントのなかには、ビジネスにより生じる法的責任を一定範囲に限定するために、事業を法人組織にしている人も多い）。もしテレサがそうだと言えば、自分の会社の従業員として、会社員（非農業部門の会社員）に分類され、フリーエージェントとしては数えられなくなってしまう。統計上は、インダストリアル・カーペット・サプライ社のサラリーマンと同じように、会社の従業員に分類されてしまうのだ。

それだけではない。政府が雇用の増減を調べるために実施している調査は、「ビジネスを行う組織」しか調査対象にしていない。事業を法人化していないフリーエージェントは無視されている。つまり、組織に「雇用」されていない人たちは、雇用の増減に関する統計から漏れてしまうのだ。

しかし現実には、フリーエージェントの人たち、ひいては労働者全般を「雇用主」と「被雇用者」にきれいに線引きできなくなってきている。フリーエージェントは雇用主でも被雇用者でもない。と言うより、雇用主でもあり、被雇用者でもある。禅問答のように聞こえるかもしれないが、これがニューエコノミーの重要な特徴なのだ。

政府は、リンゴとオレンジを選り分け、それぞれのカゴに投げ入れて几帳面に数を数えることは得意かもしれない。それはそれで意義のあることだ。しかし、多くのアメリカ人がいわばパパイヤになってしまったいまの時代に、その作業の意義はだいぶ薄らいでしまったように見える。アメリカ政府のフルーツ勘定係は、赤味がかったパパイヤをリンゴとして数え、オレンジ色がかったパパイヤをオレンジとして数えている。まったく数えないよりはましだとしても、正確な数字にはほど遠いと言わざるを得ない。

とはいえ、正確な数字をはじき出すのは確かに難しい。統計を取るという作業は似たもの同士をグループ化する仕事だ。しかし、そもそもフリーエージェントという労働形態の本質は個人を集団から切り離すことにある。フリーエージェントの人たちは、画一的な労働形態に自分を合わせるのではなく、自分だけのユニークな働き方を実践している。テイラー主義ではなく、テイラーメード主義に従って生きているのだ。

それに、フリーエージェントを追跡することは簡単でない。組織に雇われている従業員は、花のようなものだ。地面にしっかりと根づいている植物は、風が吹けば多少揺れることはあっても、外部の力で根こそぎ引き抜かれない限り、場所を移動することはない（移動するときは、生命の危機にさらされるときだ）。これに対して、フリーエージェントは、ミツバチに似ている。ミツバチはあちこちをふらふらと飛び回り、仕事を済ませると次の場所に移っていく。ミツバチが花よりも数えにくいのと同じように、フリーエージェントは「従業員」よりも数えるのが難しいのだ。

労働省統計局は１９９５年と97年の2度、「臨時」労働者の数を調査しようとしたことがある。対象を従来の調査と同じ狭いカテゴリーに限定した点では、この調査は対象が狭すぎた。一方、「臨時」の定義を「基本的に現在の仕事が永続しない」場合とした点では、対象が広すぎた。いまの時代、どの仕事も永遠には続かない。10年後、いや5年後に、自分の会社や業界がまだ存在していると断言できる人はどれだけいるだろう？　現実には、第3章で見るように、多くの人は自分の働いている組織よりも長生きする。いまの仕事がずっと続くなどと言える人はどこにもいないのだ。そう、いまや私たちの誰もが「臨時」労働者なのだ。

従来の統計の物差しで経済の実態を正確に把握できなくなっているのは、フリーエージェントに関してだけではない。たとえば、経済的パフォーマンスを計るうえで決定的に重要な基準は、これまでは生産性、つまり一定の時間にどれだけの「製品」を生産できるかという数字だった。しかし、100の平凡なアイデアよりひとつの優れたアイデアのほうが価値があるという時代に、生産性という従来の基準でパフォーマンスを的確に計ることができるのだろうか？　建物や機械など目に見える資産は少ないけれど、ブランドや特許、人材など目に見えにくい資産が多い企業の場合、バランスシートはどのように作成すればいいのか？　労働に関する統計は、経済の変化によって古い統計の取り方が通用しなくなったほんの一例に過ぎないのだ。

しかし、たとえジェファーソンの言う「真実にかなり近い」結果しか得られないとしても、フリーエージェント・ネーションの規模と様相を明らかにする信頼に足るデータを集めることは、この新しい働き方を理解するうえで不可欠だ。まず、この新しいタイプの労働者を大きくグループ分けしてみよう。

フリーエージェントは3つのタイプに分かれる――――

フリーエージェントはオーガニゼーション・マンと違って、決められた枠の中に分類するのが難しい。「この人たちには共通する特徴はほとんどない」と、人口統計学の学術誌アメリカン・デモグラフィック（１９９９年6月号）でキャロル・レオネッティ・ダンハウザーは書いている。「建設作業員もいれば、セールスマンや化粧品の訪問販売員もいる。人口統計学にとっては悪夢と言ってもいい」

しかし、私が全米各地で行った何百人ものインタビューや官民の統計、経済学的な研究成果を見ると、ほとんどのフリーエージェントは、大ざっぱに言えば３つのカテゴリー――フリーランス、臨時社員、ミニ起業家のどれかに分類できる。

フリーランス

フリーエージェントの最も一般的な形態は、フリーランスである。特定の組織に雇われずに様々なプロジェクトを渡り歩いて、自分のサービスを売る。テレサ・フィッツジェラルドはその典型だ。

フリーランスという働き方自体は、最近になって生まれたものではない。作家や芸術家、写真家といった人たちは、昔からフリーランスを名乗ってきた。そもそも、フリーランスという言葉と発想は中世のイタリアやフランスの傭兵部隊にさかのぼる。傭兵たちは、報酬が納得できて、戦いに意義を認めることができれば、どの君主の旗の下でも戦った。このシステムがイングランドに伝わると、傭兵は「フリー・ランス（自由な槍）」と呼ばれるようになった。忠誠心や主従関係から自由な騎士という意味である。お呼びがかかれば、槍を持ってどこへでも飛んでいくというわけだ。

フリーランスという言葉を有名にしたのは、スコットランドの文学者サー・ウォルター・スコットの歴史小説『アイバンホー』（1819年）だった。この小説に、次の一節がある。

リチャードに、私の自由な槍《フリー・ランス》を提供しようと申し出た……物騒なご時世のおかげで、戦える男はいつも働き口にありつくことができる。

歴史上、フリーランスという言葉は、しばしば侮蔑的な意味で用いられてきた。19世紀末のイギリスの新聞は、議場で所属政党の方針に反した投票行動を取る議員のことを「フリーランサー」と呼んだ。夫以外の男性と関係をもっている女性を「フリーランサー」と呼ぶこともあった。1960年代のある時期には、客引きのついていない売春婦のことを俗語でそう呼んだこともある。

いまは、フリーランスという言葉にこうした悪いイメージはない。現在、アメリカには、「フリーランス」という言葉をその名称に含む職業団体が何百とある。最近では、フリーランスのなかに新しい分派も生まれている。マサチューセッツ工科大学（MIT）のトーマス・マローン教授は「eランサー（電子フリーランサー）」という言葉を生み出した。インターネットを通じて仕事を見つけ、オンライン上でチームを組んでプロジェクトに携わり、それが終わると、意気揚々と電脳空間に去っていく人たちのことである。

中世のヨーロッパがこうした一匹狼に騎士としての呼び名を与えたのに対し、20世紀のアメリカは法律上の名称を与えた。「独立契約者（インディペンデント・コントラクター）」という呼び名である。独立契約者は被雇用者ではない。この点は、法律上大きな意味をもつ。組織に雇用されている人の大半は、様々な労働関係の法律によって保護されている。年金を受け取る権利や労働組合を組織する権利が認められているし、超過勤務に対する割増賃金も保障されている。人種差別や性差別の禁止、最低限の職場の安全確保も法律にうたわれている。これに対して独立契約者は、こうした法律上の保護をほとんど受けられないのだ。

フリーランスには、ほかにも様々な呼び名がある。たとえば「コンサルタント」と言えば、かつては失業中のホワイトカラー労働者を意味する婉曲表現だったが、最近は組織に雇われないで働く人全般を指す言葉になっている。「恒久的フリーランサー」という言葉もある。これは、フリーランスとして関わるようになった企業から正社員のポストを提供されてもフリーランスのままでいる道を選ぶ人たちのことだ。イギリスの経営思想家チャールズ・ハンディは、フリーランスで働く人たちを「ポートフォリオ労働者」と命名した。単一の雇用主のために、決められた仕事と役割をこなすのではなく、分散投資をする投資家のように、得意先や仕事の内容、役割の「ポートフォリオ」をもっているからだ。

はっきりしているのは、呼び方はともかく、アメリカには大勢のフリーランスがいるということだ。配管工や経営コンサルタント、トラック運転手、グラフィック・デザイナー、コンピュータ・プログラマー……複数の顧客や取引先を相手に働くことが可能な職種では、大勢のフリーランスが活躍している。ある調査によると、2000年の時点で、アメリカで自分をフリーランスと位置づける労働者は全体の26%。アメリカ人男性の40%以上は、フリーランスとして働いた経験をもつ。税務関係の統計によると、アメリカのフリーランスの所得は、1970年から93年の間に2倍に上昇。一部の産業では、フリーランスは欠かせない労働力になっている。ハーバード大学の研究によると、市場規模1750億ドルの住宅リフォーム業界では、労働力の70%をフリーランスが占めているという。

エイクエント・パートナーズなどの人材派遣会社では、高給取りのフリーランスを指す言葉として「インディペンデント・プロフェッショナル」という言葉を用いている。エイクエント社の調査によれば、インディペンデント・プロフェッショナルは3300万人にのぼるという。この3300万という数字は、アメリカの労働人口のほぼ4分の1にあたる。

各種の調査によると、フリーランスの人たちは現在の生き方に満足しているようだ。

◆1996年に行われたある調査によると、「独立契約者の8割以上は……他人に雇われて働くのではなく独立契約者になるという道を自主的に選んでいる」。勤務先のリストラなどによりやむを得ずフリーランスになった人の場合も、いまではフリーランスのほうがいいと考える人が66%にのぼる。

◆フルタイムで働いている独立契約者の収入は、組織に雇われている人より平均で15％多い。
◆独立契約者全体のなかで年収７万５０００ドル以上の人が占める割合は、給与所得者の場合の2倍に達する。

では、アメリカのフリーランス人口はどれくらいの規模になるのか？　労働省統計局の統計（実際の数字より小さいと思われることはすでに指摘した通りだ）によると、アメリカには、事業を法人化していないフリーランスが約１０００万人、法人化しているフリーランスが約４００万人、サイドビジネスとしてフリーランスの仕事をしている人が約２００万人いる（会社勤めのかたわらフリーランスとして働くという段階は、多くの場合、フリーエージェントという水に飛び込むための飛び板の役割を果たす）。これらを合わせると、約１６００万人のフリーランスがいる計算になる。上院中小企業委員会によれば、フリーランス人口は２２００万～２５００万人。先述のように、エイクエント・パートナーズは３３００万人と、労働省統計局の2倍以上の数字をあげている（いくつかの民間調査会社も同様の数字をあげている）。この点では、私は控えめな立場を取りたい。アメリカのフリーランス人口は約１６５０万人といったところだろう。

臨時社員

フリーランスが「意図したフリーエージェント」だとすれば、臨時社員は「意図せざるフリーエージェント」の場合が多い。臨時社員の多くは、本当は「恒久的」な職に就くことを望んでいるのに、効率優先の非情な企業や強欲な派遣会社、それに本人の意欲や能力の欠如のせいで経済の階段の最下層に甘んじているのだ。

『クロック・ウォッチャーズ』のような映画や「テンプ・スレーブ！（臨時社員は奴隷だ！）」といったアングラ雑誌、「テンプ24－7」などのウェブサイト（いずれも第13章で詳しく紹介する）を見れば、臨時社員がいかに劣悪な労働条件を強いられているかがよくわかる。トイレのペーパータオルやプリンターのトナーカートリッジ同然の「使い捨て労働力」という臨時社員のイメージは、現実を反映している。臨時社員のうち医療保険に加入している人は45％にとどまっている（しかもその大半は、配偶者が医療保険に加入しているおかげに過ぎない）。年金を受け取ることができる人は、たったの2・5％でしかない。ある調査によると、現在の契約内容に満足している臨時社員は27％だけ。63％は恒久的な職に就きたいと考えている。「人材派遣会社を通じて働いている人の過半数は、労働市場の環境と個人的な事情が許せば、いまとは違う働き方をしたいと考えている」と、あるエコノミストは指摘している。

それでも、臨時社員は、現代の経済に欠かせない存在になっているようだ。その傾向は、大企業で際立っている。全米産業審議会によれば、主要な多国籍企業の90％が「直接、もしくは派遣会社を通じて、常に臨時社員を使っている」という。アメリカの急成長企業392社を対象にした大手会計事務所クーパーズ・アンド・ライブランドの調査でも、3分の2近くの会社が臨時社員を活用している（ちなみに、臨時社員を使っている企業の収益は、臨時社員を使っていない企業より平均22％多い）。

臨時社員の活用は、もはや景気の悪いときにコストを削減するための単なる短期的な方策ではなく、企業が生き残るために必要な長期的な戦略になっているのだ。

それは、数字によっても裏づけられている。

◆１９９０年代前半のアメリカで最も多くの新規雇用を生み出した産業は、人材派遣業である。95年以降、臨時社員の雇用数は、従来型の会社員の雇用数の3倍のペースで増えている。

◆１９８２年の平均的な1日を例に取ると、全米で41万5０００人が臨時社員として働いていた。この数字は、99年には３００万人に跳ね上がった。実に7倍以上の増加である。

◆人材派遣ビジネスの業界規模は、25年前は10億ドルに満たなかった。しかし１９９０年には、２００億ドルに拡大し、いまや８００億ドルに迫る勢いだ。

◆カリフォルニア州で１９９０年代後半に最も多くの雇用を生み出していたのは、人材派遣業だった。人材派遣業が生み出した18万の新規雇用は、ソフトウェア産業と家電産業の合計よりまだ多い。ちなみに、シリコンバレーで臨時社員の占める割合はアメリカのほかの地域の2倍に達する。

一部では、臨時社員の賃金は、ほかの労働形態の労働者より速いペースで上昇している。とくに、高い技術をもったホワイトカラーの臨時社員は、従来型の会社員よりも概して収入が高い。ワシントンやヒューストンなどの大都市では臨時で働く弁護士が活躍しているし、臨時社員の医師やフリーエージェントの看護師も増えてきている。その一方で、専門技術のない臨時社員の置かれた状況は厳しい。事務職の臨時社員は、正社員の事務員より給料が少ないのが普通だ。

恵まれている臨時社員と恵まれていない臨時社員の間のギャップは、深く大きい。最も恵まれているのは、臨時の経営幹部だ。危機の企業に舞い降りて、会社を窮地から救い出して半年間で去っていく人たちや、新興企業の一時的な経営責任者として、生まれて間もない企業を巣の中から外の世界に導く人たちである。こうした最上級クラスの臨時社員は日給が5000ドルに達する場合もあり、社内政治に関わらずにすむなど、様々な自由も手にしている。派遣会社のなかには、IMCORやエグゼクティブ・インテリム・マネジメントなど、経営幹部の派遣を専門にしている会社もある（第10章で詳しく論じる）。大学の臨時学長を派遣する会社まである。

カリフォルニア州ポートラバレーのランディ・コミサーは、「バーチャルCEO（最高経営責任者）」と称し、これまでにいくつもの新興ハイテク企業の経営を軌道に乗せる手助けをしてきた。「私は株式の奴隷だ」と、彼は言う。コミサーは、経営に携わる企業の株式で報酬を受け取る。「報酬は現金では受け取らない」

コミサーのいるカリフォルニアから1500キロ離れたシアトルに暮らす臨時社員シビル・ランディは、株式などとは無縁の生活だった。3年もマイクロソフトで働いていたのに、身分はずっと臨時社員のままだった。マイクロソフトのオフィスに出社して、マイクロソフトのためにマイクロソフトの正社員と一緒に働いていても、彼女の名目上の雇用主はあくまでもシアトルの人材派遣会社だったのだ。マイクロソフトの正社員にはブルーのバッジが与えられていたのに対し、ランディのバッジはオレンジだった。ブルーのバッジを着けている人には給料とストックオプションが与えられたが、オレンジのバッジの人は給料だけで、ストックオプションはもらえなかった。一緒に働いている同僚のなかには、ストックオプションで大金持ちになった人もいた。しかし、「ブルー」になる機会を与えられなかったランディは、ずっと臨時社員のままだった。

いまアメリカでは、高給取りの人もそうでない人も合わせて、約３５０万人の臨時社員がいる。

ミニ起業家

フリーエージェント・ネーションでは、極めて小さな企業が雨後のたけのこのように続々と誕生している。従業員が2～3人しかいない企業もある。こうした企業を「ミニ企業」と呼ぶことにしよう。１９９４～98年にかけて、従業員20人未満の企業が生み出した新規雇用は９００万。これは、この期間中にアメリカ全体で生まれた新規雇用の8割にあたる。もちろん、ミニ企業のなかには潰れた会社もあるし、それにより職を失った人もいるだろう。しかしはっきりしているのは、いまやアメリカのすべての企業の半数以上を従業員5人未満の会社が占めているということだ。

リンゼー・フルッチは、ニューハンプシャー州で「脂肪ゼロ・フーズ」という名前の会社を営んでいる。従業員は彼女ひとりだけ。脂肪を使っていないチョコレートケーキの素をつくって、小売店に卸したり、インターネット通販で直接消費者に販売している。

フルッチの会社をはじめ、多くのミニ企業の誕生を後押ししているのは、インターネットだ。過去10年間の数字を見ると、ＩＴ（情報技術）の導入が進むにつれて、その産業では企業の規模が小さくなる傾向がある。エンジニアリングの分野では、いまや90%が中小企業で、従業員数は平均4人である。デジタルネットワークの進歩のおかげで、個人や少人数のグループでも、独立性や柔軟性、小さいままでいることの喜びなど、小規模なビジネスならではの長所を失うことなく、大企業並みのパワーや活動範囲、取引先を獲得できるようになった。すでにアメリカでは、労働者7人に対して会社が1社の割合になっている。しかも、新しい企業の増加率は人口増加率の5倍に達しており、20年後には、企業の数は現在の2倍に増えるという予測もある。そうなれば、労働者3人に対して会社が1社の割合になる。市場への参入障壁が低くなったこと、強力な情報ネットワークが安価で利用できるようになったこと、資本（目に見える資本も目に見えない資本も）が入手しやすくなったことが相まって、ビジネスを立ち上げるのは、家を買ったり運転免許を取るのと同じくらい簡単になっている。

新しいビジネスは起業家の自宅のガレージから始まるというのがシリコンバレーの神話だが、現実もこの神話にかなり近い。膨大な数のミニ企業が個人の自宅で誕生し、多くの場合、そのまま創業者の家を拠点に活動している。大手銀行ウェルズ・ファーゴの調査によると、新規のビジネスの69%はオーナーの自宅に拠点を置いている。

世界を相手にしたリンゼー・フルッチのビジネスも、ニューハンプシャー州エルキンズの自宅が拠点だ。彼女はこの家に、夫と2人のティーンエージャーの息子、2匹の犬、それに、彼女のデスクの上でいつも眠っている太った黒猫と一緒に暮らしている。なんといっても便利なのがいい。それに、この自宅のオフィスは彼女のミニビジネスの個人的な性格をよくあらわしている。「いつも仕事のことを考えている」と、フルッチは言う。「買い物をしているときも、車を運転しているときも、会社のことを考えている。このビジネスは、仕事というより私自身みたいなものなの」

あらゆる形態のフリーエージェントがそうであるように、経営者の自宅に拠点を置くビジネスの数を把握するのは簡単でない。サイドビジネスの場合もあるだろうし、現金取引のため政府の統計に反映されにくい場合もあるだろう。当局の推計によれば、カリフォルニア州ロサンゼルス郡には、税務記録などの公的な記録に載っていない自宅ベースのミニ企業が４万５０００あるという。

「政府の公式な統計は、中小企業の存在感が高まっているという現実を十分に反映していない」と、ニューエコノミーについて最も鋭い洞察をしている論者のひとりであるウォールストリート・ジャーナル紙の元コラムニスト、トーマス・ペッツィンガーは書いている。「アメリカの家庭について調査した結果を見れば、実際には税務上の記録にあらわれている3倍のペースで新しいビジネスが生まれていることがわかる」

様々な民間の調査を見ると、私たちの住む近所でもフリーエージェントたちが活発にビジネスにいそしんでいるようだ。

◆ビジネススクールで教鞭を執るジャグディィシュ・N・シーズとラジェンドラ・S・シソディアは１９９９年6月28日のウォールストリート・ジャーナルで、「創業者の自宅に拠点を置くミニ企業の数は１２００万社以上。その数はさらに増え続けている」と書いている。

◆ミシガン州中小企業開発センターの推計によれば、アメリカでは、11秒に1社のペースで自宅べースのミニ企業が生まれている。

◆オーナーの自宅に拠点を置く企業の数は、全米在宅企業協会によれば2400万社以上、在宅企業オーナー協会によれば2700万社にのぼる。

◆調査会社IDCの推計によると、経営者の自宅に拠点を置く企業の数は、2002年には3700万社を上回るという。

人々にとって自宅は、仕事から離れることのできる休息の場ではなく、重要な仕事の場になりはじめている。いまやアメリカの家庭の3分の1は家の中に家族の誰かの仕事場がある。こうしたホームオフィスをもつ世帯は、世帯全般の増加率の6倍のペースで増えている。ホームオフィスの増加を促している要因のひとつは、もちろんテクノロジーの進歩だ。いまやアメリカの平均的な家庭は、家電製品やガーデニング、家庭用品への出費より、コンピュータ関連の支出のほうが多い。

では、自宅でミニ企業を営んでいるのはどういう人たちなのだろう？

「育児や家事の合間に編み物をしたり、パッチワークをつくっている主婦」というありきたりな内職のイメージとは異なると、フリーエージェントについて研究しているオハイオ州立大学のキャスリン・スタッフォード教授は指摘する。「自宅を拠点に働いている人の大半は男性で、セールスや建設などのオーソドックスな仕事をしている」。自宅を拠点に働いている899人を対象にしたスタッフォードの調査によると、その半数以上は男性だ。平均的な人物像は、44歳で既婚、高卒以上の学歴をもち、すでに10年近く自宅で仕事をしている。ある調査によると、自宅ベースのビジネスの半分は、メンテナンス（清掃、建設、修繕など）とビジネスサービス（データ処理、グラフィックアート、会計など）の2つの分野に集中している。自宅を拠点にミニ企業を営む人はまだ男性のほうが多いが、「自宅を拠点に働くママの会」「ママ起業家（マムプレナー）の会」などの団体が次々と発足していることからもわかるように、女性は次第にミニ企業拡大の原動力になりはじめている。

ミニ企業のなかでもとくに興味深い形態は、ノースカロライナ州ローリーのフリーエージェント、ジム・ソロモンとティムリン・バビットスカイが「ナノコープ（超ミニ企業）」と呼ぶタイプのものだ。2人の言葉を借りれば、ナノコープとは「容赦なく」小さい企業のことである。「容赦ないと言っても、別に人を殴って回るというわけではない。『拡大を目指さない』という戦略を容赦なく追究しているということを意味する。『容赦ない』という言葉は、規模が小さいことは私たちの武器なのだということを忘れないための戒めでもある」

フリーエージェント・ネーションでは、小さいことはいいことなのだ。実際、ミニ企業の数は増えている。すでに述べたように、各種の推計のなかでいちばん大きな数字によれば、オーナーの自宅に拠点を置くミニ企業の数は２７００万社。重複を避けるために、法人化しているフリーランス４００万を差し引き、さらに控えめに見積もって１０００万差し引くことにしよう。そうすると、アメリカのミニ企業の数はざっと１３００万社ということになる。

大企業に属する〝フリーエージェント社員〟とは？

フリーエージェントについて取材を進める過程で、「大企業に属したままでフリーエージェントになることはできないのか」という質問を何度か受けた。しかし、「フリーエージェント社員」などというのは、「馬鹿でかい小エビ」や「体にいい日焼け」「折り目正しい弁護士」と同じような自己矛盾ではないのか？

そんなことはない。会社の中で、魅力的な仕事を求めてハリウッドの映画スターさながら次々といろいろなプロジェクトを渡り歩いている人は、給与所得者であってもフリーエージェント流の働き方をしていると言っていい。あるいは、数年おきに勤め先を変えたり、失業を繰り返していたり、いまの仕事を就職先と考えるのではなくひとつの契約と考える発想をしていれば、その人は間違いなくフリーランスや臨時社員、ミニ起業家と多くの共通点をもっている。実際、様々な統計によれば、フリーエージェント流の働き方をしている会社員も多数存在するようだ。

◆在宅勤務をしている人は全米で約1110万人。1400万～1500万人という推計もある。在宅勤務は、労働者にとってマリファナのような効果をもつ場合が多い。純粋なフリーエージェントという強力なドラッグへの入り口なのだ。

◆ニューヨーク・タイムズ紙によれば、「一部のＩＴ関係の専門職では……転職率は50％前後に達する。つまり、平均的な労働者は半年ごとに転職していることになる」という。
◆１９９８年のデータでは、カリフォルニア州の成人人口の45％は現在の職に就いて2年未満だった。在職年数の中央値《メディアン》は3年。フリーエージェントという言葉の語源である野球の大リーガーが一球団に在籍する年数の中央値より短い。平均的なカリフォルニア州住民は、大リーグのスタープレーヤーより頻繁に「チーム」を移っているのだ。
◆ＵＳニューズ＆ワールドリポート誌によると、99年に、転職のために会社を辞めた人は約１７００万人。この数字は5年前に比べて６００万人多い。

こうした人たちは、気持ちの上ではフリーエージェントでも、公式の統計上はフリーエージェントに分類されない。フリーエージェント社員の増加は、人々の労働観が根底から変化していることの裏づけなのかもしれないが、本書ではフリーエージェント人口には数えないことにする。

“フリー”の働きバチを数えてみよう

これまで述べてきたように、控えめに見た場合、アメリカのフリーランス人口は１６５０万人、臨時社員人口は３５０万人、ミニ起業家人口は１３００万人。つまり、合計すると、フリーエージェント人口に関する「真実にかなり近い数字」は、3300万人ということになる。一方、フォード財団の1999年の推計によれば、「フリーランスと臨時社員と独立契約者」を合わせた人数は3700万人。組織に属さない専門職のための支援グループ「ワーキング・トゥデー」（詳しくは第13章で論じる）は、全米の労働者の約30％がフリーエージェントであるとしている。米会計検査院と経済政策研究所もそれぞれ、アメリカの労働者の30％が「非従来型の仕事」に就いていると指摘している。全米の労働者の30％と言うと、約4100万人。ビジネスウィーク誌もこれに近い数字をあげている。同誌では、「臨時」労働者人口を4300万人と推計している。

控えめに3300万人と考えたとしても、莫大な人数である。アメリカの労働者の4人にひとりがフリーエージェントという計算になる。誰からも命令されることなく、これだけの数の人が従来の労働形態からの独立を宣言したのだ。第3章以降に見ていくように、人口統計学的、文化的、技術的、経済的な理由により、フリーエージェント人口は今後10年でさらに増えることが確実である（ある市場調査会社の推計によれば、2010年には労働人口の41％がフリーエージェントになるという）。

いくつかの主要産業の就労者数と比べてみると、フリーエージェント人口の大きさが際立つ。たとえば、製造業を見てみよう。製造業の雇用が減ると、政治家は嘆き悲しむ。製造業の雇用数は、いまだに国の繁栄の指標と考えられている。しかし現在のアメリカでは、フリーエージェントとして働いている人の数は製造業の就労者数より1500万人近く多い。3300万人のフリーエージェントとして働いている人の数は、公務員人口2000万人（連邦、州、地方自治体のすべての公的機関職員の数。警察官や公立学校教員を含む）と比べてもずっと多い。その数は、労働組合人口の1650万人と比べても、ほぼ2倍にのぼる。

もちろん、誰もが「フリーエージェント宣言」をしているわけではない。労働者の4人にひとりがフリーエージェントだということは、とりもなおさず、4分の3は（少なくともいまのところは）フリーエージェントではないということだ。

一部の統計によれば、フリーエージェント化に逆行する現象も起きている。1998年の労働省の統計によると、25歳以上の男性の33％は、現在の会社で10年以上働いている。5年前の調査に比べて13％減ってはいるが、依然として高い比率だ。すべてのオフィスや工場で従業員の在職年数が短くなっているというわけではないのだ。それに、51の大企業を対象にしたある調査によると、従業員の平均在職年数も伸びているし、在職10年以上の社員の数も増えているという。

しかし、労働のあり方に、いま大きな変化が起きていることは間違いない。カリフォルニア州の驚くべき統計を紹介しよう。20世紀にアメリカで生まれた経済的な潮流は、ほぼことごとくカリフォルニアから始まったと言っても過言でない。シリコンバレーやハリウッドの興隆しかり、ラティーノ（中南米系）やアジア系の台頭またしかりだ。そのカリフォルニア州では、1999年の統計によると、従来型の労働形態で働いている人（つまり、単一の雇用主のもとでフルタイムの恒久的な職に就いている人）は3人にひとりに過ぎない。3分の2は、独立契約者やフリーランス、パートタイムなど非従来型の労働形態で働いている人たちだ。カリフォルニア州で働く人の3人に2人は、アメリカのほぼすべての法律や税制度の前提となっている雇用という労働形態を取っていないのである。

アメリカの未来を先取りする州であるカリフォルニア州では、フリーエージェント化が進行しているのだ。

まとめ

【ポイント】

近年、労働のあり方は急速に大きな変化を遂げており、従来の統計の取り方では不十分、ないしは不適切になってきている（アメリカ政府は、いまだにすべての働く人たちを「農業部門」と「非農業部門」の2つに分類している）。フリーエージェントの特徴のひとつは、多種多様なこと。それをグループ分けすることは簡単ではないが、それでも3つの「人種」に大きく分けることができる。フリーランスと臨時社員とミニ起業家である。政府の統計や民間の調査、学術的な研究をもとに考えると、控えめに見て、フリーランスは1650万人、臨時社員は350万人、ミニ起業家は1300万人と推定できる。合計すると、アメリカには3300万人のフリーエージェントがいる計算になる。これは、アメリカの労働人口のほぼ4人に1人にあたる（この数字には、在宅勤務の会社員や勤め先を頻繁に変える人など、いわば疑似フリーエージェントは含まれない）。この3300万人という控えめな数字で考えても、フリーエージェント人口は、製造業の就労者や公務員の数を軽く上回る。

【現実】

カリフォルニア州で働く人の３人に２人は、アメリカのほぼすべての法律や税制度の前提となっている雇用という労働形態を取っていない。

【キーセンテンス】

フリーエージェントの人たち、ひいては労働者全般は、「雇用主」と「被雇用者」にきれいに線引きできなくなってきている。フリーエージェントは雇用主でも被雇用者でもない。と言うより、雇用主でもあり、被雇用者でもある。禅問答のように聞こえるかもしれないが、これがニューエコノミーの重要な特徴なのだ。

【キーワード】

ナノコープ（Nanocorp）：「拡大を目指さない」という方針を容赦ないまでに追究している超ミニ企業。小規模のままでいることは、オーナーの個人的な志向でもあり、競争力を得るための戦略でもある。

第3章

デジタルマルクス主義が蔓延する

私たちの社会は、肉屋やパン屋や燭台職人の時代に戻りはじめている。
――ノーム・ストアー（ミネソタ州ミネアポリス）

フリーエージェントという働き方が生まれた過程を理解するには、原因と結果という発想をするよりも、料理とその材料という発想をしたほうがわかりやすい。完成品のチョコレートケーキを見て、どこまでが小麦粉でどこからが砂糖かを区別するのは難しいし、どの部分が卵でどの部分がココアなのかを区別するのも難しい。小麦粉はチョコレートケーキの「原因」ではない。しかし、チョコレートケーキの欠かせない「材料」だ。そして、卵や砂糖、ココアも、小麦粉と同じようにチョコレートケーキをつくるのに欠かせない材料なのである。

フリーエージェントはチョコレートケーキと似ている。フリーエージェントの増加という現象は、単一の原因では説明することができない。フリーエージェントというケーキは、いくつかの材料でできている。そのなかでも、とくに欠かせない材料が4つある。

経済の「子ども時代」は終わった

フリーエージェントというケーキのひとつ目の材料は、個人と組織の関係の変化だ。第2次世界大戦後数十年間は、個人が会社に忠誠を誓い、会社が個人に安定を保障するという単純な取引が、個人と組織とをしっかりと結びつけていた。人々は会社に言われた通りに働き、会社の方針に疑問を差し挟むことはほとんどなく、転職することもめったになかった。一方、会社は事実上、終身雇用と安定した給料、それにある程度決まった額の企業年金を従業員に保障した。

こうした関係は、企業における家族的温情主義（パターナリズム）の土台になった。家族的温情主義をどこよりも熱心に信奉していた企業は、IBMだった。IBMは50年間にわたって、全社で「完全雇用」の方針を貫いていた。決して従業員を解雇しないことを約束していたのだ。どんなに業績が悪化しても、どんなに景気が落ち込んでも従業員の雇用は安全だった。

「(完全雇用の方針は）一種の宗教だった」と、IBMの元幹部はフォーチュン誌に語っている。「歴代の人事責任者はこの原則を守り続けた。それこそ純潔を守り抜くみたいにね」

しかし1990年代に入ると、IBMはカーテンを開けて窓の外に目を向けはじめた。家の外は、思った以上に厳しい世界になっていた。IBMは、新興のコンピュータ会社に市場のシェアを奪われはじめていた。グローバル化の進展により新しい市場が生まれると同時に、新たな競争相手が生まれた。しかし、戦略的なミスや決断の遅い官僚的な体質など、様々な社内の問題のおかげで、変化への対応はますます後手に回った。そしてついに、ＩＢＭは解雇をしないという方針を捨てて、92年と93年に12万人の人員削減を行った。これは、ＩＢＭの社員にとってベルリンの壁の崩壊に等しい大事件だった。なにか重大なことが起きたのだということは、誰もがわかっていた。しかし、次になにが起こるのかは誰もわからなかった。

世界最大の航空機メーカーであるボーイングも、同じような道のりをたどって家族的温情主義を放棄した。１９１６年の創業以来、ボーイングはまるで過保護な親のように振る舞ってきた。会社を「ファミリー」と呼び、本社のあるシアトル近郊に従業員のための住宅地をつくるのを助けた。社員の医療保険料も会社が全額負担した。しかし、周りの世界は少しずつ変わっていった。アジア経済の低迷、マクドネル・ダグラス社との合併、航空機業界内での熾烈な競争。１９９０年代半ば、変化は極限に達した。98年のある週末、ボーイングの75人の最高幹部が合宿をして対応策を話し合った。そして週明けの月曜日、経営陣はシアトルの本社で重大な発表を行った。今後、ボーイングは「ファミリー」ではなく、「チーム」になると宣言したのだ。「ファミリーからチームへ」というのは、すぐに同社の標語になった。

「会社はファミリーだ」という考え方は、よく言って時代遅れ、悪く言えば幻想に過ぎないということに、ＩＢＭやボーイングは気づいたのだ。住宅ローンの返済に苦しみ、未来に明るい見通しをもてないでいる夫婦がある日、あらためて家の中を見回して、20歳の子どもたちがソファに寝転がって、ポテトチップスを片手にドラマの再放送を見ていることに気づいた。「冗談じゃないわ」と、ママとパパは言う。「さあ、家から出ていってちょうだい！」。そう言われて、子どもたちは開き直る。「ああ、上等じゃないか。前から、こんな家、クソくらえと思っていたんだ」。

こうして、労働者の子ども時代は終わった。そして、大人としての生活、すなわち、フリーエージェントとしての人生が始まったのだ。

IT機器の汎用化で生産手段が安価に

フリーエージェントというケーキの2つ目の材料は、テクノロジーだ。

タイムマシンに乗って、トーマス・ジェファーソンが最初の国勢調査を行った1790年のアメリカに戻ってみよう。当時の労働者は、フリーエージェントにかなり近い働き方をしているように見えるだろう。職人や農民、零細な商人が大勢いる。逆に、いま私たちが一般に考えるような形で「就職」している人にはめったにお目にかかれない。兵士や牧師を別にすれば、大きな組織に雇われている人はほとんどいない。大半の人にとって大組織など不要だった。産業革命が起きるまでは、生計を立てるために必要な道具類のほとんどは安価で手に入れることができたし、巨大なものではなかったので自宅に置いておくことができた。

しかし産業革命後は、こうした道具類——マルクスの言葉を借りれば「生産手段」——は、個人では手が出ないくらい高価になり、ひとりで操作するにはあまりに複雑になり、家に置くのは無理なほど大型になった（蹄鉄はハンマーがあれば自宅の作業場でひとりでつくることができるけれど、T型フォードはそうはいかない）。

こうした変化の結果、職場は巨大な道具倉庫のような性格をもつようになった。管理者は、決まった時間になると道具倉庫の扉を開けて、労働者がみんなで一緒に道具をきちんと使うように見張り、時間が来ると倉庫を閉めて、労働者を家に追い返す。それまで一体のものだった資本と労働が分離したのだ。資本家が道具を所有し、労働者は、巨大な機械が生み出す莫大な利益から雀の涙ほどの分け前を受け取るようになったのである。

しかし、状況は、再び産業革命前に戻ろうとしている。知識経済の生産手段は、小型で安価、操作も容易で、あまねく普及している。1965年のアメリカでは、コンピュータの普及率は10万人に1台の割合だったのに対し、現在は5人に3台の割合になっている。いま1ドルちょっとで買うことのできるグリーティングカードに入っているマイクロチップは、50年代の巨大なメインフレーム（一部屋まるまる占領してしまうほど大きかった）に相当する演算能力をもっている。私のホームオフィスは、電話回線2本とハードウェアを合わせて3000ドルもかかっていないが、その演算能力はアポロ11号に匹敵する。10年前には安価なコンピュータの登場により危機に陥ったIBMも、宗旨替えをして、低価格の商品を前面に押し出しはじめた。フリーランスやミニ企業をターゲットに売り出した

1200ドルのパソコンは、「ユー・インク（株式会社「あなた」）」を可能にするというのが売り文句。「コングロマリットにはなれないかもしれませんが、コングロマリットに恐れられる存在になるためのお手伝いをします」というわけだ。

おそらく、低価格のコンピュータの普及以上に重要なのは、オンラインへの接続が容易に、そして安価になったことだ。インターネットに接続しているホームオフィスの割合は、1996年には全体の25％だったのが、98年には65％に増加した。大手会計事務所アンダーセンの予測では、2004年には、アメリカ人の91％がインターネットに接続するようになるという。ワイヤレス技術の急速な進化により、知識労働者は、それこそ亀の甲羅のように、どこへ行くにもコンピュータという生産手段を身につけて歩くようになるだろう。

もちろん、いまも大組織で働く人は多い。しかし、そうする以外に選択肢がないという人は減った。雇用主が決めた分け前をもらうのではなく、生産のための道具を自分で買って、その道具と自分の頭脳が生み出す利益を独り占めしたいと考える人が多くなった。会社のデザイン部門で働く30代の社員なら、高齢の母親を見舞うために早退することが認められなければ、DTPソフトとiMacと高速通信回線を用意して、自宅でデザイン事務所を始めるかもしれない。

トーマス・ペッツィンガーは著書『新しい開拓者たち』で書いている。「(デジタル技術は）限界費用を限りなくゼロに近づけ、市場への参入障壁を縮小もしくは撤廃する……テクノロジーのおかげで、資本主義にとって、資本は不要のものになりつつある」。そして、オーガニゼーション・マンにとって、オーガニゼーション（組織）は不要のものになりつつあるのだ。

バージニア州リーズバーグのサンディ・クレッピンガーは、もっぱらeベイのネットオークションを利用して、ソフトウェア販売の在宅ビジネスを成功させている。ウェブを利用すれば市場への参入障壁はほとんどなかったし、ビジネスを立ち上げるためのコストも最低限ですんだ。実に手軽に、クレッピンガーは、インターネットに接続している地球上のすべての人が利用できる年中無休24時間営業のお店をもつことができた。eベイでは、この現象を「その他大勢の私たちのための資本主義」と名づけた。私はそれを「デジタルマルクス主義」と呼んでいる。コンピュータが安価になり、携帯型の端末が普及し、どこにいても地球規模のネットワークに接続できるようになったおかげで、労働者は再び生産手段を手にできるようになったのだ。

経済の繁栄で人々は仕事にやりがいを求めはじめた

フリーエージェントのケーキの3番目の材料は、繁栄だ。と言っても、1990年代に続々と登場したストックオプション長者のことを言っているわけではない。ここで言う繁栄とは、中流層の生活水準が著しく高くなったことを指している。いまアメリカの中流層は、目を見張るほど豊かな生活を送っている。

◆アメリカの3分の2の世帯は、いま住んでいる住宅を所有している。この割合は、アメリカの歴史上最も高い。これに対し1940年には、大半のアメリカ人は賃貸住宅に住んでいた。この当時は、ほとんどの家に冷暖房設備がなく、30％は水道もなかった。水洗トイレのない家も15％以上あった。

◆経済学者ジョン・ケネス・ガルブレイスが『ゆたかな社会』という著書を出版した前年の1957年、アメリカの国民1人当たりの所得は、現在の貨幣価値に換算すると、8700ドルだった。だとすれば、現在は「2倍にゆたかな社会」ということになる。今日、アメリカの国民1人当たりの所得は2万ドルに達している。

◆デーヴィッド・ホイットマンの著書『楽観主義のギャップ』によれば、「1993年の統計では、米政府が貧困と認定した家庭の90％以上はカラーテレビをもっており、70％以上は洗濯機をもっている。ビデオデッキのある家庭と電子レンジのある家庭もそれぞれ60％に達している。アメリカの貧困家庭は概して、現在の西ヨーロッパの大半の国民や25年前のアメリカ人よりも、近代的な家電製品をもっているのだ」。

生活水準が向上しただけではない。人々が抱く期待の中身も変わった。ここ50年の間に、アメリカ人の考え方の前提となる発想は、「欠乏への恐怖」から「快適な生活への期待」に変わった。

1929年にアメリカを襲った大恐慌は、その時代を生きた人々の心理に決定的な影響を与えた。この世代は、貧しかった時代を忘れることができず、その再来を恐れ続けた。大恐慌世代がベビーブーム世代の「自分探し」にたじろいだのも、「やりがいのある」仕事がしたいと言うベビーブーム世代を世間知らずの甘ちゃんと呼んで馬鹿にしたのも、ひとつにはこうした心理が働いたためだった。しかし貧困への恐怖は、もはや人々の意識から消えた。いまやアメリカの人口の85％は、大恐慌時代にはまだ生まれていなかった人たちで占められているのだ。もちろん、60年代には株式市場の低迷を経験したし、70年代には石油危機があった。80年代と1990年代にも景気後退は何度かあったし、2000年には株価の急落やドットコム企業の凋落があった。しかしアメリカの中流層の大半には、生活を一変させるような大恐慌の記憶はないのだ。

欠乏への恐怖が快適な生活への期待に変わると、生活の糧を稼ぐことだけが仕事の目的ではなくなった。人々は、仕事にやりがいを求めるようになった。衣食住の心配をしなくてすむようになれば、楽しい仕事ややりがいのある仕事をしたいと思うのは当然の心理だ。いまだに嫌気の差すような職場が多いなかで、フリーエージェントという道を選ぶ人はますます増えている。そして、そうした進路は、経済的な繁栄のおかげでかつてなく選択しやすいものになっている。

組織の短命化は職種の寿命も縮めた

ケーキの第4の材料は、企業の構造と事業のあり方に劇的な変化が生じたことだ。いまや、新しい企業が数週間で誕生し、数カ月で投資家の出資を受けて、1年後には株式を公開しても不思議でない。

しかし、企業が消えてなくなるのも同じようにあっという間だ。要するに、組織の寿命はことごとく短くなっているのだ。

経済を人間の体、会社を薬と考えてみよう。昔は、会社という薬の寿命は永遠に近かった。この薬は、永遠に体内にとどまるように思えることすらあった。しかし今日、活発な経済という体は、会社という薬を驚くほど速いペースで代謝していく。薬が役に立たなくなったり、有害になれば、さっさと体の外にはき出してしまう。

一時はニューエコノミーの寵児ともてはやされたネットスケープという会社の歴史を振り返れば、それがよくわかる。この会社が誕生したのは、１９９４年。翌95年には株式公開を果たした。しかし99年には、もうこの世から消えてなくなっていた。大手インターネット接続業者のアメリカ・オンライン（ＡＯＬ）に吸収合併されたのだ。この会社の寿命は、たったの4年だった。しかしネットスケープは、いくつかの商品を市場に送り出し、既存の大企業（とくにマイクロソフト）に戦略の転換を促し、数千人の関係者に次のプロジェクトに役立つ経験と財産と人脈を与えたのだ。

ネットスケープだけではない。テキサス大学の調査によると、テキサス州内の企業の平均寿命は、１９７０年から92年の間で半分に縮んだ。ニューヨークでは、新規雇用を最も多く生み出しているのは従業員10人未満のミニ企業だが、こうした企業はとりわけ寿命が短いという。企業のライフサイクルは、インターネット時代にふさわしい長さに短縮されたのだ。

それにともなって、職種の寿命も短くなった。10年前には、ウェブ開発者などという職業は誰も知らなかった。しかし10年後には、ウェブ開発者という職業があったことなど誰も覚えていないかもしれない。

重要なのは、企業の寿命が短くなっているこの時代に、私たち一人ひとりの寿命は長くなっているということだ。これからは、勤め先の企業より長生きするのが当たり前になる。ひとつの組織に一生涯勤め続けるなどということは考えにくくなる。

経済の子ども時代の終焉、小型で安価な生産手段の登場、経済の繁栄、組織の短命化。この4つの材料を混ぜ合わせて、10年間かけて調理して生まれたのが、3300万人のフリーエージェントたちなのだ。

では、この人たちは、どのように働き、どういう生活を送っているのか？　どういうことを考えているのか？　次章以降で見ていくように、その答えはこれまでの常識を覆すものだ。

まとめ

【ポイント】

フリーエージェントという働き方が登場した背景には、４つの重要な変化があった。
①従来の労使間の社会的契約、すなわち従業員が忠誠心と引き換えに会社から安定を保障してもらうという関係が崩壊した。
②生産手段（富を生み出すのに必要な道具）が小型で安価になって個人で所有できるようになり、操作も簡単になった。
③繁栄が社会の広い層に行き渡り、しかも長期間続いている結果、生活の糧を稼ぐことだけが仕事の目的ではなくなり、人々は仕事にやりがいを求めるようになった。
④組織の寿命が短くなり、人々は勤め先の組織より長く生きるようになった。

【現実】

いまやアメリカの人口の85％は、大恐慌の時代にはまだ生まれていなかった人たちで占められている。経済的な困窮の記憶をもたない人が社会の大勢を占めるようになったのだ。

【キーセンテンス】

ネットスケープが誕生したのは、１９９４年。翌95年には株式公開を果たした。しかし99年には、もうこの世から消えてなくなっていた。大手インターネット接続業者のアメリカ・

オンライン（AOL）に吸収合併されたのだ。この会社の寿命は、たったの4年だった。

【キーワード】

デジタルマルクス主義（Digital Marxism）：コンピュータが安価になり、携帯型の端末が普及し、どこにいても地球規模のネットワークに接続できるようになったおかげで、労働者は再び生産手段を手にできるようになった。

第II部

働き方の新たな常識とは？

第4章

これが新しい労働倫理だ

私たちの労働倫理？　いちばんいい時間にいちばんいい場所で働くこと、そして自分が得意な仕事をすることね。スポーツジムみたいなものなのよ。ちょっとストレッチをやって、エアロビクスをいっぱいやって、ほんの少しだけ筋肉のクールダウンをする。これに比べれば、古い労働倫理は、延々と腕立て伏せをやり続けるようなものだった。

――ナンシー・ハルパーン(ニューヨーク州ニューヨーク)

この章では、映画の主人公2人、高名な心理学者、17世紀の神学者2人、ヒップホップ界の大物、フォークロッカーを取り上げる。そこから見えてくるのは、フリーエージェントの登場によって様変わりしたアメリカの新しい労働観の全体像である。

最初に紹介するのはトム・ラスという人物だ。スローン・ウィルソンの同名の小説を原作とする映画『灰色の服を着た男』（1956年）の主人公である。グレゴリー・ペック演じるトムは、コネティカット州の郊外住宅地に住む復員軍人。妻からはいつも、もっと大きな家に住みたいとねだられていた。その妻にけしかけられ、8000ドルの年収に目がくらみ、朝の通勤列車で隣り合わせた男にそそのかされて、トムは新しい仕事の採用面接を受けることになった。ユナイテッド・ブロードキャスティング・コーポレーション（UBC）という放送局の広報部門の仕事だった。

トムが放送局の採用面接を受ける場面は、仕事をテーマにした映画の古典と言ってもいい。正午少し前にUBCを訪れたトムは、広報部門責任者のゴードン・ウォーカーという男から採用試験の概要を説明された。

あなたのこれまでの人生をテーマに作文を書いてくださいと、ウォーカーはトムに言う。作文の最後は、「私のいちばん素晴らしいところは……」という文で締めくくること。時間は午後1時までです。

トムは、用意された部屋に入る。タバコに火をつけ、タイプライターに紙をセットする。椅子に腰掛けて、タイプライターを見つめる。ずっと見つめたままだ。時計の針が進んでいく。トムは席を立ち、部屋の中をゆっくりと歩き回る。言葉は出てこない。窓の外に目をやる。また歩き回る。12時40分。まだ、1パラグラフも書き上げることができていない。肝心の最後の文にもまだ取りかかっていない。気が乗らない様子で椅子に座ると、スミスコロナ社製のタイプライターをのろのろと叩きはじめる。課題が仕上がると、部屋を出て、たった1枚の作文をウォーカーに手渡す。

「これで全部ですか？」と、ウォーカーが驚いたような顔で尋ねる。

「そうです。全部です」

「でも、まだ時間は12分ありますよ」

「書くべきことはすべて書きました」と、トムは答える。

ウォーカーはトムのエッセーを読みはじめ、目を上げてトムを見て、再びエッセーに目を通しはじめる。そのうちに我慢できなくなって、作文を声に出して読みはじめる。


私のいちばん素晴らしいところは、ユナイテッド・ブロードキャスティング・コーポレーションとの関係で言えば、御社の広報部門への就職を希望していることです。しばらくすれば仕事を覚えて、会社のお役に立てると思います。今回の採用に関係のあることであれば、どんな質問にも喜んでお答えしましょう。しかし真剣に考えた結果、私の値打ちについてこれ以上考えてみたところで、それはユナイテッド・ブロードキャスティング・コーポレーションにとって正当な関心事でもなければ、意味のあることでもないと考えざるを得ません。

寡黙なトム・ラスは、ほどなくしてUBCに採用された。仕事場で最悪なのは内省的な態度と自己表現だと、トムは考えていた。その考えは正しかったのだ。後になって、彼は妻に言う。「こんなにあくせく競争したくはなかった。でも、その競争の中に入ってしまった以上、みんなと同じようにやらないのは馬鹿だと思うんだ」

時代は変わって、40年後。もう1人の映画の主人公を紹介しよう。この人物の仕事に対する姿勢は、トム・ラスとはまるで違う。１９９６年、トム・クルーズ主演の『ザ・エージェント』（原題『ジェリー・マクガイア』）という映画が公開された。やり手のスポーツエージェントであるジェリー・マクガイアが新しい生き方を始めることを決意するというストーリーだ。この映画の冒頭に、トム・ラスの作文試験によく似た場面がある。ジェリーは、マイアミで開かれた会社の会議に出席していた。その出張の最後の晩のこと。ジェリーは気持ちが沈み込み、幻覚に襲われて脂汗をたらす。これまでひどい目に遭わせてきた人たちの声が聞こえてきた。「突然だった」と、ジェリーのモノローグが始まる。

それは思いがけず突然起こった。提案書が頭に浮かんだ。メモじゃない。会社の未来を展望した提案書だ。

トム・ラスと違って、ジェリーは文章に詰まることはなかった。

1ページのはずが25ページに。親父の顔がよみがえった。大学を出てこの仕事を選んだ時の夢。ぼくの選手のプレーでスタジアムが歓声に沸く。ケガをした時も選手を守り抜く。最近はそれが忘れられている。

下着姿のジェリーは、ノートパソコンの画面の光にぼんやりと照らされて、キーボードを打ち続けた。そのうちに、ある悟りに達した。

答えはすぐ見えた。クライアントを減らすこと。金額は低く。親切な配慮。自分とゲームを大切にする。人間らしい生き方を。

「こんなに本心をさらけ出しても？　いいさ。構うものか」とジェリーは言う。「これが本当のぼく。偽りを捨てたぼくだ」。書き終えると、ジェリーは雨の中、コピー屋に走っていく。書き上げた提案書には「皆が考えてて口にしないこと――この業界の未来」という題をつけた。「勇気がある」と、コピー屋の店員は睡眠不足のジェリーに話しかける。「男は勝負さ」「ぼくは35歳」と、ジェリーは最後のモノローグで言う。「これからが人生だ」

ウィリアム・ホワイトがオーガニゼーション・マンについての本を出版したのと同じ年に封切られた映画の主人公トム・ラスにとって、仕事とは、ほかの目的のために自分の個性を押し殺すことにほかならなかった。一方、フリーエージェント・ネーションの幕開けの時期に公開された映画の主人公ジェリー・マクガイアにとって、仕事のもつ意味は正反対だった。自分の信念をはっきり表明し、固く信じる価値観に従って行動し、自分自身に正直であることがジェリーにとっての仕事の目的だ。

この2本の映画を見れば、政府が毎月発表する非農業部門雇用者数の統計や莫大な費用をかけたコンサルティング会社の最新レポートを読むよりも、労働の現場で起きている変化についてはるかによく知ることができる。灰色の服を着た無口なトム・ラスから、ジョッキーショーツ姿の饒舌なジェリー・マクガイアへ。その変化は、フリーエージェントの価値観が私たちの労働観を様変わりさせたことを如実にあらわしている。しかし、この点を正確に理解するためには、専門家の力を借りなくてはならない。そこで、心理学者エイブラハム・マズローの主張を見てみよう。

マズローの世界からフリーエージェントを理解する

心理学の入門コースや企業の社員研修を受けたことのある人なら、エイブラハム・マズローという名前に聞き覚えがあるかもしれない。1908年に生まれたマズローは、ジークムント・フロイトとB・F・スキナーという心理学の2人の巨人の理論に異を唱えて、心理学界に名を残した人物である。マズローは39年間の活動を通じて、人間は潜在意識下の欲求の集合体などではないと唱えて、フロイトにかみつき、人間の行動はご褒美を求めて罰を避けようとする実験室のラットなんかよりずっと複雑だと説いて、スキナーの説に疑問を投げかけた。

マズローの主張によれば、人間の行動の動機にはもっと深い理由ともっと高尚な目的があるという。私たち人間の最も高いレベルの欲求——それは、人間を人間たらしめているものでもある——は、自己の才能を活用し、潜在的な能力を花開かせることへの欲求、すなわち自己実現の欲求であると、マズローは考えた。

マズローの打ち出した概念のひとつは、「欲求階層説」という考え方だ。人間は「欲求のピラミッド」を登って、精神的に発達していくというのである。ピラミッドのいちばん下は、食欲、性欲、酸素に対する欲求などの生理的欲求。そのひとつ上の層は、病気や災害、危険などに対する安全の欲求。その上は、愛情や所属に対する欲求。さらにその上に来るのは、承認や自尊心に関する欲求だ。そして最後に来るのが、自己実現の欲求である。この自己実現が人間の精神的発達の頂点であると、彼は唱えた。人間は低いレベルの欲求が満たされてはじめて、高いレベルの欲求に進むことができる（住む家のない人や腹を空かせている人には、美的欲求を追求するゆとりはない）。たとえ一瞬の陶酔感に過ぎなくても、このいちばん高い段階に達することができれば、神秘的な「至高体験」を体験し、人間性を高めることができるという。ジェリー・マクガイアは至高体験を体験し、自己実現を追求した。一方、トム・ラスには、そういうことはなかった。

自己実現、欲求のピラミッド、至高体験。こうしたマズロー心理学のキーワードは、フリーエージェントを理解するためのキーワードでもある。いま私たちの生活水準は、世界史上未曾有の高い水準に達している。その結果、第3章でも述べたように、欠乏への恐怖は快適な生活への期待に取って代わられた。つまり、マズローのピラミッドの生理学的欲求や安全の欲求などの下位の欲求が満たされ、自己実現を追求できる状態になったのだ。

その影響は経済にも及ぶ。マズローが早くも1962年に指摘していたように、自己実現を得るためのおそらくいちばんいい方法は仕事だからだ。「人は誰でも、無意味な仕事より意味のある仕事をしたがるものだ」と、マズローは南カリフォルニアのある工場を見学した後で書いている。「仕事が無意味だと、人生も無意味に等しくなる」

しかし、オーガニゼーション・マンの働く無味乾燥な大企業にせよ、漫画の「ディルバート」に描かれるようなキュービクル（個人用の間仕切りスペース）にせよ、バレーボールコートとカプチーノのセルフサービス機を完備しているハイテク企業のおしゃれな「キャンパス」にせよ、多くの職場では、従業員の自己実現の追求は認められていない。そのため、マズローのピラミッドの頂上に登るためには、多くの場合、会社を飛び出すしかなくなる。豊かな時代になって、人々が仕事に求めるものは変わっているのに、多くの大組織ではそれに応えることができていない。給料とストックオプションはもちろん大切だけれど、いまや仕事の目的は金だけではないのだ。人々は、仕事に意味を求めるようになったのである。

意味のある仕事の基準とは？

では、フリーエージェントの人たちにとって、意味のある仕事とはどういうものなのだろうか。キーワードは、「自由」「自分らしさ」「責任」「自分なりの成功」だ。

自由

フリーエージェントの労働倫理の土台のひとつは、自由だ。記録に残っている範囲では、フリーエージェントという言葉がはじめて用いられたのは、1662年にイギリスの神学者エドワード・スティリングフリートが執筆した宗教文書の中だった。ここでは、「フリーエージェント」という言葉は「自由意思」という意味で用いられている。自由意思という考え方は、当時としては極めてラディカルなものだった。この時代のヨーロッパで一般的だったのは、フランス人の神学者ジャン・カルヴァンの予定説だった。予定説によれば、人間の自由意思などというものは存在しない。誰が救われて誰が救われないかは神によってあらかじめ決められていて、人間にできることはほとんどないという。自分が救済されるかどうかは誰にもわからない。しかし、敬虔な生活を送ることが、自分が神に選ばれた存在であることの証拠になると考えられた。そのため、大半のカルヴァン主義者は敬虔な生活を送ろうとした。

このカルヴァン主義の思想は、西洋文化に決定的な影響を与えた。とりわけその影響を強く受けたのが、ピューリタンにこの思想をもち込まれたアメリカだった。カルヴァン主義を土台として生まれたプロテスタントの労働倫理は、禁欲の精神を貴び、倹約と自己犠牲を奨励した。マックス・ウェーバーをはじめとする思想家は、この禁欲の倫理が産業資本主義の花開く土台をつくったと論じた。この禁欲主義の思想は、20世紀のテイラー主義的な工場やオーガニゼーション・マンの官僚的な組織にしっかりと浸透している。姿勢を低くして波風を立てないことは、現実的であるだけでなく、道徳的にも好ましいことと考えられた。

しかし、ウェーバーも指摘しているように、カルヴァン主義の労働倫理は「鉄の鳥かご」になる危険性をもっている。鳥かごの中に閉じこめられていても、かごの外にチャンスがあまりなければ我慢できるかもしれない。しかし、かごの外にチャンスがいっぱいあれば、鳥かごは刑務所に等しい。それに、ウェーバーの刑務所の中にいては、マズローのピラミッドを登ることはできない。

取材中に出会ったフリーエージェントの大半は、かつて勤めていた会社の社内政治に嫌気が差したと言っている。あまりに多くの人があまりに激しい口調で不満をぶちまけたことには、驚かされた。シカゴの郊外に住む広報関係のフリーエージェント、デボラ・マーシノも、そうしたニューエコノミーの政治犯のひとりだ。彼女によれば、最近辞めたPR会社では「社内政治が組織の土台になっていた。そのマイナスのエネルギーが会社をひとつにまとめているという感じだった」という。オーガニゼーション・マンの時代であれば、マーシノのような人はどうにか自分を現実に合わせていた。鉄の鳥かごの中にいれば、幸せではないかもしれないが、基本的には安全だ。

しかし最近は、檻の中から飛び出したいと考える人が増えている。USニューズ&ワールドリポート誌の世論調査によると、アメリカの30歳未満の労働者の62%は、他人に雇われないで働くことを望んでいる。別の調査によれば、フォーチュン誌上位500社の企業で働く幹部の3分の1以上は、生まれ変わったら、今度は自分の会社をもちたいと考えている。もういい加減、カルヴァンにはお引き取り願おう。そして、トム・ラスに教えてあげよう。新しいタイプの労働者の間では、自由意思が予定説をわきに押しやってしまったのだ。

自由、つまり自分の意思を貫けることとは、仕事を意味あるものにするために欠かせないものになった。自由の中身は人によって異なる。シアトルのコンサルタント、ヴァージニア・クラモンにとって、それは発言の自由、すなわち言いたいことを言えて、きちんと聞いてもらえることだった。シカゴの経営コンサルタント、ダン・フィーリーの場合、大切なのは、仕事を好きに選べる自由に加えて、いちいち他人の許可を受けなくても午後の仕事を休みにしてリグリー・フィールドにシカゴ・カブスの試合を見に行く自由だった。「仕事をしなかったり、仕事の依頼を断ったりすれば、それなりの代償はある。けれど、少なくともそれを決めるのは自分だ」と、彼は言う。

大半のフリーエージェントにとって「自由」とは、行動の自由、選択の自由、それに意思決定の自由である。『フロー体験――喜びの現象学』などの著書で知られる心理学者のミハイ・チクセントミハイは、「高度な技能が求められる仕事を自由に行えると、その人の自我は豊かになる」のに対して、「高度な技能が必要でない仕事を強制されてやらされる」ほど気が滅入ることはほとんどないと述べている。実際、ジョンズ・ホプキンズ大学の研究によると、仕事における自由度の低い人は自由度の高い人に比べて、心臓病で命を落とす割合が70%高いという。

自分の良心に従う自由を最重要視する人たちもいる。私の取材でも、倫理的な問題を理由に大組織を離れた人が驚くほど多かった。シカゴのマーシノもそのひとりだ。ＰＲ会社に勤めていた頃、彼女はいくつかの深刻な問題に悩まされていた。「得意先に請求書を送るたびに、料金にふさわしい仕事をしていないという良心の呵責に苛まれた」と、彼女は言う。いま彼女のビジネスでは、ある倫理基準を採用している。「料金は、実際に仕事をした時間に応じて請求する。時間はきちんと15分単位で計算する。実際に働いていない時間の料金を請求するなんて、私にはできない」

１９９９年のハドソン研究所の調査によれば、組織で働いている人の30％は、職場で倫理に反する行為が行われるのを目撃したり、そうした行為が行われていると疑っている。ＵＳＡトゥデー紙によると、４人にひとりは倫理に反することをするよう指示された経験があるという。マーシノの決断は、こうした現実を反映しているのかもしれない。ケース・ウェスタン・リザーブ大学のロバート・Ｄ・ヒスリッチによれば、起業家と企業の管理職を対象に調査を行ったところ、起業家のほうが企業管理職よりも格段に倫理に配慮して行動していることがわかったという。この違いはおそらく、倫理を重んじる自由の有無から来ているのだろう。

「私にとって、フリーエージェントになるというのは自分の目標に従って自分の道を歩む手段だった」と言うのは、ニューヨークの再就職斡旋コンサルタント、レズリー・エヴァンズだ。「アメリカの企業社会には、人が自由に自分の目標を追求できる環境がないと思う」

こうした労働者の不満に対処するために、ハイテク企業を中心に、従業員サービスを大盤振る舞いする会社も出てきている。社内に、スポーツジムやレストラン、シャワールームや託児所、なかにはコンシェルジェ・サービスまで設けている企業もある。シリコンバレーの企業は、競うようにして優秀なシェフを雇い入れ、オフィスにドリンクとスナックを欠かさないようにしている。「移動歯科」

を呼んでいる企業もある。会社の駐車場に歯医者の乗った車がやって来て、従業員は会社にいながらにして歯科検診を受けることができるのだ。

新興のネット企業のなかには、いまは破綻したザ・マン・ドット・コムが従業員に会社のロゴのタトゥーを彫るよう求めていたように、極端なまでに会社への忠誠心を示すことを要求する企業もある。「企業カルト」という言葉を使ったのは、経営学者のデーヴ・アーノットだ。そうした企業には、カルトの特徴である「献身」「カリスマ的指導者」「家族からの隔離」といった傾向が見られると、アーノットは指摘する。ウィリアム・ホワイトも、こうした現象を懸念していた。「テーブルの向こう側に座るのは、独裁者の手下のようないかにも邪悪そうな連中ではなく、セラピストのように優しげな笑みを浮かべた人たちだ。彼らは、宗教裁判所の裁判長のように、親切ごかして恐ろしいことをするのだ」

巨額の資産に化ける可能性のあるストックオプションで個人の自由を買おうとする企業もある。これによって、従業員をニューエコノミーのプランテーションにつなぎ止めようというわけだ。なるほど、これは従業員が自由に交渉して決めるものであり、搾取とはとうてい言えない。しかしストックオプションは、会社の株式に価値がなくなれば紙クズ同然の値うちしかなくなってしまう。一方、家族的温情主義も一部ではまだ健在だ。実は最近、パパやママは昔よりもちょっと金持ちになっている。それでも、2000年のハイテク株暴落のように株式相場が下落すれば、どんなに立派なパパも途端に駄目オヤジに成り下がってしまう。

生産性の向上を追求して、従業員サービスの充実とは無縁の行動を取っている企業もある。最先端のソフトウェアを導入して、従業員の電子メールの利用やウェブサイトの閲覧状況を監視している企業も少なくない。ある調査によると、雇用主の54％は、従業員が仕事に関係のないサイトにアクセスしている「現場を押さえた」ことがあると答えている。調査会社ＩＤＣの推計によると、大企業の8割は、監視用のソフトウェアを導入しているという。ゼロックスやニューヨーク・タイムズなどは、「不当な」もしくは「私用の」インターネット利用を行ったという理由で従業員を解雇した。会社側にしてみれば、従業員が仕事をさぼってＭＰ3の音楽ファイルをダウンロードしたり、ポルノ画像を見たりしていないかどうか監視する必要があるというわけだ。しかしこうした行為により、個人の自由は大幅に制約されてしまう。

多くのフリーエージェントが会社員時代の生活を「囚われの身」と呼び、自由を得るためには会社を辞めて独立するしかないと考えたのも不思議でない。シカゴの経営コンサルタントのフィーリーの言葉を借りれば、フリーエージェントの魅力は「好きな時に、好きな場所で、好きな量だけ、好きな条件で、好きな相手と仕事をすることができる」ことだ。スティリングフリートもマズローもよく知っているように、意味のある人生を送りたいという心の渇きを癒してくれるのは無料のコーラではなく、自由なのだ。

〈マズロー＆マクガイア語録〉

どう行動するべきかをいつも社会が教えてくれる世界、すなわち、社会が次のステップを指図して、エスカレーターに乗せてくれる楽な世界では、自分の弱みや失敗に直面することがないだけでなく、自分の強みを知ることもない。

――エイブラハム・マズロー

ぼくがつくる新会社にこいつらを連れてく。

――ジェリー・マクガイア（クビを言い渡された後、オフィスの水槽の魚を見つめながら）

自分らしさ

究極の自由は、ありのままの自分でいられる自由だろう。しかし従来の職場では、それはたいてい許されていないし、ましてや奨励されていない。私が話を聞いたフリーエージェントたちは、勤めていた頃の自分を語る際に、「変装」や「潜伏」という言葉をよく使った。職場では「仮面」を被り、あるいは「鎧」を身につけ、「煙幕」を張っていたという。大組織の中で本当の自分を見せることは、あまりに危険だからだ。仕事を終えて家に帰ってはじめて、衣裳や防具を脱ぎ捨て、本当の自分に戻ることができた。

職場のハイド氏と家庭のジキル博士――この二重人格状態は、それ相応の犠牲を強いる。広報専門家のマーシノが会社を辞めたのは、婚約者との会話がきっかけだった。ある日、ハードな仕事を終えて戻ると、「君は変わってしまった」と言われたというのだ。第1章で紹介した元GE社員のウォルト・フィッツジェラルドは、職場で本当の自分をさらけ出すことを最も恐れていたと言う。「いちばん危険なのは会社で素の自分を見せることだと思っていた」。カルヴァン主義の思想とオーガニゼーション・マンの職場は、個性を抑えつけて、個人を画一化する傾向が強かった。グレゴリー・ペックの映画の題名は『トム・ラス』ではなく、『灰色の服を着た男』だった。トムの働いていた巨大企業では、従業員の個性より、着ている服のほうが重要だったのだ。

カール・マルクスは、映画批評家ではなかったが、『灰色の服を着た男』という題名の選択はよく理解できただろう。マルクスの資本主義批判の中核をなしているのは「疎外」という概念だ。マルクスによれば、工業経済の最大の弊害は、労働者と労働とを切り離すという非人間的な状態を生み出すことである。「きみたちはもはや自分自身ではないのだよ、同志」と、マルクスは労働者に警告していたのだ。

ジョアン・タイアは、マルクス主義者ではないが、マルクスの言っていることがよく理解できるだろう。彼女は20年にわたり、シェラトンやミラーフリーマンなどの大企業で会議や展示会の準備や運営などの仕事をしていた。しかし40代後半になって、「それまでの人生でいちばん恐ろしいこと」をした。フリーエージェントになったのである。いまはブルックリンの自宅を拠点に個人で働いている。「会社時代は、仕事用のスーツを着て、アンドロイド社員に変身して出勤し、会社に言われた通りに働いた」と、彼女は言う。「そして会社を出た途端に、また元のジョアン・タイアに戻った。でもいまは、フリーエージェントになったおかげで、いつもありのままの自分でいられるようになった」。会社員生活に戻るなんて、考えただけで「ぞっとする」と、彼女は言う。「そんなこと、自分に猿ぐつわをはめるようなものよ」

ミネアポリスのフリーランスの産業心理専門家ピーター・クレンブズも、タイアと同じ気持ちだ。組織を「最適化する」ということは、とりもなおさず「個人を犠牲にする」ことだと、彼は言う。コンサルティングの仕事を通じてそうした例を目にしてきたし、自分自身も身をもってそれを経験してきた。クレンブズは、1974年に航空機部品大手のハネウエルに就職。その後、コンサルティング会社勤務を経て独立した。「(フリーエージェントになることを)決断した大勢の人たちは、なんらかの形で組織の中で隅のほうに追いやられていると感じていた。私の場合は同性愛者だった。74年当時のハネウエルでは、同性愛者への偏見が強かった。実を言うと、会社を辞めた最大の理由は、会社の連中に同性愛者だとばれて、つまみ出されるのはごめんだと思ったからだ。自分のための世界をつくりたかった」

フリーエージェントたちは、夏の夕立のように「自分らしさ」が空から降ってくるのをただ待っているわけではない。情熱をかたむけて仕事に打ち込むことを通じて、自分らしさを表現しようとしている。カルヴァン主義の労働倫理では禁欲が求められたのに対し、フリーエージェントの労働倫理では、自己表現が許されている——というより、ときには自己表現が求められるのだ。

もっとも、仕事と個人が切っても切り離せない関係にあれば、仕事によって個性がすり減らされたり、個性が押し潰されてしまう場合も出てきかねない。

しかし、そうしたマイナス面はあっても、自分らしさと自己表現を求める声は広がっている。組織に雇われずに働くということは「自分の看板で仕事をするということを意味する」と、経営思想家のチャールズ・ハンディは述べている。ジョアン・タイアのビジネスの名前は、自分の名前のイニシャルを取って「ミーティングズ・バイ・JT」だ。テネシー州ナッシュビルの政治コンサルタント、アリソン・カトラーは、自分のビジネスを「カトラー・グループ」と称している（もっとも、「グループ」と言ってもスタッフはカトラーだけだ）。

そう、雑誌ファストカンパニーが創刊号で宣言したように、いまや「ワーク・イズ・パーソナル（仕事は個人的なもの）」なのだ。

〈マズロー&マクガイア語録〉

自己実現を成し遂げている人たちを見れば、最も好ましい環境下では、仕事に対してどういう態度を取ることがいちばん理想的なのかがわかる。高いレベルに到達している人は、仕事を自分の個性と一体化させている。つまり、仕事が自分の一部になり、自分という人間を定義するうえで欠かせない要素になっているのだ。

——エイブラハム・マズロー

これが本当のぼく。偽りを捨てたぼくだ。

——ジェリー・マクガイア

責任

「自由」と「自分らしさ」は、確かに気持ちがいい。しかし、それだけを追い求めていては、なにも成し遂げられない恐れがある。そこで、フリーエージェントの労働倫理の第3の要素として、「責任」が登場する。

ここで言う責任とは、自分の生活の糧と評判を賭けて仕事をするということだ。たいていの人は、成功した場合の報酬と失敗した場合の制裁を両方引き受けるという前提で自分の仕事に責任をもちたいと思っている。しかし多くのフリーエージェントが言うように、従来の組織では、仕事に対する責任は組織の階層的な構造の中でうやむやになってしまう場合が多い。責任を問われることも少ない半面、手柄を認めてもらえることはもっと少ない。そのため、自分の仕事ぶりがどの程度のものなのかよくわからなかったと、彼らは言う。

フリーエージェントとして働く場合は、そんなことはない。「フリーエージェントとして組織に雇われることなく、自由が手に入る。とてつもない自由が手に入る。それは大きな魅力だ」と、コンサルタントのマイケル・フォイヤーは、サンフランシスコのサウスパーク近くでサラダを口に運びながら言った。「その代わり、責任も大きい。なにからなにまで、すべて自分で決めなくてはならない」。プレッシャーに縮み上がってしまう人もなかにはいるだろう。そういう人は責任を組織に押しつけて、代わりに自由と自分らしさを手放そうとする。フリーエージェントたちに言わせれば、企業で働く人たちは、自分にはその職に就いている資格があるという意識こそあれ、いい仕事をしようという意欲はない。つまり、禁治産者のようなものであって、責任ある独立した市民とはいえないというわけだ。

このように、大きな責任をもつことに後込みする人もいるが、多くのフリーエージェントにとって、責任をもつことは自由を得ることでもある。ビジネスに自分の名前を冠し、自分の仕事の質に一家の生活を賭けている。「なにもわかっていない上司にあれこれ指図されたりしないですむ。成功するも失敗するもすべて自分次第」と、サウスダコタ州のローズバド・スー族保留地に住むクローディア・スレートは言う。「朝、目が覚めたとき、請求書の支払いのことを考えてぞっとすることもある。でも、難題に立ち向かうのが好きな人なら、すぐに飛び起きて仕事に取りかかるはず」と言うのは、テキサス州オースティンの弁護士ブライアン・クラークだ。ペンシルベニア州立大学のペグ・トーマス教授の調査によれば、「仕事における責任の有無と仕事に対する満足度」の間には緊密な関係があるという。

契約労働者協会のジム・ジーグラー会長はこう語る。「フリーエージェントは仕事に責任をもつ……仕事の成功に対する責任、顧客に価値を与えることのできる技能や経験を身につける責任、仕事の質に対する責任、ビジネスチャンスを見つけて自分を売り込む責任、顧客と良好な関係を保つ責任を負っている」

従来は、労働者と市場の間には組織が存在した。その結果、怠け者やぐうたら社員は能力や仕事の中身以上の給料を受け取り、仕事熱心な社員やクリエイティブな発想の持ち主は仕事に見合うだけの給料をもらっていなかった。働き者の社員が怠け者の社員に補助金を与えているに等しかったのだ。

しかしフリーエージェントは、組織という緩衝材のおかげで損をすることもなければ、得をすることもない。市場に直接の責任を負っているのだ。会社員と違って、フリーエージェントは自分に対する評価をすぐに知ることができる。仕事の依頼を受けたフリーエージェントが1万ドルという料金を提示したのに対し、依頼主が7000ドルを提示してきたとすれば、これが市場の評価だ。リンゼー・フルッチのチョコレートケーキの素は、売れるときもあれば、売れないときもあるだろう。いずれにせよ、フルッチは自分の商品の売れ行きをはっきり知ることができるし、この結果に責任を負っているのだ。

〈マズロー&マクガイア語録〉

人間は、責任をもつよりも、他者に依存し、受け身でいたいと考えがちだ。しかしその例外は、大きな成功を収めている人たちである。

――エイブラハム・マズロー

ぼくは35歳。これからが人生だ。

――ジェリー・マクガイア

自分なりの成功

ラップ界の大物パフ・ダディことショーン・コムズは、「仕事をするのは金のため」と言ってはばからない。実際、仕事の目的は金を儲けて財産を増やすことだ、と考える人は多い。しかし大半のフリーエージェントにとって、金はやる気をかき立てる最大の要素ではないし、満足感の最大の源でもない。出世や事業の拡大など、これまで仕事における目標とされてきたものも、フリーエージェントにとってはそれほど重要でない。ここでも、フリーエージェントはアメリカ人の労働観を変えはじめている。仕事における「成功」の概念を変化させているのだ。

◉金と成功はセットではない

成功とは金持ちになることであると考えたのは、パフ・ダディがはじめてではない。そうした考え方は、アメリカの偉大なる伝統でもある。しかし、経済的な繁栄が拡大し、豊かな生活が当たり前になって、個人の満足度や成功を考えるうえで金のもつ意味は以前ほど大きくなくなった。

実際、ニューヨーク・タイムズ紙によれば、数々の心理学的研究の結果から、「満足感は金では買えない」ことが明らかになっている。むしろ、「富を人生の大きな目的と考えている人は、極度の不安や抑鬱に苦しめられるなど、幸福度が全般に低い」という。

サンフランシスコの30代のマーケティング・コンサルタント、リズ・トバイアソンも、金では満足を買うことができなかった。トバイアソンは、サンフランシスコのベイエリアの新聞業界でマーケットリサーチの仕事を経験した後、1990年代半ばにウェルズ・ファーゴ銀行に就職した。文句なしの大出世である。しかし彼女は、たった5年で、会社を辞めて独立することを決意したのだ。

「会社を辞めようという考えが最初に頭に浮かんだのは、2月のボーナスと昇給のシーズンのことだった」と、彼女は語った。「あんなにたくさんのボーナスをもらったことはなかった。前の年の3倍だった。そのとき、本当にがっかりしてしまった」

「ボーナスが思っていたより少なかったのですか？」と、私は尋ねた。

「いいえ。ちっともうれしくなかったということに、がっかりしたのよ。いっぱいお金をもらっても幸せになれないということに気づいてしまった。私はその仕事が好きではなかった」

銀行口座にはお金がいっぱい入っていたけれど、心の中は空っぽだった。ボーナス支給日の2週間後、彼女はフリーエージェントになった。

と言っても、フリーエージェントが金に興味がないというわけではないし、金を儲けていないわけでもない。トマス・スタンリーとウィリアム・ダンコの著書『となりの億万長者』によれば、同書で調査した億万長者1000人の3分の2は組織に雇われずに働いている。また、組織に雇われないで働いている人に占める億万長者の割合は、組織に勤めている人に占める億万長者の割合の4倍にのぼるという。

しかし、人々がフリーエージェントという道を選ぶ動機は、経済的なものとはほど遠い。アメリカのフリーランスやミニ起業家1000人を対象にした1999年のルー・ハリス社の調査を見ても、彼らが組織に雇われずに働くことを決めた最大の動機は、金ではない。回答者の9割は、「自分の優先順位に従って、他人の指図を受けずに行動したい」というのを最大の動機としてあげている。

こうした労働者の志向は、企業にとっても極めて大きな意味をもつ。就職情報サイト、ボールト・ドット・コムの99年の調査によると、従業員が会社を辞める主な理由のひとつは、仕事が退屈だというものだった。人材派遣会社ロバート・ハーフが経営幹部を対象に行った調査によれば、仕事を好きになるための条件は、自主性が認められること、難しい課題に挑戦できること、仕事を通じてなにかを学べることだという。アメリカ経営協会（ＡＭＡ）の調査によっても、従業員の流出を防ぐ最良の方法は、給料を増やすことでも各種手当を充実させることでもなく、柔軟な勤務スケジュールを認めたり、長期間のリフレッシュ休暇を与えたり、学ぶ機会を提供することだ。要するに、従業員管理の最善の方法は、金をつかませるのではなく、フリーエージェントのように扱うことなのである。

◉出世も成功の条件にはならない

オーガニゼーション・マンの時代には、出世の階段を上ることこそ成功であると考えられた。会社の組織図で自分の上にあるポストは、ドッグレースの犬をけしかける機械仕掛けのウサギのようなもの。このウサギを捕まえようとして、犬は一生懸命走る。けれど、会社員はウサギを捕まえてみて、それが本物のウサギではなかったことに気づく。ウサギは思っていたほど素晴らしいものではなかったのだ。

１９８０年から製薬・医療機器業界で働いていたデニス・アプカーは、95年に勤務先が大企業に買収されて「意味のないポストに昇進した」という。「原則として隔週月曜日に、飛行機に乗ってニューヨークに行かなくてはならなくなった」。会社を辞めようと決意するまでには数カ月とかからなかった。「中間管理職の陥る典型的な地獄だった」と、彼女は11月の雨の夜、カリフォルニア州フォスターシティの込み合ったスターバックスで語った。「社内政治が第1で、仕事の質は二の次という体質だった」。アプカーの場合、出世が会社を辞めるきっかけになったのだ。「出世したおかげで、楽しかったことも全部奪われてしまった」と、彼女は言う。「私がやりたかったのは、部下のやっている仕事だったのに。会社勤めでどうしても我慢できないことがいくつかあったけれど、このこともそのひとつだった」

マーケティング・コンサルタントのトバイアソンも似たような経験の持ち主だ。ウェルズ・ファーゴ銀行時代のこと、トバイアソンは、尊敬していた女性の「ビッグ・ボス」の引き立てで副社長に昇進することができた。この上司は、さらに上のポストに昇進するために社長の前でプレゼンテーションをするよう彼女に勧めた。「それは勘弁してくださいと言った」と、彼女は言う。「プレゼンテーションの準備には2週間かかる。でも、社長に私の知性を印象づけて、名前を覚えてもらいたいと思わなければ、それだけの時間を費やす意味はない」。しかし現実には、トバイアソンは社内での地位が上がるほど、下っ端時代の自由を懐かしむようになっていた。「自分がこれ以上、部下を増やしたいとは思っていないことに気づいた。責任が増えるのは結構だけど、そうなると、人を管理するのが仕事になる。私が本当にやりたいのは、現場の仕事なのに。仕事の面白い部分をあきらめなくてはならなくなる」

私はこうした現象を「ピーターアウトの法則」と呼んでいる。「ピーターの法則」というのをご存じだろうか？　ピーターの法則とは、階層社会の構成員は自分の能力を超えた地位まで昇進するという法則だ。しかし、いまはピーターアウト（＝次第になくなる）の法則の時代だ。組織の構成員は、昇進するにつれて、次第に仕事が楽しくなくなるという法則である。仕事が楽しくなくなると、優秀な人材は会社を出ていってしまう。そうやって会社を辞めた人は、たいていフリーエージェントになるのだ。

●事業の拡大も成功に直結しない

金も出世も成功の絶対的な尺度にならないとすれば、いったいなにを成功の基準と考えればいいのか？　事業の拡大こそ成功の基準であるという考え方もあるかもしれない。ビジネスの世界では、会社を大きくすることが中小企業の目標ということになっている。自宅のガレージで誕生した企業が高層ビルのオフィスを構えるようになり、街角の薬屋が全国的な薬局チェーンに成長するという具合だ。しかしここでも、フリーエージェントは既存の概念を問い直している。

オハイオ州コロンバスのデニス・ベンソンは、主に各州政府の依頼を受けて世論調査や教育関連の調査を行う「アプロプリエート・ソリューションズ」という会社を経営している。１９７８年に会社を立ち上げた当時、ベンソンと4人のパートナーはそれぞれの自宅で仕事をしていた。やがて会社が大きくなって、「本物」のオフィスに入ることになった。「賃貸契約に署名したときは、新しいオフィスを成功のシンボルのように感じていた」と、ベンソンは自宅裏庭のデッキで語った。93年には、会社は30人の従業員を抱えるまでになっていた。

しかし会社が大きくなれば、面倒なことも増える。ベンソンは、不愉快な思いをしてまで収入を増やしたいとは思わなかった。そこで94年、なんと会社の規模を縮小しはじめたのだ。ダウンサイジングを行い、オフィスの賃貸契約を解約して自宅に仕事場を移した。98年には、アプロプリエート・ソリューションズはベンソンと妻サンディの2人だけの会社になった。従来の成功の指標だった「拡大」ではなく、従来は失敗の指標だった「縮小」を選択したのだ。しかしベンソンは、事業の縮小を失敗とは考えていなかった。昇進した管理職と同じように、事業が拡大するにつれて、楽しいことや得意なことをする時間が減っていった。そうした状況は、アプロプリエート・ソリューションズの哲学とは相容れない。「仕事はいいものでなくてはならない。楽しいものでなくてはならない。儲かるものでなくてはならない。楽しくなくなれば、仕事を変えたほうがいい」

トム・クロズリーも事業のダウンサイジングに踏み切ったひとりだ。アイオワ州の中小企業経営者の息子として生まれたクロズリーは、1970年代はじめに電話会社GTEのシカゴ支社でエンジニアとして働きはじめた。その後数年間、昼間は会社で仕事をこなし、夜は大学院で勉強して、コンピュータサイエンスの修士号を取得。27歳の若さで、エンジニアとしては最も高い地位にまで昇進した。その後の選択肢は2つにひとつだった。管理職の道を歩むか、会社を出ていくかだ。クロズリーは管理職になるつもりはなかった。「プログラミングをするのが好きだった」と、彼は言う。「私はそのために生まれてきたような人間だ」

そこで、クロズリーはカリフォルニアの会社に転職した。しかし、夜間に自宅でプログラムを書いたソフトウェアの所有権も会社に帰属すると言われて、その会社も辞めてしまった。それ以来、現在にいたるまで会社員生活に戻ることはなかった。「78年以来、給与所得者として確定申告をしたことはない」。ロサンゼルス郊外のユニバーサル・スタジオの駐車場近くのコーヒーショップで、クロズリーはそう言って胸を張った。

クロズリーは、フリーのソフトウェア・プログラマーとして実績を上げ、ビジネスの規模を拡大。

すぐに自分が給与所得者を雇用する立場になった。85年には、彼のビジネスは従業員4人、年商約25万ドルに成長していた。新しいサクセスストーリーが生まれつつあるように見えた。しかし、クロズリーの場合は事情が違った。「気に入らなかった」と、彼は言う。「気がつくと、父と同じ立場に立っていた。企業の経営者として従業員を抱える身になっていた。でも、父は経営の仕事が好きだったけれど、私はそうではなかった」。そこでクロズリーは、ビジネススクールでは決して教えないことをした。事業の規模を縮小したのだ。はた目からは、失敗に見られかねないことだった。「90年にはまたひとりだけになった」と、彼は言う。「それで幸せだった」

ベンソンやクロズリーだけではない。大半のフリーエージェントにとって、必ずしも「大きいことはいいこと」ではない。自分にとっていいことこそ、いいことなのだ。出世や金など「共通サイズの服」の基準で成功を目指す時代はもう終わった。自由、自分らしさ、名誉、やり甲斐など、「自分サイズの服」の基準で成功を目指す時代になったのだ。

こうした「テイラーメード主義」のアプローチを取ることによって、フリーエージェントの人たちは仕事に高い満足感を得ている。

◆ダートマス大学のデーヴィッド・ブランチフラワーとワーウィック大学のアンドルー・オズワルドの1999年の調査によると、アメリカの労働者の中で最も仕事に満足しているのは、組織に雇われずに働いている人たちだ。

◆アメリカとヨーロッパの50万人を対象にブランチフラワーとオズワルドが行った調査によっても、仕事に最も満足しているのは、組織に雇われずに働いている人たちだった。
◆フィナンシャル・タイムズ紙によると、イギリスでの8年間にわたる調査によれば、「仕事に最も満足しているのは、長時間労働をしている場合が多いものの、雇われずに働いている人たちである」という。中小企業の社員と比べて大企業の社員は、仕事に対する満足度がほぼ一貫して低いこともわかっている。事業の規模が小さいほど、仕事に対する満足度は高まる傾向がある。

要するに、金がすべてではないということだ。出世がすべてでもないし、事業の拡大がすべてでもない。パフ・ダディの言葉よりも、ボブ・ディランの言っていることのほうが正しいようだ。「成功したと言えるのは、朝起きて、自分のやりたいことをやれる人だ」と、ディランは歌っている。

〈マズロー&マクガイア語録〉

くだらない仕事を見事にやり遂げたとしても、それは本当の業績とはいえない。私がよく言うのは、「やる価値のないことには、立派にやり遂げるだけの価値はない」ということだ。

――エイブラハム・マズロー

答えはすぐ見えた。クライアントを減らすこと。金額は低く。親切な配慮。自分とゲームを大切にする。人間らしい生き方を。

――ジェリー・マクガイア

フリーエージェントの労働倫理

普通、立派な労働倫理の持ち主だと言われれば、人はそれを褒め言葉と受け取る。ほとんどの人間は、人生で「好ましい労働倫理」を実践し、それを子どもに伝えていくべきだと考えている。しかし、「労働倫理」とはそもそもなにを意味するのかを考える人はほとんどいない。

建国当初からアメリカを支配し続けてきたカルヴァン主義の労働倫理は、大ざっぱに言えば、次のようなものだった――一生懸命長い時間働けば、最後には報われる。そういう生き方は、楽しくないかもしれない。嫌だと思うこともあるだろう。それでも元気を出して、文句を言わずに毎日こつこつ働いていれば、最後にはご褒美が待っている。家も買えるし、子どもたちを食べさせることもできる。やがては、ゆっくりと老後の生活を送ることもできる。仕事は楽しいこともあるだろうが、基本的には快楽とは対極をなすものである。それでも、たとえ嫌でも毎日元気よく仕事に出かけていくことは、その人が好ましい人格の持ち主である証拠と言える。

私たちは、こうした価値観を子どもたちに教えていかなくてはならないとされてきた。

しかし1990年代以降、本章で紹介した4つの価値観――自由、自分らしさ、責任、自分なりの成功――によって、私たちの労働倫理は変化してきた。新しい価値観を最も体現しているのはフリーエージェントだが、それ以外の人たちにも変化は生まれつつある。

フリーエージェントの価値観は、プロテスタントの労働倫理、とくに生真面目で堅苦しい考え方や娯楽を軽蔑する発想を捨て去るものだ。新しい労働倫理は、仕事と同じくらい遊びを大切にする。フリーエージェントという働き方の本質は、仕事と遊びを区別しにくいというところにあるのかもしれない。情報が大量に行き交い、創造性を原動力とする経済では、生真面目な労働倫理に従ってばかりいて遊びがないと、その人はフリーエージェントとして使い物にならなくなる恐れがある。ロサンゼルスのグラフィック・デザイナー、ジョフ・マクフェトリッジは、依頼主に対して「おたくの金で楽しませてもらってるよ」と言いたい気持ちになるときはいい仕事ができると言う。

もうひとつ重要なのは、フリーエージェントの人たちは、ウォールストリート・ジャーナル紙コラムニストのスー・シェレンバーガーが言う「明日のためにという罠」――いますぐに楽しみと満足を得るのではなく、「将来に快適な生活が待っていると信じて、未来のご褒美のために生きる」という態度――に陥っていないという点だ。多くのフリーエージェントにとって、仕事は「明日のため」のものというより、それ自体がご褒美なのである。

この新しい価値観について、フリーエージェントたちはこんなふうに語っている。

◆働く必要があるときは、一生懸命働く。そして、できるだけ仕事を楽しむ。――サラ・ジャラリ（テキサス州ダラス）

◆どういう仕事をするかは自分で決める。いちばんやりがいがあって、わくわくするような仕事をすることにしている。そこにときどき「ギャラがいいから、まあいいか」という仕事が入るという感じね。――ダイアン・ジェイコブ（カリフォルニア州オークランド）

◆満足感を得られる仕事を選ぶ自由がある。満足感と言っても、毎日が楽しくて仕方がないというのとは違う。でも、週や月、年の終わりにそれまでの仕事を振り返ったときに――そうすることができるのもひとつの自由だ――「いい仕事ができた」とにっこり笑うことができるんだ。――ロイド・レモンズ（テキサス州オースティン）

フリーエージェントの労働倫理は、まとめるとこんな感じになる――。

遠い将来のご褒美のために一生懸命働くのは、基本的には立派なことである。けれど、仕事そのものもご褒美であっていいはずだ。いまやどの仕事も永遠に続くものではないし、大恐慌が訪れる可能性も大きくない。それなら、仕事を楽しんだほうがいい。自分らしくて、質の高い仕事をする。自分の仕事に責任をもつ。なにをもって成功と考えるかは自分で決める。そして、仕事が楽しくないと感じることがあれば、いまの仕事が間違っていると考えるのだ。

※『ザ・エージェント』のセリフの引用は日本公開版の字幕に準拠した。

まとめ

【ポイント】

フリーエージェントにとって重要なのは、安定より自由。自己表現が自己否定に取って代わった。人々は組織の陰に身を隠すのではなく、自分の仕事に責任をもつようになったのだ。なにをもって成功と考えるかは、あらかじめ決められた定義に従うのではなく、自分自身で決める。フリーエージェントにとっては、「大きいことはいいこと」ではない。こうしてフリーエージェントは、プロテスタントの堅苦しい労働倫理を様変わりさせ、新しい労働倫理を生み出した。フリーエージェントの労働倫理を構成するのは、「自由」「自分らしさ」「責任」「自分なりの成功」の4つの要素である。

【現実】

アメリカのフリーランスやミニ起業家1000人を対象とした1999年のルー・ハリス社の調査を見ても、彼らが組織に雇われずに働くことを決めた最大の動機は、金ではない。回答者の9割は、「自分の優先順位に従って、他人の指図を受けずに行動したい」というのを最大の動機としてあげている。

【キーセンテンス】

パフ・ダディの言葉よりも、ボブ・ディランの言っていることのほうが正しいようだ。「成功したと言えるのは、朝起きて、自分のやりたいことをやれる人だ」と、ディランは歌っている。

【キーワード】

ピーターアウトの法則（The Peter-Out Principle）：ピーターの法則とは、階層社会の構成員は自分の能力を超えた地位まで昇進するという法則だった。しかしいまは、ピーターアウト（＝次第になくなる）の法則の時代。出世するにつれて、だんだん仕事が楽しくなくなり、やがて優秀な人材は会社を出ていってしまう。

第5章 仕事のポートフォリオと分散投資を考える

会社が従業員を大切にしているなどと言う人がいたら、「嘘つき！　嘘つき！　嘘つき！」と、簡単な呪文を繰り返し唱えること。そうすれば、危険な幻想を抱かないですむ。

——リック・コーエン（カリフォルニア州アゴーラヒルズ）

アメリカの企業を行進していくオーガニゼーション・マンの大群。その足跡がいちばんはっきりと残るのはどこだろうかと、ウィリアム・ホワイトは考えた。それは、企業の役員専用会議室の絨毯の上でもなければ、ビジネスの世界全般でもない。オーガニゼーション・マンの価値観はアメリカ人の精神構造に決定的な影響を残すだろうと、ホワイトは考えた。

同じことは、フリーエージェントについても言える。21世紀に入った今日、今度はフリーエージェントの価値観がアメリカ人の精神構造を決定づけようとしている。その新しい精神構造がどこよりもはっきりあらわれているのは、オーガニゼーション・マンの労使関係の中核をなしていた2つの価値観、すなわち保障と忠誠心である。

保障が大きく変わる

アメリカの様々な価値観が形づくる星座の中でいちばん輝かしく光を放っているのは、どの星だろう？ アメリカ政府の政策の中で最も支持されていて、最も成功していて、政治的な聖域と化しているものを考えればいい。それは、社会保障プログラムである。

「保障」という言葉は、アメリカ人のスローガンになっていると言ってもいい。私たちは、それがあるときは宝物のように大切にし、ないときはそれを懸命に追い求める。20世紀の多くの期間、「保障」はアメリカの労使関係の2本の柱のうちのひとつだった。個人は、組織に忠誠を誓うのと引き換えに、雇用や所得の安定などの保障を与えられた。しかし労働のあり方が変わって、フリーランスや臨時社員、ミニ起業家たちは、このアメリカの理想を変えていかざるを得なくなった。

この変化の背景には、20世紀末の大きな経済的な変化がある。今日のアメリカ人の生活のロードマップには、10年前にはまだ建設工事すらほとんど始まっていなかった交差点がある。人々の生活のメインストリートとウォールストリートの交差点だ。10年そこそこの短い期間で、アメリカの中流層のかなりの割合が投資家階級の仲間入りをしたのだ。数字を見れば、驚くに違いない。

◆1952年には、アメリカ人の96％は株式をまったくもっていなかった。株式をもっている家庭の割合は、83年には5世帯に1世帯の割合だった。しかしいまやアメリカの家庭の過半数は、株式を保有している。

◆1978年、アメリカの家庭が株式で保有している資産の割合は、全資産の平均13％。その割合は、小切手や普通預金より少なかった。現在、アメリカの家庭は、全資産の平均28％を株式で保有している。この割合は、全資産に持ち家が占める割合より多い。

◆投資信託という形で株式を保有しているアメリカ人は6500万人を超す。その70％は、世帯の年間所得が7万5000ドルに満たない。

こんなデータもある。2000年には、アメリカの歴史上はじめて、株式を保有する人の数が大統領選に投票した人の数を上回った。大型金融取引が庶民にも身近なものになり、アメリカ人の金融知識は高まっている。

アメリカの地方都市で中流層のカップルをつかまえて、資産運用についてアドバイスをもらうとしよう。「実は、叔母が亡くなって、6000ドルの遺産を相続したんです。それを投資したいと思うんです」と、打ち明ける。「最近、IBMの株が好調みたいですね。6000ドルで買えるだけIBM株を買おうかと思うんですけど、どう思います？」

「全財産を同じ銘柄に投資するなんて、およしなさい。長い目で見て資産を増やしたいのなら、投資先を分散することですよ」と、彼らは言うだろう。分散投資という投資の簡単な原則は、ずいぶん浸透した。人々は、この投資の常識を仕事にも応用しはじめているのだ。

変化の速度がますます増している

ウィリアム・ホワイトは『組織のなかの人間』の「官僚気質の世代」と題した章で、大企業への就職を希望する大学4年生について書いている。「大企業との結びつきが1度生まれると、彼らはその後は中小企業に転職するつもりなどない。ほかの大企業に転職するつもりもない。大企業との結びつきはずっと捨てない」

若者は大学を出ると、企業という恵み深い太陽の陽光でぬくぬくと暖められた職場に入っていく。この疑似福祉国家では、従業員は最大限の忠誠を捧げる代わりに、企業が提供することのできる最大限の保障を与えられた。こうした労使関係が最初に姿を見せるのは、たいてい就職面接の場だった。面接でよく聞かれる質問のひとつは、「5年後、10年後に、あなたはなにをしていると思いますか?」という問いだ。この質問に対する教科書的な答えは「この会社で出世していて、もっと上のポストへの昇進を目指していると思います」といったところだろう。

まるで遠い昔の話のような気がする。いまの大学新卒者の就職面接を考えてみてほしい。「5年後にはどうしていると思いますか?」という質問に、「5年後? 25年後だって同じですよ。この会社で働いています。一生この会社のために働くつもりです」と答えたとしよう。不採用になるのは確実だ。面接担当者自身、いつクビになるかと戦々恐々とし、あるいは会社を辞めて自分でビジネスを始めたいと考えている。面接担当者が5年後に会社にいないかもしれないのに、就職希望者に同じことを要求できるはずがない。そもそも5年後に、会社がまだ存在しているという保証はどこにもない。製品サイクルは短くなり、企業の寿命も短くなっている。商品を市場に投入するまでの期間は、数カ月単位、あるいは数週間単位というのが当たり前になった。

変化の速度は、労働市場のいたるところでますます速くなっている。

◆アメリカが景気の底だった1982年、全労働者の12％が仕事を失う不安を感じていた。これに対し、失業率が4・3％の低水準にとどまっていた99年に、失業の不安を感じていた労働者は、全体の37％にのぼった。米連邦準備制度理事会（FRB）のアラン・グリーンスパン議長はこう語っている。「変化の速度が増したことにより、労働者の間では明らかに不安感が高まっている」

◆アメリカ経済が好景気に沸いていた1990年代後半でも、カリフォルニア州で働く人の5人に1人は、過去3年間に失業した経験があった。過去1年以内に職を失ったことがある人も10人に1人にのぼった。

◆失業率が過去30年間で最低の水準にあった1998年と99年に、アメリカの企業がレイオフした従業員の数は、130万人にのぼる。この数字は10年前の6倍近い。一時は活況を呈していたインターネット産業も、2000年だけで4万5000人を解雇している。

変化の速度が増し、リスクが大きくなった時代には、ひとつの企業にしがみつくというのは賢明な戦略ではない。「揺りかごから墓場まで」的な保障の約束は空手形に終わる可能性が高い。そこでフリーエージェントたちは、投資家が不安定な相場に対処するのと同じ方法で、リスクを最小限に抑えようとしている。

リスクをヘッジしよう

これまでは、同時に複数の仕事をもって、仕事を「分散」させる人はほとんどいなかった。なによりも、そんなことをする必要がなかったのだ。ひとつの企業に就職すること、いわば自分という人的資源をひとつの会社に投資することは、基本的に賢明な選択と考えられていた。しかし、いまや大半の人が、自分という人的資源をひとつの企業に投資することは、全財産をＩＢＭ株に投資するのと同じように愚かなことだと感じている。資産運用の世界と同じように、仕事の世界でも「分散投資」が生き残りの条件になりつつあるのだ。

43歳のマーケティング専門家デボラ・リシは、この新しい生き方を実践しているひとりだ。リシの生活は、自給自足。カリフォルニア州メンロパークの広大なランチハウスが災害に襲われたとしても、彼女と2人の幼い子どもは、何カ月も十分に食べていくことができる。家の敷地の外に出る必要もない。菜園には、スーパーマーケットの野菜売り場をいっぱいにできるほど、いろいろな種類の野菜が植わっている。裏庭には、オリーブの木やプラムの木、イチジクの木が植えてある。

かつてリシは長い間、アップルや電話会社のパシフィック・ベルなどの企業に勤めていた。順調に出世し、そのたびに給料も着実に上がっていった。しかしそのうちに、馬鹿な上司の下で働くことにうんざりしてしまった。そこで、会社員生活に別れを告げて、フリーエージェントになる道を選んだ。将来の保障を確保するための手段を別に求めることにしたのだ。

いまは、コンピュータや関連機器、ファイルキャビネットであふれかえった自宅の一室で働いている。ここを拠点に、サン・マイクロシステムズやオラクル、シスコシステムズなどのハイテク企業向けにマーケティング戦略を練る仕事をしているのだ。常に4社から6社の顧客を相手に仕事をしている。会社員時代より収入は増えたし、将来に対する安心感も強まった。

リシの仕事に対する姿勢は、投資に対する姿勢と同じだ。十分な調査と確固たる原理原則、そして分散を重視する。すべての人的資源をひとつの雇用主に投資するのは愚かだというのがフリーエージェントの発想なのだ。

もっとも、誰もがこの考え方に理解を示してくれるわけではない。数年前、リシが住宅ローンを組もうとしたときのこと。銀行は、彼女の生活と財務状態について、ありとあらゆる書類の提出を求めた。書類を見て、担当者は鼻で笑った。「お金なんて、貸せるわけないじゃないですか。あなた、勤め先だってないじゃありませんか」

「担当者に履歴書を突きつけて、言ってやった。『冗談じゃないわ。昔は、アップルやパシフィック・

ベルやカリネット・ソフトウェアみたいなハイテク企業で働いていたのよ。同時に6つのクライアントを相手に仕事をしているより、どこかひとつの企業に勤めているほうが安全だと言うわけ？　クライアントをたくさんもっていれば、1社から切られてもローンは返済できる。でも、アップルに勤めていてクビになったら、路頭をさまようことになるのよ』ってね」

リシは、融資を受けることができた。

雇用の保障がもろくも崩れ去った結果、労働者にとって、仕事の「分散」は不可欠になった。リシの幼い息子と娘が働きはじめる頃には、「雇用の保障」などという言葉はもはや死語になっているだろう。

リスクのゲーム

こうした変化をもたらした大きな要因は、カジノと保険と市場経済に共通する要素——すなわちリスクである。組織が労働者に安定を保障していた時代には、ビジネスのリスクは組織がほとんど引き受けていた。海外の企業との競争にさらされることはなかったし、国内の市場は巨大企業の支配下にあり、新しいテクノロジーが次々と登場することもなく市場は安定していた。リスクは存在しないも同然だった。一方、個人は安定をすべてに優先させ、リスクのもたらすマイナスの影響から身を守るために、リスクのプラスの部分を手放すことをいとわなかった。しかし競争が激化し、新しいテクノロジーが普及して、ビジネスにともなうリスクはかつてとは比べものにならないほど大きくなった。

その結果、企業はすべての負担を背負うことに消極的になりはじめ、リスクを従業員に転嫁するようになった。

　変化は、アメリカ人の引退後の生活にもあらわれている。これまで何十年もの間、大半の人は確定給付型年金を受け取っていた。つまり、会社を辞めてから世を去るまで、元の雇用主が毎月お金を払ってくれていたのだ。現在、65歳以上のアメリカ人の65％は、この確定給付型年金に加入している。しかし、それより若い世代でこの方式の年金に加入している人は、25％でしかない。なぜか？　１９９０年代半ば以降、「４０１ｋプラン」に代表される確定拠出型年金を利用する人が増えたからだ。確定拠出型年金とは、個人が掛け金を自分で運用する方法の年金で、勤務先が変わっても年金を次の会社に持っていくことができる仕組みになっている。従業員にとっては、リスクは大きいけれど、大きな収益を得られる可能性もある。

　年金だけではない。雇用の現場では、ストックオプションや歩合給、業績連動型ボーナスなど、不定給制度も広がっている。１０６９社を対象に行ったヒューイット・アソシエイツ社の調査によると、不定給制度を導入している会社は全体の72％に達した。オーガニゼーション・マンの給与体系は主に年功序列を基本としていたため、受け取る給与の額は安定していたし、個人による違いもあまりなかった。新しい給与システムはこれとはかなり違う。個人の成績に応じて給与の額が変わるため、給与の額は安定しないし、従業員間の平等も守られない。ここでも、リスクと責任と報酬の所在は組織から個人に移っているのだ。

労働者の教育や訓練についても、似たような現象が起きている。オールドエコノミーでは、組織が従業員を教育した。ホワイトも指摘しているように、かつて企業は、新入社員をまる1年をかけて教育したものだ。しかし、変化のスピードが速くなって、企業はそうした投資をしたがらなくなった。新しい技術を身につけたり、技術に磨きをかける負担を従業員に押しつけはじめたのだ。その結果、遠隔教育やコミュニティーカレッジで学ぶ社会人が増えている。

●リスクは思っているより小さい？

もちろん、大きなリスクを背負うことに後込みする人もなかにはいる。そういう人は、リスクが増えれば痛みが増えると考えているのだろう。一方、リスクの拡大を歓迎する人もいる。そういう人は、リスクが増えれば報酬が増えると考えているのだろう。大半の人はこの中間だ。ほとんどの人は新しい試練におびえつつも、それを避けて通れないことをよくわかっている。

ボブ・ミルボーンもそうしたひとりだ。ミルボーンは１９７４年にＭＢＡを取得。その後20年間、サンフランシスコのベイエリアにある複数の銀行で融資担当として働いた。社内での地位が上がり、銀行業界の再編が進むにつれて、彼はこのままでは毎日、自分の抱えているリスクが拡大していくだけだと感じるようになった。「レイオフの恐怖をいつも感じていた」と、彼は言う。「そのうちにそれが高じて、逆にレイオフしてほしいと思うようになった。そしてとうとう自分から申し出た」

95年のある日、ミルボーンは銀行の上司のオフィスを訪ねて言った。いまの仕事をしていても惨めな気持ちにしかなれないので、私をリストラしてほしい、と。上司はこれをはねつけた。銀行にとって、彼は必要な人材だったのだ。「次の行動を起こすには、生きた牛の角を手でつかむのと同じくらい勇気が必要だった」。その勇気を奮い起こすには、しばらく時間がかかった。それでも2年後、ミルボーンは同じオフィスに同じ上司を訪ねて、会社を辞めてフリーランスになると通告した。「会社に残るほうがリスクは大きいと思った」

「だんだん閉塞感が強まっていった。人脈も狭まるばかりで、知り合いは会社の同僚だけ。これは危険なことだと思った」と、ミルボーンは言う。会社員時代のミルボーンは仕事の「分散」を行っていなかったのだ。

しかし、彼のように投資のリスク管理という発想に馴染んできた人たちは、仕事の世界にも徐々に同じ発想をもち込みはじめた。そして多くのフリーエージェントは、実際に会社を辞めてみれば、リスクは思っていたほど大きくなかったと感じている。10年前に盛んに行われた企業のダウンサイジングは、多くの家庭に痛みをもたらし、大組織に対する不信感を生み出した。しかしその苦しみは、多くの人が予測したほど長くは続かなかった。ジャーナリストのポール・スタロビンは、こう語っている。「温情主義の社会は、賭けの社会に変わった。社会が個人をリスクから守るべきだという考え方は弱まり、社会は、個人がリスクを取る代わりに利益を得られるようにするべきだと考えられるようになった」。しかし、リスクを利益に変えるためには、巨額のファンドを動かす高給取りのファンドマネジャーよろしく振る舞い、大きなリスクを管理するために様々な防衛策を講じる必要がある。

最良のリスクヘッジの方法は、様々なプロジェクトや顧客、技能などをもつこと。すなわち仕事を

「分散」させることだ。会社勤めのかたわら副業をもつ人も増えている。オーガニゼーション・マンの時代は、副業をもつなどというのは論外だった。副業を意味する「ムーンライティング」という英語の単語からして、非合法なことを夜陰に乗じてやっているようなニュアンスがある。

しかし、時代は変わった。いまの時代に、組織に勤めていて、サイドビジネスをしようとしなかったり、起業のためのビジネスプランをつくったり、脚本家を目指してシナリオを書いたり、eベイでものを売ったりしていない人は、現実を見ていないと言われても仕方がない。副業をもつことは、自分の人的資本の投資先を分散させる手段だ。つまり、勤務先の会社が潰れたり、仕事を失ったりするリスクからの自衛策なのである。近頃は、企業は社員教育をしたがらないし、起業家精神をもった社員が好まれる。副業をもつことはクビにいたる道ではなく、仕事を得るための道になったと言っても過言ではなさそうだ。

シリコンバレーの住人のなかには、いくつかの企業で1年ずつ働いて、いろいろな企業のストックオプションを手に入れることにより、リスクをヘッジしようとする人もいる。あるいは、事業の規模を縮小することも、リスクヘッジのひとつの方法なのかもしれない。マイケル・マンデルの著書『ハイリスク・ソサエティ』によれば、従業員10人未満のビジネスは大規模な新興企業より破綻する確率が低いという。

フリーエージェントは、経済全体が抱えているリスクを減らすという機能も果たしているのかもしれない。少数の巨大企業に支配されている経済では、そのひとつが倒れれば、多くの企業が共倒れになりがちだ。ＧＭがくしゃみをすれば、アメリカは肺炎になる。しかしフリーエージェント経済では、そんなことはない。ピンク株式会社がくしゃみをしたところで、アメリカの99・９９％はびくともしない。ミニ企業の1社が倒れても、その余波はごく狭い範囲にしか及ばない。

フリーエージェントは、経済が下降線をたどると、とくに大きなリスクにさらされる。しかしフリーエージェント経済では、昔に比べて、景気が落ち込む可能性は低くなっている。ひとつの会社の破綻が経済全体に大打撃を与える危険性は小さくなったからだ。この意味で、フリーエージェントは大組織に雇われずにビジネスを行うことによって、自分自身のリスクを最小限に抑えていると言えるのかもしれない。

実際、多くのフリーエージェントは、従来の労働者より失業の不安が少ないように見える。この点は、専門のエコノミストたちも同意見だ。「(大半の）統計によれば、仲介業者を介した仕事や不規則な仕事をしている労働者は、必ずしも自分の仕事を不安定とは考えていない」と、政府の労働問題専門のエコノミスト、シャロン・コハニーは述べている。４年間かけて３６００人を調査したノースウエスタン大学のチャールズ・Ｆ・マンスキーとウィスコンシン大学のジョン・Ｄ・ストローブによれば、「雇われないで働いている人は雇われて働いている人に比べて、失職の不安を感じていない」という。

デボラ・リシやボブ・ミルボーンのようにリスクと賢く対峙しているフリーエージェントたちは、ほかの労働者にある重要なことを教えている。21世紀の経済では、自由と安定は相反するものとは限らないということだ。たくさんの顧客やプロジェクトを抱えて働けば、ひとりの上司の下で働くより楽しいだけでなく、安全でもあるのかもしれない。取引先や仕事、人脈を広げたほうが、仕事を失う危険を減らすことができるからだ。

自由は、かつては安定を得るうえでは回り道だったが、いまは安定を得るための近道になったのだ。

タテの忠誠心は消え去った

「保障」と表裏一体の関係にある「忠誠心」も、保障と同じ運命をたどってきた。オーガニゼーション・マンの時代は、忠誠心とは上下間のものだった。目下の人間が目上の人間に忠誠心を示し、目上の人間は目下の人間になんらかのお恵みを与えた。こうした関係を「タテの忠誠心」と呼ぶことにしよう。このタテの忠誠心は、労働の現場から消え去った。

ある調査によれば、働く人の4割は、いまより少しでも高い給料を払ってくれる会社があれば、現在の勤め先を辞めると答えている。これは、驚くに足らない。忠誠を誓っても安定が保障されない以上、忠誠心などというものはよく言って慈善行為、悪くすれば愚行でしかない。組織は忠誠心の消滅を批判するかもしれないが、魔法の杖を振って忠誠心を消し去ってしまったのが誰かは歴然としている。1987年、IBMのジョン・エーカーズ会長は、「完全雇用は、従業員の我が社に対する忠誠心の礎である」と語っていた。しかし、第3章で紹介したように、IBMはその5年後、10万人を超す人員削減に着手するのである。「企業は、働く者にとって有毒な場所となり、従業員の忠誠心を殺してしまった」と、スタンフォード大学のジェフリー・フェファーはファストカンパニー誌に語っている。

タテの忠誠心は、仕事の場だけでなく社会全体で消え去ろうとしている。政治の世界では、政党に対する忠誠心が弱まっている（アメリカ人の政党支持率でいちばん大きな伸びを見せているのは、「独立系（無所属）」だ）。企業に対する消費者の忠誠心も弱くなっている（電話会社のAT&Tによれば、170万人の顧客は、料金の安い業者を求めて年に2度も3度も長距離電話会社を変えるという）。労働者と同じように、有権者や消費者もフリーエージェントになったのだ。

タテの忠誠心の消滅はアメリカ社会のモラル低下のあらわれだと嘆く声もある。ハーバード大学教授のヘンリー・ルイス・ゲイツ・ジュニアは、ポストを求めて大学を渡り歩いてきた自らの経歴を棚に上げて、社会における「忠誠心の終焉」を嘆いている。ゲイツに言わせれば、フリーエージェントの増大はとりわけ危険な傾向だという。

しかし、タテの忠誠心は安全を約束してくれそうに見えるが、実は危険を含んでいる。ひとつの組織に惜しみなく忠誠心を注ぐことは個人の足を引っ張りかねない。単一の雇用主のもとで長い間働き続けていると、技能が鈍り、急速に変化する外の世界に触れる機会が少なくなる。そして、忠誠心は単なる依存心に成り下がってしまう。リーズン誌の元編集者ヴァージニア・ポストレルは、こう書いている。「私たちが失った世界は、狂信的なまでに安定志向の人々が言うような素晴らしい世界ではなかった。『忠誠心』というのは、抽象的なレベルでは聞こえがいいが、現実には経済を停滞させ、個人を押さえつけるというとてつもない代償を強いる」。ウィリアム・ホワイトも、組織は自由な科学的発見や探求、創意工夫を押し殺してしまう場合があると指摘している。技術革新はなにげない好奇心から生まれることが多いが、組織の中にはそうした好奇心の居場所はないと、ホワイトは言う。「企業への忠誠心は……なにげない好奇心よりも重んじられているというだけではない。忠誠心は好奇心を押し潰すのだ」

と言っても、忠誠心の葬式を開くのはまだ早い。フリーエージェント・ネーションでは、忠誠心は死んだわけではない。忠誠心の性格が変わっただけだ。

「私は、個人に対しては忠実だ。でも、組織に忠誠を誓う気にはなれない」と、先に紹介した元銀行員のボブ・ミルボーンは言う。フリーエージェント・ネーションで生きている忠誠心は、タテの忠誠心ではなくヨコの忠誠心だ。

チームや同僚、昔の同僚に対する忠誠心

「会社に対しては忠誠心を感じていない」と言うのは、ボーイング社のエンジニアの労働組合を率いるチャーリー・ボファーディングだ。「会社などというのは、しょせん抽象的なものに過ぎない。私がはっきり実感できるのは、職場の同僚やボーイングの技術部門のコミュニティーだ」。このように、タテの忠誠心は弱まっても、ヨコの忠誠心は強まっている。フリーエージェントは、仲間に対して強い忠誠心をもつのだ。

こうした忠誠心は人と人との触れ合いから生まれる場合も多い。しかしそれは、損得勘定からも生まれる。フリーエージェントとして働く場合、人的なネットワークはセーフティーネットとして機能するのだ。人脈の幅が広く、人間関係が密であるほど、生き残っていきやすい。「会社のロゴマークに対する忠誠心」は死に、「名刺フォルダーに対する忠誠心」が重要になったと、経営コンサルタントのトム・ピーターズは喝破した。ヨコの忠誠心は、チームに対する強い忠誠心を生む。いつも同じカメラマンや音声担当と一緒でなければ仕事をしないという映画監督がいるように、フリーエージェントのなかにはチームでプロジェクトを渡り歩く人たちもいる。

興味深いのは、元の同僚に対して忠誠心をもつ人が多いということだ。第7章で述べるように、多くの企業では元の同僚たちが「同窓会ネットワーク」をつくって、一緒に働いていた頃に築いたヨコの忠誠心を保とうとしている。チームや同僚、元の同僚に対するヨコの忠誠心は、ますます重要に、ますます一般的になっている。

職業や業界に対する忠誠心

シリコンバレーでは、それこそ誰も彼も年がら年じゅう職から職へと渡り歩いているように見える。そうした風潮のおかげで、シリコンバレーのハイウェーの空気には不誠実という排気ガスの悪臭が漂っている、と言う人もいる。

しかし、もっと鼻の利く人は、そこにもっと微妙な香りを嗅ぎ取っている。新しいタイプの忠誠心の香りだ。

「シリコンバレーで働いているという意識がまず先に来ると言う人もいる。彼らの忠誠心は、個々の企業に対してよりも、テクノロジーの進歩とシリコンバレーという町に向けられている」と、アナリー・サクセニアンは著書『リージョナル・アドバンテージ』で書いている。ＩＴ関係の仕事をしている人を対象にしたある調査によると、なにをして生計を立てているかという質問に対して、４分の３は自分の技能や職種をあげて答えた。これに対して、働いている会社の名前をあげた人は全体の４分の１に満たなかった。

フリーエージェントは、同業者のコミュニティーに対しても忠誠心を感じている。同業者のコミュニティーと密な関係を保っていないと、技能を磨いたり、業界の最新のトレンドについていったり、新しい仕事を見つけるのも難しい。実際、労働組合（企業ごとに結成される場合が多い）の加入者数が減っているのに対して、職業団体（職種別に結成されるのが普通だ）の加入者数は増えている。シアトルのコンピュータ関連のコンサルタント、パトリス・モリナロロは、自分の忠誠心の対象は個々のプロジェクトと業界全体だと言う。とくに、「コンピュータ業界女性連盟」という職業団体に強い忠誠心を感じていると、彼女は言う。「こんなに友情を育めるなんて、これまではとうてい考えられなかった」と、彼女は語った。「ハイテク業界で働く女性は支え合っていくべきだと思う」

顧客に対する忠誠心

フリーエージェントは、組織より個々の仕事を大切にする。結果として当然、プロジェクトや商品に強い忠誠心を示す。これは、損得を計算した行動でもある。前にやった仕事の質が、次の仕事の報酬にはね返ってくるからだ。しかし同時に、こうした態度は職人としての誇りのあらわれとも言える。フリーランスやミニ起業家のなかには、職人意識の強い人が多いのだ。それに、フリーエージェントと顧客との関係は本質的に短期的なものであるため、フリーエージェントは、敬意を払ってもらいたければ、ひとつひとつの顧客や仕事を大切にしなくてはならない。フリーエージェントとして働くようになってある程度の期間がたつ人に話を聞けば、誰からも似たような答えが返ってくるはずだ。

サンフランシスコを拠点に活動するコピーライターのカーラ・デッチョンはこう語った。「顧客に対してとても強い忠誠心を感じている。私と取引先の間には、友情を超えた強い絆がある。顧客は私を尊敬し、評価してくれている」。第4章で紹介したロサンゼルスのIT関係のフリーエージェント、トム・クロズリーは言う。「顧客には忠実に接している。フリーランスの人間は腰が落ち着かないから長い目で見た場合は信用できないと言われるけれど、それは誤解だ。シリコンバレーでは、会社員がひとつの職場に2年もとどまらないことを考えれば、むしろ私は同じ会社のために長期間働いていると言ってもいい」

家族や友人への忠誠心

「組織が私に対して忠実であってくれるとは思えない」と、フリーエージェントのサリー・デュロスは、シカゴ都心部のスターバックスで語った。忠誠心はそもそも個人と個人の間のものであり、忠誠心の対象に最もふさわしいのはいちばん身近な人たちだ。オーガニゼーション・マンは、夕食の時間に家に帰れなかったり、転勤の辞令が出るたびに家族に引越しを強いるなど、会社への忠誠を優先させて、家族に対する義務を犠牲にしてきた。フリーエージェントはこの逆の行動を取る場合が多い。家族と過ごす時間を増やすために会社勤めを辞めた人、子どものそばにいるために自宅で働くことにした人、家族への義務を果たすために「パートタイム」という働き方を選んだ人は、家族に対するヨコの忠誠心を優先させたと言える。

タテの忠誠心とヨコの忠誠心では、忠誠心の性格が異なるだけでなく、忠誠心の対象の数も異なる。タテの忠誠心は単一の強い結びつきに依存しているのに対し、ヨコの忠誠心は、強度や持続期間の異なる多数の結びつきによって立っている。タテの忠誠心が1本の太いロープのようなものだとすれば、ヨコの忠誠心は、第8章で詳しく説明するように、複雑に入り組んだクモの巣のようなものと言えるだろう。

労働市場で始まった新しい取引

このように、保障と忠誠心の意味は変わってきている。かつて人々は大組織にしがみつくことによって保障を得ていたが、いまはリスクをヘッジし、複数の顧客やプロジェクトに仕事を分散させることによって保障を得るようになった。一方、かつてはタテの関係だった忠誠心は、同僚、チーム、職業、家族などに対するヨコの関係に変わった。こうして、忠誠心と引き換えに保障を得るという関係は崩れ去った。この忠誠心と保障の交換という取引は、これまで何十年もの間、アメリカの労使関係を支配してきたものだった。

では、それに代わって新しく生まれたのは、どのような関係なのか？　フリーエージェントたちの話を聞くと、いろいろな可能性が見えてくる。

◆古い関係が崩れて、会社が面倒を見てくれるのではなく、自分で責任をもって収入を確保するという新しい関係が生まれた。この新しい関係は解放感があるけれど、同時にとても怖い。でも、怖いと思うのは慣れていないからだ。パラダイム・シフトが進むにつれて、恐怖心は和らいでいくだろう。私たちの孫の世代は、おじいさんやおばあさんの時代にはほとんどの人が雇われて働いていたと聞けば、びっくりするかもしれない。——ピート・シラー（バージニア州ハーンドン）

◆どんな仕事をするときも、お金をもらって勉強させてもらっていると考えるようにしている。――トム・ダーキン（カリフォルニア州コルファックス）

◆上司と部下、雇用主と従業員の関係は、同僚と同僚、ビジネスとビジネスの関係に取って代わられた。フリーエージェントは、誰かの下で働くということはない。関係は対等だ。些細なことだと思うかもしれない。でも、この変化は、双方の関係を根本から変えるものだ。――マーク・ハース（カリフォルニア州ケンジントン）

この3人をはじめ、私が取材したフリーエージェントたちの話から見えてきたのは、労働市場での新しい取引だ。

フリーエージェントは、能力を提供するのと引き換えに機会を得る。

ここで言う能力とは、コンピュータの専門家が企業の社内ＬＡＮを構築したり、配管工がキッチンのシンクの水漏れを修理するなど、問題を解決する能力の場合もあれば、組織の問題解決を助ける能力でもいい。あるいは、塗装工がリビングルームの壁を塗り替えるように、他人の代わりに仕事を仕上げる能力でもいい。顧客は、労働者という人間を買っているわけではない。金を払って、その能力を借りているのだ。タコス販売のようなミニ企業やフリーランスのスピーチライターのようなケースでは、顧客は労働者の能力が生み出したものを買う。会社などの顧客が求め、フリーエージェントが提供するのは、能力とそれが生み出す成果なのだ。

フリーエージェントは、能力と引き換えに、機会を手にする。その機会とは、魅力的なプロジェクトで働く機会の場合もあれば、新しい技能を身につける機会の場合もある。新しい人と知り合い、人脈を広げる機会の場合もあれば、仕事を楽しむ機会の場合もある。もちろん、金を儲ける機会の場合もある。フリーエージェントが求め、会社などの顧客が提供するのは、収入と学習、それに人脈拡大の機会なのだ。

能力と機会の交換という取引は、市場の要請に応えるものだ。この取引を貫くのは、市場の効率性と冷徹な論理である。古い関係と違って、この新しい関係は固定的なものでもなければ、普遍的なものでもないし、平等なものでもない。労働市場の状況によって、力関係はその都度変わる。能力を提供できる人が不足しているときは、働く人の側が有利になる。逆に、機会が不足していれば、機会を提供する側の立場が強くなる。

この新しい取引で求めるものは、それぞれの個人や企業によって異なる。企業は、それぞれの目的のために必要な能力の持ち主を求める。一方、働く側は「自分サイズの服」の論理に従って、それぞれが望んでいる機会を求める。

フリーエージェントは新しい取引をするたびに、仕事のポートフォリオに新しい投資対象を加えて保障を強化し、顧客やプロジェクト、チーム、職業、家族に対する忠誠心の網の目を広げていく。つまり、能力と機会の交換という取引は、忠誠と保障の交換という取引に取って代わるものではなく、忠誠心と保障の両方を強めるものなのだ。

まとめ

【ポイント】

従来の労使関係では、組織が個人に保障を与え、その代わりに個人は組織に忠誠を誓った。しかし誰もが知っているように、この関係は崩れ去った。転職や技術革新、企業の盛衰の速度が加速したことを受けて、フリーエージェントたちはリスクの増大に対する防衛策を取りはじめている。投資先を分散させて資産を守るのと同じように、仕事を分散させることによって安全の保障を得ようとするようになった。具体的には、自分の人的な資源をひとつの会社にすべてつぎ込むのではなく、複数の顧客やプロジェクトに投資している。忠誠心のあり方も様変わりした。上司や組織に対するタテの忠誠心に代わって、ヨコの忠誠心が重要になってきたのだ。フリーエージェントは、機会（金、学習の機会、人脈）と引き換えに、能力（商品、サービス、アドバイス）を提供するようになっている。

【現実】

1983年には、株式をもっている家庭の割合は5世帯に1世帯の割合だった。しかしいまやアメリカの家庭の過半数は株式を保有している。2000年には、アメリカの歴史上はじめて、株式を保有する人の数が大統領選に投票した人の数を上回った。

【キーセンテンス】

自由は、かつては安定を得るうえでは回り道だったが、いまは安定を得るための近道になったのだ。

【キーワード】

ヨコの忠誠心（Horizontal Loyalty）：上司や組織に対するタテの忠誠心に代わって登場した。タテの忠誠心と違って、ヨコの忠誠心はたいてい双方向的なものだ。忠誠の対象は、チームや同僚、元の同僚、顧客、業界や職業、家族や友人である（第8章「利他主義で互いに恩恵を受ける」も参照）。

第6章 仕事と時間の曖昧な関係

組織に属さないで働くことのいちばんのデメリットは、1日24時間が仕事だということ。いちばんのメリットは、どの24時間に働くかを自分で選べること。

——ミカ・ジャクソン(イリノイ州シカゴ)

フリーエージェント・ネーションの心臓が脈打つ姿を心電図に取ろうと、私は数十人のフリーエージェントに生活の記録をつけてもらった。毎日、なにをして過ごしたかを30分単位で1週間記録してもらったのだ(この章の最後に「あるフリーエージェントの月曜日」と題して、ある女性の回答を掲載した)。寄せられた回答は、ある事実を裏づけるものだった。予想していた通り、フリーエージェントは私たちの時間との付き合い方を様変わりさせようとしているのだ。

時間を正確に理解するのは難しい。かのアルバート・アインシュタインにとっても、時間の性質を解明するのは簡単なことではなかった。物理学者は、時間を空間の3次元と並ぶひとつの「次元」とみなし、哲学者や認知科学者は、時間を自然界に存在するものというより、人間が頭の中でつくり出したものと位置づける。しかし、私たちの大半はもっと具体的に考えている。ことわざにあるように「時は金なり」というのが人々の認識だ。時間は、金と同じように「消費」したり、「貯蓄」したり、「浪費」するものと考えられている。ただし、時間は、あるひとつの点で金と決定的に違う。時間は、誰もが同じだけもっている。私たちは全員、1週間に168時間の時間を与えられているのだ。

しかし実際には、誰もが時間が足りないと感じているように見える。資本と情報があふれかえっている経済では、時間が不足しがちだ。不足しているものの価値が高くなるというのは、経済学の基本中の基本である。いまや多くの人にとって、時間は金よりも貴重だ。なにしろ、仕事の場では、誰もが「時間の破産」に陥っているように見える。

ジュリエット・ショアーは1992年の著書『働きすぎのアメリカ人』で、アメリカの家庭が余暇の時間をもてなくなっている状況を報告した。この本によると、平均的なアメリカ人は1969年と比べると、年間に1カ月余分に働いている。1999年のコーネル大学の研究によれば、アメリカ人の平均の労働時間は、ヨーロッパ人より年に350時間多い。「過労死」という言葉をもつ日本人と比べても70時間多い。もっとも、時間不足というのは神話に過ぎないと言う人たちもいる。労働時間に関する調査に対しては、労働時間を過大申告し、テレビを見るなどしてだらだらと過ごしている時間は過小申告しがちだというのだ。メリーランド大学のジョン・ロビンソン教授は、ショアーとは異なるデータを根拠に、65年以降、アメリカ人の1週間当たりの平均労働時間は約7時間減ったと指摘している。大学という象牙の塔の中では、「時間」は激しい論争の対象になっているのだ。

時間のもつ意味は変わった

しかしニューエコノミーの最前線では、時間に関する不満は、単に労働時間が長いということだけではない。時間を自由に使えないことに、人々は不満を感じはじめている。

ホワイトハウスで働いていた頃、私を立ち直れないほどまでに押し潰したのは、長時間労働ではなかった（もっとも、1日14時間の労働はお世辞にも楽とはいえなかったが）。いちばんこたえたのは、スケジュールを自分で管理できないことだった。自由はまったくなかった。腰のベルトを見れば、それは一目瞭然だった。そこにはいつも、政府支給のポケットベルがぶら下がっていた。物理的には仕事から離れているときも、心理的にはいつも仕事に縛りつけられていた。同僚のなかには、ポケベルをもたされていることをステータスシンボルのように感じている人もいた。実を言うと、私もそういう時期があった（レストランで食事中に「ちょっと失礼」と言って、同席者の畏怖の視線を一身に集めながらうやうやしく席を立つ。そして、声を落として「ホワイトハウスからなんです」と言うのだ）。ポケベルは、ワシントンでひとかどの人物になったという証だった。

しかし、すぐにそれは、仕事から逃れることができないという証になった。持たされているポケベルを犬の鎖になぞらえる同僚もいた。私に言わせれば、フェンスと言ったほうが当たっている。電流の通ったフェンスの中に閉じこめられた犬は、2、3度痛い思いをすれば、どこから先へ行ってはいけないかを学習する。目に見えないフェンスでも同じことだ。犬は自由に歩き回ることはできない。そのうちに、フェンスの外に出ようとすらしなくなる。社会的評価の高い仕事に就いている犬――それが私だった。

仕事の現場で虐待されている犬は、私だけではなかった。1990年代を通じて、労働時間に関する人々の不満は次第に強まっていった。

◆家族・労働研究所の最近の調査によると、アメリカ人の63％は労働時間を減らしたいと考えている。この数字は、1994年には17％に過ぎなかった。

◆別の調査によれば、労働者の45～50％は労働時間を減らしたいと思っている（1週間当たりの労働時間が50時間を超す人の場合は80％）。そのために給料が減っても構わないという人も25％を上回った。

◆アメリカン・デモグラフィック誌2000年3月号によれば、大学生や最近の大学卒業生が就職先を決める際にいちばん重視するのは、医療保険や休暇、ストックオプションではなく、フレキシブルな勤務時間が認められることだ。

工業経済の時代と今日とでは、時間のもつ意味は変わってきているようだ。しかし私たちは、古い時間の観念のもとで生まれたシステムに代わる新しいシステムをつくり出すことができていない。古い観念に基づく常識を脱ぎ捨てることもできていない。

工業経済では、時間は無個性な単位だった。雇用主にとって、労働者に金を払うというのは、とりもなおさずその人の時間を買うことだった。雇用主の目指すところは、少しでも安く時間を買って、そこから少しでも多くのものをしぼり取ることにあった。アップルソースの製造業者がリンゴを安く買って、少しでも多く果汁をしぼり取ろうとするのと同じだ。一方、働く側の目指すものも単純明快だった。それはすなわち、雇用主に提供する果物と引き換えに、少しでもたくさん金を受け取ることだった。

時間に対するこのような態度は、企業活動の土台をなしてきた。工業経済の最大の特徴は、管理職でもなければ、工場労働者でもないし、組み立てラインでもない。このいずれも、時計という最強の存在の前にひれ伏さなくてはならないのだ。フレデリック・ウィンズロー・テイラーの科学的管理法をビジネスの世界に知らしめたのは、その「時間動作研究」だった。20世紀前半のアメリカの工場は、時間動作研究を過剰なまでに意識している感があった。この考え方は、生産性を飛躍的に向上させ、アメリカを大量生産の巨人に成長させたが、それと引き換えに労働の現場では、工場のホイッスル、タイムカード、ストップウオッチなど、大量のテクノロジーと頭脳を時間の計測と労働者の監視のために費やさなくてはならなくなった。効率は高まったが、個人は気の滅入るような境遇に追い込まれた。映画『モダン・タイムス』でチャプリンが機械にレンチを投げつける場面は、労働者の心理をよくあらわしている。

しかしいまや、フリーエージェントにせよ企業の従業員にせよ、大半の労働者は単に時間を切り売りしているだけではない。能力や専門技術、アイデア、創造性を売っているのだ。こうしたものはすべて、数字で計るのが難しい。とりわけ、テイラー主義的な時間という物差しではなかなか計ることができない。それでも、工業経済的な時間の観念はまだ死んでいない。弁護士業務や広報業務のような知識型の仕事の場合も、いまだに報酬は労働時間を基準に支払われている。顧客の立場から言えば、短時間で出てきた優れたアイデアより、長い時間をかけてようやく出てきた使い物にならないアイデアのほうがコストが高いということになる。時間ではなくプロジェクト単位で報酬を請求するフリーエージェントが増えている背景には、そうした事情がある。長い時間働くほど偉いというオールドエコノミーの発想はどこかおかしいと、人々は強く直感しているのである。

ラトガーズ大学の調査によると、時間をはじめとする様々なプレッシャーのせいで、仕事に対する人々の満足度は低下している。回答者の95%は、もっと家族と一緒に過ごしたいと答えている。87%は、睡眠時間が足りないと答えた。しかし、「フルタイムやパートタイムで勤めている人の置かれた状況と、組織に雇われずに働いている人の状況はまるで違う」という。「家族と過ごす時間が極めて不足していると答えた人の割合は、フルタイムの被雇用者の場合は42%、パートタイム被雇用者の場合は43%だったのに対し、組織に雇われていない人の場合は32%だった。フレキシブルな就労時間で働くことに非常に関心があると答えた人の割合は、フルタイムの被雇用者38%、パートタイムの被雇用者42%に対し、雇われていない人の場合は29%でしかない」

私の取材でも、大切なのはデスクの前で何時間働いたかではなく、仕事の中身だと、フリーエージェントたちは答えている。そこで彼らは、時間に関して愚かな考え方しかしない組織を捨てて、自分自身の価値観と経済の新しい現実に合わせて、自分なりのスケジュールを組みはじめた。「フリーエージェントになると、みんなその人の時間を尊重してくれるようになる」と、広報コンサルタントのプーキー・メルバーグは言う。「周りの人たちも、フリーエージェントに無理強いはできないとわかっている」。組織に雇われないで働けば、雇われて働くより自由に時間を管理することができる。1日、1週間、1年、そして一生涯と、それぞれの時間の単位で、フリーエージェントたちは「自分サイズの服」の論理を実践しはじめている。

1日を自分のリズムで生きる利点と悩み

産業革命の前は、時計を使って時間を計るということはほとんどなかった。歴史家のE・P・トンプソンが書いているように、人々は、ある行為をするのに所要する時間を基準に時間を計っていた。「寝る時間」と言えば8時間、「おしっこをする時間」と言えば1分、という具合だ。しかし工場は、こうした主観的な基準で動くわけにはいかない。熾烈な駆け引きの末、資本家と労働者はある合意に達した。時間を一定のかたまりごとに分けて考えることになったのだ。たとえば、午前9時から午後5時までを職場での1日とすることになった。

工業経済の時代には、この9時から5時の1日8時間労働が標準になった。それより長く働けば、「オーバータイム（残業）」。それより働く時間が短ければ、「パートタイム」というわけだ。このシステムにはいろいろなメリットがあった。労働者の立場から言えば、公平だし、予定が立てやすい。20世紀はじめの工場のように、雇用主が1日14時間労働を強いることもできなくなった。雇用主にとっては、労働者を管理しやすいという利点があった。それに、双方にとってわかりやすかった。雇用主のための時間と労働者のための時間。勤務時間と勤務外の時間。仕事の時間とプライベートの時間。この区別がはっきりしていた。

しかし、こうした発想は時代遅れになってきている。消費者としての私たちは、年中無休24時間体制のサービスを求めるようになった。この要求に応えるためには、午後5時から午前9時の時間帯にも誰かが働かなくてはならない。そこで、労働者としての私たちには、テクノロジーの進歩により、1日24時間、仕事の連絡が入るようになった。ホワイトハウス支給の電流フェンスのおかげで、私もそのことを痛感させられた。工場のホイッスルが1日の始まりと終わりを告げた時代と違って、仕事とプライベートの境界線はすっかり曖昧になった。夜10時に自宅の書斎で顧客の電子メールに返事を書くような場合、どの時点で仕事が終わって、プライベートな時間が始まるのか？　時間に関する不満を生んでいるのは、このように仕事とプライベートの区別がつきにくい状況なのかもしれない。

そう考えると、従来型の労働者に比べて、フリーエージェントの時間に関する不満が少ないことも理解しやすい。臨時社員や一部の例外を除けば、大半のフリーエージェントは、午前9時から午後5

時の時間帯に限らず、それぞれの事情に応じた時間に働いている。1日8時間の労働時間を自由に配分しているのだ。8時間働く限りにおいては、午前7時〜午前8時、午前10時〜午前11時、午後1時30分〜午後4時、午後5時〜午後6時、午後8時30分〜午後11時に分けて働いてもいい。子どものいる人なら、子どもが家にいない時間や寝ている時間に働いてもいい。私の調査に答えてくれた20人ほどのフリーエージェントの1日の労働時間は、平均7時間と37分。従来の労働者の8時間労働とほとんど変わらない。しかし、働く時間帯は、人によってまったくばらばら。きっかり同じ時間帯に働いている人は2人といなかった。上司の打ち鳴らす太鼓の音に合わせて一斉に行進するのではなく、フリーエージェントは自分のリズムで生きているのだ。

こうした生き方にはいろいろな利点がある半面、悩みもある。フリーエージェント・ネーションでは、病気になっても有給の病気休暇はない。それ以上に、個人で働いていると、完全に「オフ（仕事時間外）」の状態になることはほとんどない（あるとすれば、それは深刻な失業の危機に陥っている場合だけだ）。その結果、多くのフリーエージェントは、いわば「ニューエコノミーのセブン-イレブン」になっている。24時間営業のコンビニエンスストアと同じように、客がいなくて店が空っぽのときも、店を閉めることができない。このようにいつも「オン（仕事中）」の状態でいる感覚になかなか馴染めない人もいる。

「組織に属さないで働くのは本当に難しい。会社員みたいな節目節目の『儀式』がないからね。会社のピクニックもなければ、パーティーもない。カジュアル・フライデーもないし、コーヒーブレイクもない。誰かとランチを食べに出かけることもない」と、サンフランシスコのフリーのコピーライター、デーヴィッド・ガーフィンケルは言う。

通勤したり、同僚に挨拶したり、ランチに行く店を決めたりといった「儀式」は、実は、会社員にとって仕事の節目としての重要な役割を果たしている。フリーエージェントの場合は、自分なりの節目を自分でつくらなくてはならない。ここでも彼らは、出来合いの「儀式」を買ってくるのではなく、自分だけの「儀式」をテイラーメードでつくっている。

第1章で紹介したテレサ・フィッツジェラルドはこう述べている。「毎朝起きると、犬を散歩に連れていく。途中で公園に寄る。いつも同じ人たちと挨拶する。毎朝、そこで朝食を食べる。こうして新しい1日を家の外で始めて、それから家に戻って仕事に取りかかる」。マンハッタンのフリーエージェント、シンディ・フロガートはたいてい、長いシャワーを浴びることで1日を始める。そして、そのまましばらく、裸でコンピュータの前に座って仕事をするという。

自宅で仕事をしていると、仕事を切り上げるタイミングも難しい。私の場合、通勤時間は、自宅の2階から3階までのほんの10秒ほど。そこで私は毎晩、1日の仕事を同じ手順で終えることにしている。書類やメモをファイルし、コンピュータの文書のバックアップを取り、翌日することのリストをつくる。きちんと手順を守れる場合もあれば、あまり守れない場合もある。しかしともかく、こうした「儀式」がないと、フリーエージェントは時間の迷宮にはまり込んでしまいかねない。

では、フリーエージェントたちは、始業の儀式と終業の儀式の間、毎日をどのように過ごしているのだろう？

　もちろん、仕事の時間の過ごし方は、人によってまちまちだ。私の調査では、オフィスで直接、顧客のために費やしている時間は平均して１日２時間ちょっと。１時間近くは、電子メールのやり取りに費やしている。それ以外でも、かなりの時間をオンラインに費やしている（この点は、ほかの調査結果に見られる傾向とも一致している。ある調査によると、平均的な労働者は、１日の仕事の時間の３分の１をコンピュータの前で過ごしており、働く時間の23％をインターネットに費やしているという）。電話している時間は、平均36分。売り込みに費やす時間は43分。そして、会議と通勤を嫌う人種にしては意外に思えるかもしれないが、顧客との打ち合わせに１日平均38分、車の運転に36分を費やしている。

　健康や家族との関係に関しては、フリーエージェントの１日の過ごし方はこれまでの会社員とはかなり違う。私の調査では、子どもがいる人は１日平均４時間を子どもと過ごしている。この４時間という時間は、アメリカ人全体の平均よりはるかに長い。規則正しく運動をしているという人も半数以上いた。エクササイズに費やす時間は、１日平均30分以上。アメリカでは睡眠不足の人が１億人を超すと言われるなかで、フリーエージェントたちは、毎日７時間30分以上の睡眠時間を確保している。

　しかし、フリーエージェントの時間に対する姿勢を理解するうえで重要なのは、時間の量よりも、時間をどの程度自由に管理できるかだ。テレサ・フィッツジェラルドは、１日に10時間働く日もあるだろう。でも、その10時間は自分の10時間だ。最大限自分の選択に従って、時間割を決めているのだ。

スケジュールを自由に組めることには、抵抗しがたい魅力がある。そのことを思い知らされて、歯ぎしりして悔しがっている企業も多い。従業員に勤務時間を自由に決めることを認めることが、フリーエージェントへの道を開く場合があるのだ。最初は、仕事を家に持ち帰り、毎週決まった曜日の午後を早退するようになる。やがて、週に3日くらい在宅勤務を始める。そのうちに、在宅勤務のかたわらで副業を始める。そして、とうとう本物のフリーエージェントになる。働く時間を自由に決められるという数滴の甘い蜜が、そのうちに病みつきになってしまうのだ。

古いやり方が午前9時から午後5時までの8時間労働だとすれば、臨機応変に働く時間を決めていくのがフリーエージェント流だ。

1週間単位ではどう変わる？

仕事と時間の関係を映画にたとえれば、主演俳優は「週」だ。１日単位で見た場合は、日によってばらつきがあり過ぎるし、１年では長過ぎる。労働時間など、この問題に関する様々な議論は、主に1週間という単位で問題になる。

19世紀半ば、平均的な工業労働者は1週間に64時間、農業労働者は72時間働いていた。20世紀を迎える頃には、週60時間というのが一般的だった。１９２０年代に入ると、労働組合がこうした長時間労働に抵抗し、週48時間労働が普通になった。１９２６年には、テイラー主義を信奉する教会の司祭とでも呼ぶべき存在である自動車王ヘンリー・フォードが、工場の労働者にひとつよい行いをした。1日8時間労働と週休2日の制度を導入したのだ。第2次世界大戦までに、週40時間労働は常識となり、法制化もされた。

それ以降、1週間当たりの労働時間はさらに減るだろうと言われ続けてきた。1967年、アメリカ上院の聴聞会で発言した専門家は、20年以内にアメリカ人の平均労働時間は週28時間にまで減るという予測を示した。未来学者のハーマン・カーンも同じ年に、生産性の向上により、労働時間は、2000年には週20時間で十分になるという予測を披露した。

実際には、そうはならなかった。米政府の統計によれば、アメリカ人の労働時間は減っているように見える。しかし証券会社モルガン・スタンレー・ディーン・ウィッターのチーフエコノミスト、スティーブン・S・ローチが指摘するように、「情報化時代の知られざる暗部のひとつは、正規の労働時間外に働かなくてはならない時間が増えている、ということだ。こうした実態は、政府の統計にはあらわれない」。いくつかの調査によれば、1週間当たりの労働時間は増えている。国際労働機関（ILO）の報告書によると、アメリカ人男性の80％、アメリカ人女性の62％は、週に40時間以上働いている。アメリカでは、働く人の3分の2が週に40時間以上働いているという調査結果もある。

しかしフリーエージェントの場合は、労働時間は「8時間×5日」という簡単な算数では把握できない。「2日しか働かない週もあれば、9日分も働く週もある」と、フリーエージェントのマーケティング・コンサルタント、ニール・ブラウンはオハイオ州中部のコーヒーショップで語った。

私のミニ調査に答えてくれたフリーエージェントたちは、平均して週に42時間働いている。そのうち平均4時間近くは、週末に働いている。週末に長時間働いて、平日に時間的な余裕をつくっている人もいた。フリーエージェントたちも、普通の会社員と同じように週に40時間程度働いているが、この40時間をどう配分するかは人によってまちまちだ。フリーエージェントは時間をほぼ自分で自由に管理しているのだ。

フリーエージェント以外の人の場合、仕事と私生活の境界線は比較的はっきりしている。月曜から金曜は仕事、土日は休みだ。このシステムの欠点は、柔軟性がないこと。長所は、規則正しい生活が送りやすいことだ。仕事とプライベートの境界線は、誰の目にもはっきりしていた。ホワイトハウス時代の私は、ほとんど毎週のように週末も出勤していたが、土日はネクタイの着用を「義務づけられる」ことはなかった。土曜と日曜は、実際には仕事をしていても、建前上はスピーチ原稿を書くための日ではないと考えられていたのだ。

しかし、フリーエージェントは平日と週末の境界線を曖昧にしはじめているように見える。「木曜に休みを取ることだってできる」と言うのは、第4章で紹介したテキサス州オースティンの弁護士ブライアン・クラークだ。「でも、土曜や日曜もたいてい働いている。自分の好きな仕事だからね」。こうしたライフスタイルを実践する人は増えている。ある調査によると、インターネットの利用量がいちばん多いのは土曜だという。平日と週末という区別は、崩れはじめているのかもしれない。

古いやり方は、月曜から金曜まで5日働いて、土曜と日曜は休むというものだった。これに対してフリーエージェント流は、月曜から日曜までの7日間に、仕事もするし、休みも取るのだ。

1年単位で見た懸案は休暇

アメリカ人の一般的な休暇の日数は、年に2〜3週間である。年に4〜6週間の有給休暇が与えられている人がざらにいるヨーロッパより少ない。しかも、一部の統計によると、アメリカ人の休暇日数は減っているようだ。現在、アメリカの中規模以上の企業の従業員は、平均して年に9・6日しか有給休暇を認められていない。ジュリエット・ショアーの『働きすぎのアメリカ人』によれば、有給休暇、会社の休日、病気休暇を合わせた休暇日数は、1980年代はじめに比べて平均で約3・5日減っている。

しかし、1年という単位で見ても、話は単純ではなくなりつつあるようだ。物事をややこしくしているのは、ここでもフリーエージェントである。これまでは、年に50週働いて、2週間休暇を取るというのが常識だった。しかし、色とりどりのアイスクリームが選べる世界に生きているフリーエージェントにとって、強制的に白いバニラアイスを選ばされるのは我慢がならない。

フリーエージェントのコピーライター、カーラ・デッチョンは会社員時代、年に2週間の有給休暇と「ほんの少しの休日」を与えられていた。でも、これでは足りなかった。しかも、休暇を取るたびに、自分に主導権がないことを思い知らされた。「2週間の有給だけじゃ足りなくて」と、彼女はサンフランシスコのスターバックスで語った。「もっと休みを取っていた。だけど、給料は払われないのに、休みを取るたびに、頭を下げて上司のご機嫌を取らなくてはならなかった。それに、休暇の前後には余分に仕事をしなくてはならない。上司と話していると、親と話しているような気分にさせられた。人生や仕事が自分のものだという実感はなかった」

私が話を聞いたフリーエージェントのほとんどは、年間を通じて自分のスケジュールを自分で管理するということを極めて重要視していた。お金に余裕がある人は長期休暇を取る場合もある。経済的な余裕がなかったり、仕事が好きな人は、あまり休暇を取らない。弁護士のクラークが言うように、会社員にとって「休暇は仕事という刑務所からの仮釈放」のようなものだが、もともと自由を謳歌しているフリーエージェントの場合、休暇を取りたいという欲求はそれほど強くないのだ。それに、私が取材した人たちの多くは、仕事とプライベートの境目を曖昧にし、仕事の出張に家族を連れていったり、休日に仕事をしたりしている。

古いやり方が、年に50週働いて2週間休むというものだったのに対して、可能な限り休暇を取り、必要なだけ仕事をするのがフリーエージェント流だ。

一生涯で教育と引退のあり方は大きく変わる――

ひとりの人間の生涯という時間の単位で見ても、フリーエージェントは既存のシステムを変えはじめている。1日、1週間、1年という単位で見た場合と同じように、古いやり方は、人の生涯についても極めて画一的だった。典型的な人生は、学校を卒業し、数十年仕事をして、その後しばらく老後の生活を送るというおきまりのルートをたどった。フリーエージェント流は、こうしたお仕着せのコースを拒否する。とりわけ、教育と引退のあり方をドラマチックに変えはじめている。この点については、第14章と第15章で詳しく述べることにしよう。

まとめ

【ポイント】

フリーエージェントは、仕事と時間の関係を様変わりさせつつある。午前9時から午後5時までの8時間労働は、臨機応変な労働時間に取って代わられた。フリーエージェントは、従来型の会社員などと同じように週40時間程度働いていても、その40時間をそれぞれの志向に合わせて分配している。平日と週末の区別が曖昧になっている場合も多い。1年間の単位で見た場合も、フリーエージェントは、50週働いて2週間休むという既存のシステムを拒否し、それぞれの必要や欲求に合わせたスケジュールで働きはじめている。フリーエージェントという働き方のメリットは、上司にスケジュールを管理されるのではなく、自分で時間を管理できることにある。ただし、仕事とプライベートの境界線がはっきりせず、規則正しい生活を送りにくいというデメリットもある。

【現実】

アメリカ人の平均労働時間は、ヨーロッパ人より年に３５０時間多い。「過労死」という言葉をもつ日本人と比べても70時間多い。

【キーセンテンス】

工場のホイッスルが1日の始まりと終わりを告げた時代と違って、仕事とプライベートの境界線はすっかり曖昧になった。夜10時に自宅の書斎で顧客の電子メールに返事を書くような場合、どの時点で仕事が終わって、プライベートな時間が始まるのか？　時間に関する不満を生んでいるのは、このように仕事とプライベートの区別がつきにくい状況なのかもしれない。

【キーワード】

ニューエコノミーのセブン-イレブン（New Economy 7-Eleven）：フリーエージェントは、完全に「オフ（仕事時間外）」の状態になることはほとんどない。24時間営業のコンビニエンスストアと同じように、客がいなくて店が空っぽのときも、店を閉めることができないのだ。

あるフリーエージェントの月曜日(深夜～午前)

［名　前］ミシェル・ゴールズベリー(35歳／女性)
［居住地］カリフォルニア州サンノゼ
［職　業］マーケティング・コミュニケーション・コンサルタント

深夜～朝

00:00
睡眠
04:00
睡眠。目を覚まして猫を室内に入れ、再び就寝
04:30
睡眠
06:00
シャワーを浴びて、服を着替える
06:30
睡眠

午前

07:00
目を覚ました娘と遊ぶ
07:30
ベビーシッターに娘を預ける
08:00
洗っておいた食器を乾燥機にかける。家の周りを散歩する
08:30
散歩。朝食
09:00
引き続き朝食。友人に電話して、ランチの約束をする
09:30
電子メールをチェックし、返信する
10:00
顧客向けニューズレターの執筆。口うるさい顧客の電子メールに、断固とした態度で返事を書く(会社勤めを辞めた理由のひとつは、こういう作業をなるべくしたくないから。こんな作業は、まったく気が滅入る)
10:30
問題の顧客が引き起こしたトラブルの火消しに時間をとられる(ケンカ腰で対応するのも悪くないけれど、今はやめておく)
11:00
顧客と打ち合わせ。録音テープをチェックする
11:30
顧客の苦情に対応する
12:00
顧客の苦情に対応。業者と一緒に、家の内装などの問題をチェック(問題はあちこちにあった)。バスルームのキャビネットに入っていたものをすべて外に運び出さなくてはならなかった(なんてこと!!)
12:30
顧客の苦情に対応
13:00

あるフリーエージェントの月曜日（午後〜夜）

午後	13:00	顧客の苦情に対応。友達とのランチに30分遅刻
	13:30	ランチ
	14:30	ランチの後、車を運転して自宅に戻る
	15:00	問題の顧客に電子メールを送信。誤解や問題のないよう念押しする
	15:30	プライベートの電子メールをチェックする
	16:00	ベビーシッターから娘を引き取る
	16:30	娘と遊ぶ
	17:00	娘と遊びながら夕食の準備
	17:30	夕食の準備
	18:00	夕食
	18:30	後かたづけ
夜	19:00	教会のクリスマスパーティーでやる劇の稽古に向かう
	19:30	劇の稽古（私の割り当ては、ヘブライ人の踊り子役、7人の思春期の子どもがいる天使の役、40代の女性の役の3つ。実際の私に近い役を演じるほうが気持ちいい）
	20:00	稽古。音楽に合わせて踊れているかどうか心配
	20:30	稽古。帰宅
	21:00	夕食の後かたづけの続き。顧客向けニューズレターの執筆
	21:30	顧客向けニューズレターの執筆
	23:00	顧客の電子メールをチェックして返信
	23:30	顧客の電子メールをチェックして返信。就寝
	00:00	

第III部

組織に縛られない生き方もできる

第7章

人との新しい結びつき方がある

起業家やフリーエージェント、個人事業主は日々、顧客や従業員、家族には相談できない問題に直面している。では、誰に相談するのか？　同じフリーエージェントの仲間たちだ。仲間のフリーエージェントとなら、抱えている問題を率直に話し合えるだけの信頼感を築くことができる。互助グループなどのサポートシステムをつくり上げることは、個人でビジネスを営んでいる人の精神衛生上、不可欠だ。

——ラリー・ケスリン（ニューヨーク州ニューヨーク）

カリフォルニア州サンノゼから北へ40キロ行った場所にあるサンカルロス。このこぢんまりした町のこぢんまりした繁華街に、ヴィクズ・レストランはある。おしゃれな店ではないし、とくに個性的なメニューがあるわけでもない（メニューのほとんどは、ハンバーガーとパスタ類。いちばん独創的なメニューは「オニオンのサクサク花びら風、ランチドレッシング風味」だ）。けれど、毎月第3木曜日になると、この店の個室では、フリーエージェント・ネーションでもとりわけ魅力的で革命的な現象を見ることができる。

自宅でチョコレートケーキをつくっているミニ起業家であれ、フリーランスのコンピュータ・プログラマーであれ、フリーエージェントになって2〜3カ月もたてば、友人や家族から異口同音に同じ質問を浴びせられた経験をもっているに違いない。寂しくないの？　同僚との井戸端会議が恋しくない？　孤独じゃない？――この質問に対する答えはもちろん「イエス」だ。フリーエージェントたちは、孤独を感じるときもある。コーヒーブレイクに同僚とおしゃべりした時間を恋しく思うこともある。しかし、フリーエージェントたちは必ずしも孤独のままではいない。ひたすら孤独に耐えるのではなく、職場のコミュニティーに代わる新しいグループを続々とつくり出している。

ヴィクズ・レストランを舞台に行われているのは、まさにそうした試みだ。私が訪れた4月の晩も、20人ほどの女性が集まってきて、ビジネスやそのほかの話題について話し合っていた。集まった女性たちは全員、フリーエージェントだ。夫と一緒にミニ起業家向けの教育事業を営んでいる女性もいるし、教育コンサルタントの女性もいる。マーケティングの戦略立案をしている人もいる。彼女たちは毎月、ネットワークを広げ、新しい取引先を見つけるために、そしてただ単に家の外に出るためにここにやって来る。

このグループが生まれたのは、1998年。最初は「セルフエンプロイド・ウィメンズ・ネットワーク」という名前で出発し、現在は「ウィメン・イン・コンサルティング（WIC）」と称している。

私はこうしたグループを「フリーエージェント・ネーション・クラブ（ＦＡＮクラブ）」と呼んでいる。フリーエージェントにとってＦＡＮクラブは、新しい仕事や新しい顧客を得る場というだけでなく、プライベートな問題や心の問題を仲間と話し合う場にもなっている。そこでは、飛行機のパイロットでなくては理解できない仕事の悩み（それは飛行機の乗客にはわからないものだ）をよくわかっている人たちと話をすることができる。

ＷＩＣの会合は、くつろいだ雰囲気で進む。長いテーブルを囲んで座ったメンバーは、順番に発言し、ほかの参加者の話を聞き、助言をする。大学院のゼミ、商工会議所の会合、心理療法のグループ療法の雰囲気をあわせもった、まったく新しいタイプのグループだ。会費は、年間１００ドル。ヴィクズ・レストランでの食事10回分の費用が含まれていて、確定申告の際に所得から控除できることを考えれば、安いものだ。現在、会員数は80人（これに加えて、無料の電子メール会員が２００人いる）。月例の会合には、ゲストスピーカーを招いて、交渉術や効果的なプレゼンテーション、価格設定の方法について話を聞く。もっとも、その月のテーマがなんであれ、基本的な目的は同じだ。ビジネスに関するアドバイスを交換し、フリーエージェントの生活で感じがちな孤独を解消するために、会員たちは会合に集まってくるのだ。

「毎月の会合が楽しみで仕方ない」と言うのは、会員のエレーヌ・スターリング。「指折り数えて、その日を待っているの！　顔馴染みの友達と会って、新しい仲間と知り合い、新しいことを学ぶのは、本当に楽しい。ＷＩＣでは、私の仕事を理解してくれる人たちと話をすることができる。私たちは似たような問題を抱えている場合もある。お互いが競争相手という場合も少なくないけれど、いろいろな考え方や関心事、直面している問題、問題解決の糸口、様々なチャンスについて、そしてそれぞれの目標や野心について語り合うことを通じて、参加者全員に得るものがある。WICの会合に参加した後は、いつもやる気が満ちあふれてくる。会合が毎週あればいいのにって、夫に言われるくらいよ」

フリーエージェント・ネーションのいたるところで、WICのようなFANクラブが続々と生まれている。FANクラブには実利的な目的と実利を離れた目的の両方があり、メンバーは第5章で紹介したヨコの忠誠心で結ばれている。こうしたグループは、固定的な組織ではなく、全体を統括する中央組織があるわけでもない。メンバーが自発的に組織するグループだ。そのため、あまり注目を集めにくいが、影響力は極めて大きい。フリーエージェントの台頭は、コミュニティーの崩壊に拍車をかけていると批判されることが多いが、こうした小グループの存在は、そうした見方に疑問を投げかけるものと言える。

フリーエージェント・ネーション・クラブへようこそ

灼熱の太陽が照りつける8月の午後、ニューメキシコ州北部の赤茶けた岩がそびえ立つ乾燥地帯で、「ゴーストランチ連盟」の会合は開幕した。煉瓦づくりの建物の入り口に、手書きの看板が掲げてある。「第2回グローバル・シェアリング・リトリートへようこそ」。3日間のセッションに参加したのは、

15カ国からやって来た約50人（とその子ども6人）。この会合を呼びかけたのは、イギリスからアメリカ南部に移住したオックスフォード大学卒のジェレミー・ソロモンズという40歳の男性だ。

ソロモンズは毎年1回、ニューメキシコ州のアビキウという田舎町にある農場ゴーストランチでこの会合を開いている。出席者は、Tシャツに短パンとサンダルという、夏休みのキャンプに行くようなかっこうをして、トランプ用のテーブルを囲んで座り、近況や、手がけたビジネス、失った顧客、家庭生活の変化について語り合う。その後、小さなグループに分かれて、マーケティングや価格設定、仕事の紹介についてディスカッションをしたり、ストレスマネジメントのセミナーを受講するなどして過ごす。おしゃべりに興じている人もいれば、50人分の食事を巨大なボウルやトレイに用意している人もいる。今晩のメニューはイタリアのパスタ、明日はパキスタン料理だ。食事の後は、「異文化間ビンゴゲーム」で盛り上がる。

こうした会合を開くアイデアは孤独から生まれたと、ソロモンズは言う。大手銀行のJ・P・モルガン、世界銀行などの大組織を経てフリーエージェントになったソロモンズは、企業にアドバイスをしたり、企業の社員教育を請け負うビジネスを始めた。しかし、独立して数年もしないうちに気持ちが沈みはじめた。「寂しかったんだ。もっと人と触れ合いたいと思ったけれど、1万人規模の大イベントに参加してもかえって孤独を感じるだけ。それなら、私と同じ思いをしている人がほかにいないか声をかけてみようと思い立ったんだ」。そこで、友人や同僚、同僚の友人や友人の同僚など、数十人に電子メールを送った。「3日間一緒に過ごして、くつろいだ雰囲気で意見を交換したいと思わないかと声をかけた。特定の目的をもって集まるのではなくて、ただ集まることを大切にしたい、と」

第1回の会合が開かれたのは、1998年。参加者は55人だった。出席者は一緒に料理をつくり、意見と名刺を交換して、3日間の会合が終わると、それぞれのフリーエージェントとしての生活に戻っていった。しかしその後も、電子メールや電話で頻繁に連絡を取り合った。こうして毎年8月、ゴーストランチ連盟の会合が開催されるようになった。

意見交換のテーマは決まっていないし、連盟の規則もない。毎年、出席者は半分くらい入れ替わる。ニューメキシコの赤茶けた岩に見下ろされて過ごす時間と同じくらい大切なのは、会合が終わった後だ。大きなプロジェクトでパートナーを探している人がいれば、ゴーストランチ連盟の仲間に声をかける。仕事がさばききれなければ、仲間に仕事を回す場合も多い。仕事を紹介すれば仲介手数料をもらえるが、金額は決まっていない。各自が妥当だと思う金額を支払えばいいことになっている。決まった歩合もないし、計算式があるわけでもない。そもそも、仲介手数料を支払うという明文化された規定すらない。「固定的な関係をつくろうとした時点で、その人はほかのメンバーの信頼を裏切ったことになる」と、ソロモンズは言う。

この年の会合では最終日に、連盟の決まりごとを明文化して、もっとかっちりとした組織にするべきかどうか採決が行われた。採決の結果は、ほぼ全会一致だった。圧倒的多数でこの案を退けたのだ。ほとんどすべてのメンバーが「緩やかな連合」のままでいることを選んだのである。「固定的ではない形で協力し合おうと決めた」と、ソロモンズはゴーストランチの埃っぽい道端で語った。「会社型の組織はもうこりごりだからね」

「私たちは結果を大切にしているけれど、それ以上に人間関係を大切にしている。みんなが成功するためには、会員同士がお互いのためにマーケティングをするしかない。この会合はその役に立つ」。でも、もっと大切なのは、「人と触れ合うための素晴らしい場になっていること」だと、彼は言う。

ＦＡＮクラブは、企業の取締役会のような一面がある一方で、心理療法のグループセラピーのような一面もある。顧客探しの場であると同時に、生きがい探しの場でもある。こうしたグループは、私利私欲によって生まれ、メンバーの信頼に支えられて存続する。ゴーストランチのように、年に1回会合を開くグループもあれば、ＷＩＣのように、月に1回会合を開くグループもある。電話で連絡を取り合うだけのグループもある。形は様々でも、こうしたグループはみな、コンサルタントのテリ・ロニエーの言うことを裏づけている。それは、フリーエージェントという働き方を選ぶ人が急増している現実を理解するうえでも重要な点だ。ロニエーの言葉を借りれば、「個人で仕事をするというのは、ひとりぼっちで働くということではない」のである。

フリーエージェントの人数を数えること以上に難しい仕事があるとすれば、それは、フリーエージェントたちがあちこちでつくっているグループの実態を把握することだろう。なにしろ、ワシントンのどこを探しても、「全米ＦＡＮクラブ連盟」といったような組織はない。全米のＦＡＮクラブの数を数え、団体の規約を定めている機関はないし、ＦＡＮクラブが登録する公的機関もない。フリーエージェント・ネーションのほかの要素と同じように、ＦＡＮクラブの特徴も、その独立性にある。全員が責任者だから、特定の責任者はいないのだ。

FANクラブの起源

FANクラブが増えはじめたのは最近だが、その起源はイギリス植民地時代のアメリカにまでさかのぼる。1727年秋、フリーエージェント・ネーションはもちろんのこと、アメリカ合衆国が生まれるよりもずっと前に、21歳のベンジャミン・フランクリンは、12人の仲間を集めて会合を開いた。この会合はその後毎週1回開かれ、30年続いた。「独創的な知人をすべて集めて、相互の進歩に資するためのクラブを結成した。私たちはこのクラブをジャントー（秘密結社）と名づけた」と、フランクリンは自伝に書いている。ジャントーの会合は、毎週金曜日の夜、フィラデルフィアの居酒屋の2階で開かれた。顔ぶれは、フランクリンをはじめ出版関係者数人、靴職人、家具職人、市井の数学者、測量士、銀細工師、靴修理人、公証人といった面々。全員がフリーエージェントだった。

毎週の会合では、時事問題について意見を交わし、政治を語り、商売に関するアドバイスを交換し、お互いに学び合い、助け合うことを目指していた。たいていの場合、フランクリンがメンバーのひとりを指名して、そのときどきに議論になっている問題についてエッセーを書くように言う。次の会合では、まず前の週に指名された担当者がエッセーを読み上げ、その後、全員でそのテーマについて討議する。「真実を知ろうという真摯な思いで議論を闘わせた。言い争いそのものを楽しむ雰囲気もなかったし、他人を言い負かすことに喜びを感じるような人間もいなかった」と、フランクリンは書いている。

公的な教育制度が整備される前の時代は、人々は学校の先生や教科書ではなく、周りの人からいろいろなことを学んだ。石鹸職人の子どもとして生まれたフランクリンは、8歳から10歳までの間しか学校に通わず、13歳になるともう働きはじめた。ジャントーは「当時のペンシルベニアで最も優れた哲学と道徳と政治の学校だった」と、フランクリンは書いている。当時のアメリカでは、ボストンより南には本屋はほとんどなく、欲しい本があれば、たいていロンドンから取り寄せていた。そこで、ジャントーのメンバーは手持ちの本を持ち寄って交換しはじめた。これにヒントを得て、フランクリンは1730年に会員制の図書館を創設。これがやがて、アメリカ初の公共図書館に発展していった。ジャントーは「互助組織でもあり、友好団体でもあり、学校でもあった」と、フランクリンの伝記作家エズモンド・ライトは書いている。「参加者を突き動かしていたのは、自己改善への欲求であり、自分の利益になると同時に『善なること』をしたいという欲求だった」。ジャントーは、その精神においても運営方法においても、WICやゴーストランチ連盟のようなグループの先駆的な存在だったのだ。

FANクラブの先駆的存在はジャントーだけではない。1960年代には、アメリカを代表する自己啓発思想家ナポレオン・ヒルの著作をきっかけに、そうしたグループが相次いで生まれている。ロングセラー『思考は現実化する』の中でヒルは、事業を興したいなら、仲間と助け合うためのグループをつくるべきだと説いている。このグループをヒルは「マスターマインド」と呼んだ。「必要な専門知識をすべて自分で習得するのは無理だろう」と、ヒルは書いている。「『マスターマインド』グループの助けを借りて、弱点を補強するべきだ」

ヒルは、さらに次のように述べている。「助言を与えてくれるすべての人、心のこもった支援を喜んで与えてくれる仲間たちはみな、経済的な利益をもたらす可能性をもっている。大きな財産を築いた人は必ず、こうした仲間の協力に助けられている。この重要な真理を理解しているかどうかで、その人が財産を築けるか否かが決まるのかもしれない」

マスターマインド・グループはいまもあちこちで活発に活動している。コンサルタントのロニエーは5年以上前から、あるマスターマインド・グループに参加している。2週間に1回、3人の仲間と電話会議でしゃべって、自分たちのミニビジネスについて助言を送りあう。

もっとも、FANクラブを持続させるのは簡単ではない。参加者の関心はすぐに薄れてしまうし、メンバーの個性のぶつかり合いはグループの存立を危くする。ワシントンの在宅労働者のグループ「ホームアローン」は、市内のピザ店で毎月会合を開き、一時は100人前後が参加していた。しかし数年たつと、次第にメンバーの足が遠のくようになり、リーダーたちもグループを引っ張っていかなくなった。そして、会は自然消滅していった。コネティカット州フェアチャイルドのマリリン・ゼリンスキーは、子どものいる母親のためのFANクラブを始めたが、夏休みに入ってメンバーが参加しにくくなり、グループはいつの間にか消滅してしまった。やがて、ゼリンスキーは孤独に耐えられなくなって、5年間のフリーエージェント生活に終止符を打ち、勤め人暮らしに戻った。

様々に工夫される運営方法

それでも、FANクラブが極めて重要な役割を果たしていることは事実だ。ロニエーのグループの場合は、実際に顔を合わせるのは年に2~3回だが、メンバーはグループの価値をよくわかっているという。「素晴らしい友達は大勢いるけれど」と言うのは、第6章で紹介したフリーエージェントのコピーライターで、ロニエーのマスターマインド・グループのメンバーでもあるデーヴィッド・ガーフィンケル。「そういう友達は私と同じ生き方を選ばなかった。どんなに親切な友達でも、私を励ましてくれることはできない。感情の周波数が違うんだ」

エリカ・トーバーは、ガーフィンケルより20歳年上の67歳。住んでいる場所も5000キロ離れているけれど、ガーフィンケルと同じ感情の周波数で生きている。マーケティング・コンサルタントをしているトーバーは、ボストン近郊の都市ベルモントのFANクラブ「在宅女性起業家の会」のメンバーだ。毎月第1月曜日(「ただし雪の日と重要な祝日は例外」と、トーバーは言う)に、25人ほどの女性が集まる。集会の場所は、ベルモント公共図書館だったり、ユダヤ教寺院だったり、アルメニア正教の教会だったりする。参加者の女性はみんな、自宅でビジネスを行っている人たちだ。会の運営方法は、これまでに紹介したグループとほぼ同じ。ただし、このグループの際立った特徴は、メンバーが多彩なところだ。年齢は、20代から70代までと幅広い。弁護士もいれば、CGアニメーターもいるし、建築家もいれば、料理人もいる。活動の目的は、ほかのFANクラブと変わらない。参加者はアドバイスを交換し、人脈を紹介し、ときにはただお互いの話の聞き役になる。

会全体の集まりとは別に、4〜5人の小さなグループをつくって会合を開いているメンバーもいる。トーバーによれば、この小グループは市場の反応をテストするための場として機能していると同時に、フリーエージェントの労働倫理の重要な要素を補強する役にも立っているという。すなわち、自分の名誉や生活をかけて仕事をすることを助けてくれているのだ。こうした会合で、出席者は仲間の前でいろいろな目標を宣言する。たとえば、パンフレットを完成させる、代金を払わない取引先に毅然とした態度を取る、勧誘の電話を10件かけるなどといったことを仲間に約束するのだ。「人前で宣言すれば、目標を破りにくくなる」と、トーバーは言う。「3〜4人の人と約束すれば、実行するものよ」

在宅女性起業家の会は学閥のネットワークにヒントを得てつくったと、トーバーは言う。従来の学閥には、フリーエージェント、ましてや女性のフリーエージェントの居場所はなかった。「私たちがつくったのは、肩肘の張らない助け合いの場だった」と、彼女は言う。「女の人は、恥ずかしいなんて思わないで『今年はひどい年だったわ』と正直に言うことができる。男の人は、こういうふうに自分をさらけ出すのを嫌がるけれどね」

FANクラブのなかには、女性だけ、ないしは女性中心のグループも多い。ニューヨーク州チャパカには、働く母親のグループ「セカンドシフト」があるし、シカゴの郊外にも、「モーメンツ」という働く母親のグループがある。メリーランド州チェビーチェースには、「ウェンズデー・モーニング・グループ」がある。ワシントンでは、子どもをもつ女性弁護士のグループ「ロイヤーズ・アットホーム」が毎月会合を開いている。マサチューセッツ州ダンバースには、「女性在宅ビジネス・ネットワーク」がある。

もっとも、メンバーの性別や業種、地域に関係なく、FANクラブは多くの場合、よく似た構造と理念をもっている。たいていのグループは、個人のニーズに合わせて活動し、ヨコの忠誠心と助け合いの精神に支えられていて、参加者に人と触れ合う機会を提供すると同時に、仕事上のコネを与えることを目的としている。労働組合やPTAのような古くからある巨大組織が会員数を減らしているのを尻目に、中央組織をもたないFANクラブはどんどん拡大している。既存の大組織の力が弱まっていることを理由にコミュニティーの崩壊を指摘するのは、間違っている。コミュニティーはなくなったわけではない。

あるところには、コミュニティーはあるのだ。むしろ、フリーエージェント流のコミュニティーのつくり方は、極めてアメリカ的なものと言える。170年前にアメリカを訪れたフランスの思想家アレクシ・ド・トクヴィルは、こう書き残している。「結社の技術は……行動を生み出す。すべての人がそれを研究し、実践している」

フリーエージェントに関わる様々なコミュニティー

フリーエージェントたちがつくっているグループは、FANクラブだけではない。たとえば、「フリーエージェント連合」。これは、弁護士事務所や会計事務所によく見られるパートナーシップの形態に似ているが、もっと緩やかな組織で、契約ではなく、明文化されていない合意によって結びついている。ロータリークラブとアルコール依存症者自助グループ（AA）を足して2で割ったような感じの「起業家ネットワーク」という形態もあるし、同じ会社に勤めていたことがある人たちがつくる「同窓会グループ」もある。

フリーエージェント連合

ホイットニー・ヴォスバーグのもっている名刺とエレン・マンのもっている名刺は、実は同じものだ。片面には、ヴォスバーグの名前とカリフォルニア州バークレーの住所と電話番号、もう片面には、マンの名前とカリフォルニア州オークランドの住所と電話番号が記してある。両面とも上部には、「WEコミュニケーションズ」のロゴが印刷してある。

WEコミュニケーションズには、オフィスもウェブサイトもない。法律上は、存在していない組織なのだ。その実態は、フリーエージェントがつくる非公式の共同体だ。こうしたグループを私は「フリーエージェント連合」と呼んでいる。WEコミュニケーションズは、マーケティング分野のフリーエージェント連合だ。ヴォスバーグがデザインを担当し、マンが文章を担当する。名刺のヴォスバーグの面には「クリエイティブ・ディレクター（アート）」と記されていて、マンの面には「クリエイティブ・ディレクター（文章）」という肩書きが印刷されている。2人は一緒に仕事をする場合もあれば、ばらばらで仕事をする場合もある。この協力関係を支えているのは、20ページからなるパートナーシップ契約書などではなく、明文化されていない約束だ。

フリーエージェント連合もFANクラブ同様、自発的で非固定的な組織だ。会を束ねる世界本部もないし、会のニューズレターが毎月発行されるわけでもないし、総会が毎年開かれるわけでもない。それでも、フリーエージェント連合は続々と誕生している。

カリフォルニア州ハーフムーンベイのファッショナブルなアパートに、プリンシパルズ・ドット・コムというフリーエージェント連合の拠点がある。ニューヨークのブルックリン生まれのブライアン・グルーバーは、15年にわたってケーブルテレビ業界でマーケティング担当役員として重責を担ってきた。アメリカではケーブル大手のTCIとC-SPANで、続いてオーストラリアでメディア王ルパート・マードックのニューズ・コーポレーションで働いた。しかし40歳のとき、グルーバーはなにかが違うと思った。「大学を卒業して以来、私の職業生活はいつも不幸せだった。そう思うようになった」と、彼は11月の吹雪の午後にアパートで語った。

「あるとき、ふと思った。『いったい私はここでなにをやっているんだ?』。目覚まし時計が鳴って、毎朝、ドキッとして目を覚ます。朝はいつも慌ただしかった。スーツを着て、ネクタイを締め、ラッシュアワーの交通渋滞に呑み込まれてオフィスに向かう。蛍光灯に照らされた換気の悪いビルに入り、ほかの人の吐き出した毒ガスを吸い込む。やりたくないこともしなくてはならない。強いストレスの下で、頭のおかしい連中のために働くこともある。周りを見回して、この暮らしがあと10年、20年、30年続くのだと思った。『こんなことをして、なんの見返りがあるのだろう?』」

妻との関係も悪くなり、甲状腺の機能不全により激しい疲労感に苛まれるようになった。そこで、オーストラリアを離れてアメリカに帰国し、1年間を静養に費やした。そして、次に仕事に復帰するときには自分なりの働き方をしたいと考えたという。

それを実践するためのいちばんいい方法は、フリーエージェント連合（「連合マーケティングチーム」とグルーバーは呼ぶ）という形態を取ることだと、彼は考えた。こうして生まれたのが、プリンシパルズ・ドット・コムである。プリンシパルズ・ドット・コムは、ブランド戦略、広報、デザイン、マーケットリサーチなど、11の分野で働く15人のフリーエージェントがつくるバーチャルコミュニティー。一人ひとりが自分のミニビジネスをもっていて、必要なときだけ集まる。けれど、みんなが集まれば「カスタムメードのマーケティングチーム」が出来上がると、グルーバーは言う。顧客のなかには、プリンシパルズ・ドット・コムのメンバーのうち、戦略プランナーのデーナ・クリステンセンとブランド戦略専門家のリチャード・カーターの2人だけが必要な場合もあるだろう。10人のチームが必要な顧客もいるかもしれない。「私たちは、適切な人材を適切な人数、適切な時間にお届けしますと約束している」と、グルーバーは言う。

グルーバーに言わせれば、この方法によって、従来の広告代理店やマーケティング会社よりも安価で優れた仕事ができるという。「マホガニーの会議室もないし、お高くとまった個人秘書もいません。企業の官僚機構のために支払うお金もいりません」と、プリンシパルズ・ドット・コムのウェブサイトではうたっている。広告代理店や大手法律事務所の場合、顧客をひきつけるのは「パートナー」と呼ばれる共同経営者たちの名前と顔だが、実際の仕事をするのは、もっと下級のコピーライターや下っ端のジュニアパートナーなど、無名のスタッフたちだ。これに対して、プリンシパルズ・ドット・コムは、全員が「プリンシパル」、すなわち一国一城の主だ。「私たちはみんな、仕事と機会に惹かれて集まってくる。同じ広告代理店で働いているという理由で一緒に仕事をするわけでもないし、仕事がなくて困っているから集まってくるわけでもない」

「みんな、連合マーケティングチームの一員であると同時に、それぞれ自分の名前で仕事をし、自分のビジネスをもっている」と、グルーバーは言う。「チームの全員が対等の仲間だ」。プリンシパルズ・ドット・コムの名刺などの費用として、メンバーは少額の費用を支払う。仲間のために仕事をもってきた人は、報酬の7％を受け取る。

しかしいちばん興味深いのは、こうした約束事は正式な契約で決められているわけではないということだ。「法律上の組織にはなっていない」と、グルーバーは言う。「最初、どうすればいいかいろいろ考えた。会社組織は論外だった。法律事務所のようなパートナーシップも嫌だった。いろいろ考えた末、私たちは『プリンシパル』同士の間に法律上の関係はふさわしくないという結論に達した。ただし、仲間から呼びかけがあったときには、それを優先させる道義上の義務を全員が負っている。この試みを成功させたければ、そうする必要があるからだ」。プリンシパルズ・ドット・コムの結びつきは、窮屈で硬直的な法律上のものではなく、非公式で柔軟な非固定的なものだ。

フリーエージェント連合を成功させるコツは、個人の自由とチームの力を上手に組み合わせることにある。グルーバーは、スーパーマンやバットマンなど、いつもは単独で行動しているヒーローたちが団結して闘うチーム「JLA」に、自分たちをなぞらえる。「私たちは、JLAみたいなもの」と、彼は冗談まじりに言う。「地球に危機が迫ると、いろいろな能力をもったヒーローたちが集結して一致団結して闘う。そして使命を果たした後は、それぞれの仕事に帰っていくんだ」

起業家ネットワーク

現在59歳のノーム・ストアーは、1970年代にイリノイ州ピオリアで建設業、レストラン業、不動産開発業を営んで、ちょっとした財産を築いた。ミネアポリスに移ったのは、78年。当時、ストアーは30代の後半だった。しかし、「2年後には、レストランビジネスは破綻してしまった」。自分の財政状態を立て直し、同時に、ほかの起業家が自分と同じ失敗を繰り返さないようにするために、彼は駆けだしの起業家向けに小規模ビジネスの経営方法を教えるセミナーを始めた。

ミニ起業家たちを集めてみて、驚くべき発見をした。受講生は、最初はストアーの話を聞くために集まってきたが、その後も受講生同士で話をするためにセミナーに参加し続けたのだ。回を重ねるたびに、受講生の関心は、従業員の採用や資金調達といった実務的な問題から、起業家としての仕事と親としての役割のバランスをどう取るかという問題や、ビジネスパートナーが事業から手を引くと言い出した場合にどうすればいいかという問題など、もっと漠然とした事柄に移っていった。

「起業家やフリーエージェントにとっていちばん大きな問題をひとつあげろと言われれば、それは孤独だ」と、ストアーはある日曜日の午後、ミネアポリスのカルフーンスクエアで語った。そう考えたストアーは、いろいろな業界の個人起業家を集めて、ビジネス戦略について話し合う場を提供する「インナーサークル」という会社を立ち上げた。毎月1回、数十人の起業家がホテルに集まって朝食を取りながら、意見を交換する。会費は年5600ドル。「こんなに払ってまで、どうして朝ご飯が食べたいんだろうね？」と言って、ストアーはいたずらっぽく笑う。

朝食会は、たいてい会員のひとりが自分のビジネスについてしゃべり、ほかの出席者からアドバイスを受けるという形で進む。出席者は「建設的な姿勢で」参加することを求められるが、同時に、その週の主役を「いじめる」ことも求められると、ストアーは言う。つまり、厳しい質問を浴びせ、発言内容に批判を加え、ビジネスの内容を問いただし、目標とそれを実現する方法を説明させるのだ。いまやインナーサークルは、ボルチモア、サンディエゴ、ファーゴ、シアトルにフランチャイズ展開している。会費は高いが、会員の90％は翌年も会員登録を更新するという。「朝食代にしては高いかもしれないけれど、戦略的思考について意見を交換できる場と考えれば安いものだ」と、彼は言う。

こうしたグループを私は「起業家ネットワーク」と呼んでいる。FANクラブと比べて、起業家ネットワークは組織らしい形態をしているし、多くの場合、費用も高い。こうしたグループは、フリーエージェント・ネーションの商工会議所のような役割を果たしていると言ってもいい。一般に、商工会議所に比べれば社交の場という性格は薄いが、基本的な発想は同じだ。「ここで仕事を見つける人もいる」と、ストアーは言う。「それを目的に会員になるのはいただけないけれど、結果としてそれがついてくることはある」。もっとも、「ネットワークづくりの場」と呼ばれると寒気がすると、彼は言う。この言葉には、彼に言わせれば「汚れたイメージ」があるからだ。そこで彼は、フリーエージェント経済における人脈づくりを新しく定義し直した。「他人の身になること。自分の目標をしばらくわきにおいて、ほかの人の夢の中に入り込んで考えること」と、彼は言う。

インナーサークルは、フリーエージェントのための起業家ネットワークの一例に過ぎない。もっと大っぴらに、新しい仕事や新しい販路を見つけることを目標に掲げているグループもある。しかしそういう場合も、グループの原動力になっているのは、無節操な私利私欲ではなく、あくまでもフリーエージェント特有の利他主義的な発想なのだ。

たとえば「ルティップ」というグループは、ビジネスの機会を得ることを目的としており、450の支部と9000人の会員を擁している。会員は毎回、ほかの会員にセールス先を2カ所紹介することを求められる。この義務を果たせないと、退会させられる。起業家ネットワークでは、「与えられる」

ことより「与える」ことのほうがいい結果を生む。誰しも、与えられれば、自分も人に与えようと思うからだ。助け合いの精神は、ヨコの忠誠心の潤滑油だ。ルティップの宣伝用ビデオで、ある会員がこう語っている。「お金を払わないで30人もの人に会社の宣伝をしてもらえる場所がほかにどこにある？お礼は、同じことをしてあげればいいだけ」

ビジネス・ネットワーク・インターナショナル（BNI）は、2万4000人以上の会員を抱える起業家ネットワークだ。ルティップと同じように、得意先を紹介し合うことを目指すグループである。BNIのモットーは、こうしたグループを動かす価値観を最もよくあらわしていると言えるかもしれない。「与えた者が得る」というのが、BNIのモットーなのだ。

ニューヨークに拠点を置く「レッツ・トーク・ビジネス・ネットワーク（LTBN）」は、もう少し幅広い目的を掲げている（この章の冒頭で発言を紹介したラリー・ケスリンは、LTBNの創設者のひとりだ）。LTBNは、ラジオのトークショーとして出発し、いまはバンクーバー、フィラデルフィア、ニュージャージー、ワシントンに支部をもつ起業家互助グループに成長した。1495ドルの会費を支払って会員になると、図書館とビデオライブラリーを利用し、月例の朝食会、セミナー、それに自分と同じような考え方の人たちのいるコミュニティーに参加することができる。「ややもすると、自分の小さな世界に閉じこもって、自分のビジネスに関わる細かいことにだけ目を向けて、誰とも会わないで生活しがちだ」と言うのは、バンクーバーを拠点にオンラインで有機野菜を販売しているアルジーナ・ハミル。「LTBNに参加することで、ほかの起業家と直接会って話したり、力になってもらうことができる。ネット起業家は、そういう機会が不足しがちだ」

ミニ起業家にとって起業家ネットワークは、セールス部隊と戦略アドバイザーチームであり、親身な聞き役でもある。こうしたグループを成功させるために必要なのは、ストアーの掲げる「他人の身になる」という原則を貫くことだ。

「本当に有益なのは、誰かにアドバイスをもらったときではない」と、ストアーは椅子から身を乗り出して言った。「なるほどと膝を打ちたくなる発見を得られるのは、ほかの参加者の問題を話し合っているときだ。いま話題になっている問題は、自分の抱えている問題とはまったく違うかもしれない。でも、そういうときに突然、ものすごいアイデアが思い浮かぶ。自分の問題を頭から追い出して、他人の問題について考えているから、自然とアイデアが湧いてくる。そういうことが何度も何度もあった。いちばん得るものがあるのは、自分の問題について考えているときではなく、他人の問題を検討しているときだ」。そう、フリーエージェント・ネーションでは、「与えた者が得る」のである。

同窓会グループ

第4章で紹介したコンサルタントのヴァージニア・クラモンは、アンダーセンなどの大手会計事務所への就職を考えている大学4年生に、2～3年は我慢して勤めるといいと、言っている。大手会計事務所で受けられる専門教育は素晴らしいから、と。セントルイス大学を卒業してアンダーセンに就職したクラモンは、2年半のアンダーセン時代に学んだことは、大学で学んだことより多いと言う。私が話を聞いたフリーエージェントも、大半が同じように考えていた。

「会社の大学化」とでも呼ぶべき現象が起きているのだ。企業がモトローラ大学やデル大学、サン大学などの社内教育機関を設置するようになった一方で、働く側も会社を大学のように扱いはじめた。彼らにとって、会社は知識を得る場所であり、立派な経歴を手にし、人脈をつくる場になっている。こうした新しい動きが新しい種類のグループを生み出したのは、当然の流れだった。会社の「同窓会」がつくられるようになったのだ。クラモンと夫（アンダーセン時代に知り合った）が会社を辞めて北西部に移住した際、彼女がシアトルの病院で仕事に就くことができたのは、アンダーセンの卒業生が推薦してくれたおかげだった。病院にしばらく勤めた後、フリーエージェントになったときも、最初のいくつかの仕事はアンダーセン出身者に紹介してもらったものだった。彼女にとって、アンダーセンの従業員だったこと以上に貴重な財産とは、アンダーセンの卒業生であるということなのだ。

考えてみれば、大学の同窓会というのは驚くべき組織だ。卒業生から母校に寄せられる寄付金は毎年、何十万ドルにもなる。とっくの昔に大学を卒業していて、しかもそもそも最初に授業料を払っているというのに、卒業生は母校に多額の寄付をしている。会社の「同窓会」も、卒業生にこれと似たような感情を呼び起こさせる。会社の同窓会コミュニティーは、元従業員の会社に対する忠誠心を維持するだけでなく、同じ場所で同じ時間を過ごした者同士の忠誠心を維持することを目指している。ここでもまた、ヨコの忠誠心が接着剤の役割を果たしているのだ。

さらに、会社員時代に養った人脈は、フリーエージェントになってから、顧客を開拓し、業界の最新情報やゴシップを仕入れるのに役立つ。

アンダーセンの場合は正式な同窓会組織にはなっていないが、正式な組織の形を取っている同窓会グループもある。「マイクロソフト同窓生ネットワーク」には、年間100ドルの会費を支払っている会員が2500人いる。「このネットワークのおかげで、マイクロソフトで一緒に仕事をしていたチームがまたバーチャルなチームを築いて、新しいプロジェクトに取り組むことができる」と、ファストカンパニー誌は書いている。多くの場合、こうした「同窓会」は、名簿をつくって、フリーエージェントになった会員が新しいプロジェクトを探したり、一緒に仕事をする仲間を見つけたりできるようにしている。電子メールのメーリングリストをつくったり、会員が実際に顔を合わせるイベントを行っているグループも多い。こうした取り組みは、フリーエージェントが孤独を克服するうえでも役立っている。

大手コンサルティング会社マッキンゼーの同窓会グループは、「世界屈指のダイナミックなプロフェッショナルのネットワーク」を標榜している。マッキンゼーのウェブサイトにも、これとは別に「同窓会センター」というコーナーが設けてあり、かつてこの会社で働いたことのある8500人が参加している。マッキンゼーは、同窓生向けにニューズレターも定期的に発行している。会員700人を擁する大手銀行J・P・モルガンの同窓会のウェブサイトには、セネガル風スープ、ノルウェー風ケーキなど、会社のカフェテリアの人気メニューのレシピと並んで、卒業生の始めた個人ビジネスや新興企業のサイトも紹介されている。「85ブローズ」は、大手証券会社ゴールドマン・サックスで働いたことのある女性の同窓会グループだ。会の名前は、ゴールドマン・サックスの本社があるニューヨーク市ブロードストリート85番地にちなんだものだ。もちろん、同窓会グループを探したり、自分で始めたりするのを手助けするインターネット企業も生まれている。

同窓会グループがいちばん活発につくられているのは、ハイテク業界のようだ。この業界は、とりわけ従業員の出入りが激しく、フリーエージェントになる人が多い。ロータスの卒業生は「元ロータス従業員の会（AXLE）」という会をつくっているし、コンパックの卒業生は「ExPaq（エクスパック）」という会をつくっている。オラクル、プロディジー、ネットスケープの同窓会グループもある。働く業界は違っても、住む場所が遠く離れていても、彼らはしっかりと団結している。

インターネット・セキュリティー会社のシマンテックを辞めてフリーエージェントになった男性（匿名を条件に取材に応じてくれた）は、とてもうまいことを言った。「シマンテックで働いていちばんよかったことは、みんなが会社を辞めていったことだ。おかげで、あちこちの会社に人脈ができた」

FANクラブ、フリーエージェント連合、起業家ネットワーク、同窓会グループの登場は、フリーエージェントの世界で起きている現象のなかでもとくに注目すべきものだ。こうした自発的なグループの存在は、フリーエージェントが社会の絆やコミュニティーを壊しているという主張に対する反証でもある。むしろフリーエージェントは、トクヴィルの言う「結社の技術」が21世紀のアメリカでも健在だということを、これまでと別の形で裏づけていると言ったほうがいいのかもしれない。フリーエージェントは、ひとりでボウリングをしているかもしれない。しかし、ひとりでボウリング場に行っているわけではないのだ。第5章で見たように、忠誠心は消滅したわけではなく、タテの忠誠心がヨコの忠誠心に変わっただけだった。同じことは、コミュニティーについても言える。フリーエージェント・ネーションにおいてコミュニティーが死んだわけではない。その性格が変わっただけなのだ。

まとめ

【ポイント】

フリーエージェントたちは、ひたすら孤独に耐えるのではなく、様々な小規模のグループをつくっている。フリーエージェント・ネーション・クラブ（FANクラブ）は、会員がときどき集まって、互いにビジネス上のアドバイスをしたり、助け合ったりするグループだ。フリーエージェント連合は、フリーエージェントが一緒に仕事をする非公式なチーム。起業家ネットワークは、ミニ起業家が会費を支払って参加するブレインストーミングのための集まり。同窓会グループは、同じ会社の「卒業生」がつくるグループだ。こうしたグループの大半は、会員が自発的に組織した草の根のグループであるため、あまり注目されてこなかった。しかし、このような小規模なグループの存在は、アメリカでコミュニティーが崩壊しており、フリーエージェントがその傾向を加速しているという主張に疑問を呈するものと言える。コミュニティーが死んだわけではない。コミュニティーの性格が変わっただけだ。

【現実】

フリーエージェントが自発的につくるグループの先駆け的存在は、1927年にベンジャミン・フランクリンがつくった「ジャントー」というグループだ。ジャントーが創設した会員制の貸し出し図書館は、アメリカ初の公共図書館に発展していった。

【キーセンテンス】

FANクラブは、企業の取締役会のような一面がある一方で、心理療法のグループセラピーのような一面もある。顧客探しの場であると同時に、生きがい探しの場でもある。こうしたグループは、私利私欲によって生まれ、メンバーの信頼に支えられて存続する。

【キーワード】

フリーエージェント連合（Confederation）：フリーエージェントが協力して仕事をするチーム。法律事務所や会計事務所などのパートナーシップと呼ばれる形態と似ているが、メンバー同士の関係はもっと流動的で、組織や運営の決まり事は契約ではなく、明文化されていない約束によって決められている。

第8章 利他主義で互いに恩恵を受ける

公園で一緒にシーソー遊びをしていて、私が自分ばっかり上に浮かび上がりたがったら、あなたはいつまで私と一緒に遊んでくれます？

——ノッティ・ブンボ（カリフォルニア州サンフランシスコ）

第7章では、フリーエージェントたちのつくる草の根のグループがフリーエージェント経済で大きな役割を担っていることを見た。この章では、そうした小規模なグループを動かす基本的な価値観——信頼、互恵主義、ヨコの忠誠心——がフリーエージェントという働き方そのものにとっても欠かせない栄養素であることを見ていく。フリーエージェントの台頭は、人々の働き方を様変わりさせると同時に、ビジネスは本質的に人間の行為なのだということを再認識させてくれている。まず、企業の中の世界から話を始めよう。

真の組織図を書いてみよう

どの会社にもたいてい、組織図というものがある。これは、誰がどういう職務を担当し、誰の指揮命令を受けるかを示す会社の地図である。**図8―1**は、架空の会社「ガキ・エンタープライゼズ」の組織図を簡略化したものだ（ある多国籍エネルギー企業の実際の組織図を参考にした）。

どの会社でもそうであるように、頂点に立っているのは、CEO（最高経営責任者）だ。その下には、副社長たちがずらりと控えている。役割は違うけれど、地位は全員同格だ。そしてそれぞれの副社長の下には、また大勢の従業員がいる。こうして、下に行くほど人数が増えて、ピラミッド構造になっている。ここでの人間関係の特徴は、タテの関係である。CEOのボブは総務担当副社長のホセより上、ホセは総務部の従業員より上、という具合だ。

企業の組織図には概して致命的な欠陥がある。組織で働いたことのある人なら誰でも知っているように、組織図は実際の業務の流れをまったくと言っていいほど反映していない。人事担当のスーが無能なら、新しい経理部員を採用するためには、スーを無視してことを進めるしかない。管理担当のデーヴが転職活動中なら、新しいコピー機が必要な場合はほかの人に話をもっていったほうがいいだろう。組織図の下のほうに行くほど、つまり、仕事が実際に行われる現場に近くなるほど、組織図は現実とかけ離れてくる。

会社に入社すれば、最初の日のオリエンテーションで組織図のコピーを渡される。しかし、その後、この組織図を引っ張り出すことはもうないだろう。家の近所に出かけるときに、州のハイウェー・パトロールの使っている地図が役に立たないのと同じことだ。仕事の現場では、近所に出かけるときと同じように、近道を使ったり、裏道や路地を通ったりして目的地に行くのだ。

こんなことは、組織で働いた経験のある人にとっては当たり前のことだ。賢い経営者は、そのことがわかっている。

そこで、「社会的ネットワーク分析」という新しい学問の手法を用いて、社内の現実の「組織図」を明らかにしようとしている企業も多い。社会的ネットワーク分析は、病気の感染や技術革新の普及、グループの問題解決の過程を解明するために用いられてきた手法である。

仕事の現場で社会的ネットワーク分析を行う場合は、

図8-1　**ガキ・エンタープライゼズの正式な組織図**

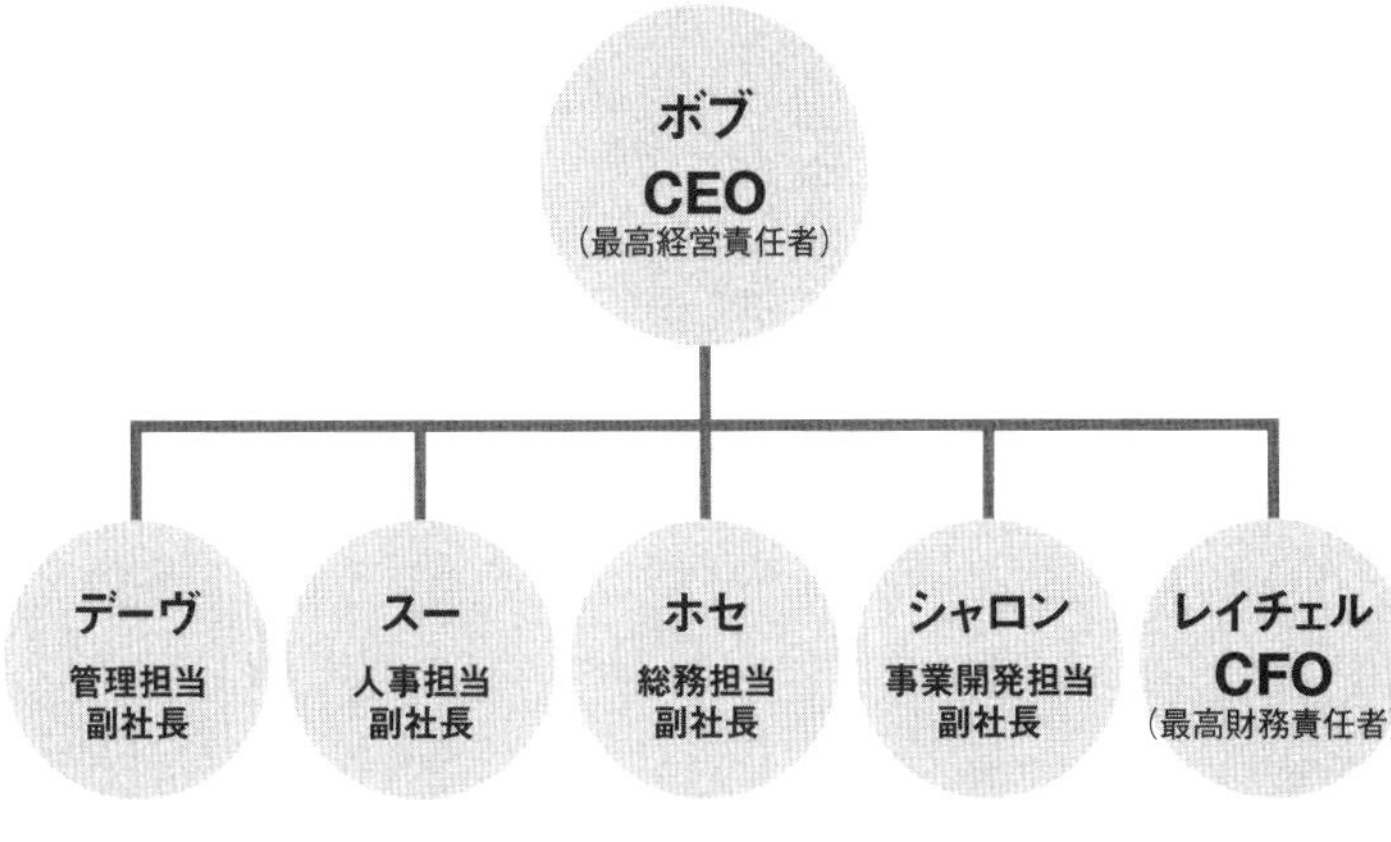

こんな感じになる。まず人類学者とコンピュータ技術者がオフィスに乗り込んできて、従業員の仕事の様子を観察し、記録する。調査員は従業員に、「社内の誰といちばんよく話をするか」「誰を信頼しているか」「誰から情報やゴシップを仕入れるか」「難しい仕事を進めているときに力になってくれるのは誰か」「ランチは誰と一緒に食べるか」といったことを聞く。電話や電子メールの利用記録も調べる。そして、集めたデータをコンピュータに入力して、公式の組織図の下に隠れた現実の人間関係や人脈を明らかにしようとする。このいわば組織のX線検査によって、誰が実際に仕事を処理し、同僚に信頼され、情報をコントロールしているか——すなわち、誰が本当のリーダーかが浮き彫りになってくる。

実は、社会的ネットワーク分析の発想そのものはそれほど新しいものではない。経営専門誌トレーニング・ジャーナルが指摘しているように、「20世紀に入る頃にはすでに、文化人類学者はこれと同じ調査手法を使って、未開の土地の種族や文化の姻戚関係や交易関係を図式化しようとしていた」。私がこれまで働いたどの組織にも、救いようのないほど「わかっていない」幹部がいる半面、役職上の地位は低くても組織の要になっているように見える人物がいた。そうした人物は、ゴシップの発信源であり、仕事を処理するすべを知っている賢者であり、社内の誰とも親しく話せるただひとりの人物である。そしてなによりも興味深いのは、そういう人物は、組織図のいちばん上にいたためしがないということだ。

ガキ・エンタープライゼズ人事部の社会的ネットワーク分析の結果を見てみよう。**図8－2**は、人事部の組織図を簡略化したものだ。

組織図の上では、人事担当副社長のスーがいちばん重要な地位を占めている。それを補佐するのは、総務担当アシスタントのトニ。人事部のナンバー2は、副社長補でスーの直属の部下であるリチャードだ。人事部の運営にあたっているのは、さらにその下にいる2人のプログラム・アドミニストレーター、フレッドとジム。アルシアは、所属は経理部だが、給料や年金などの業務で人事部と連携して仕事をしている。この6人を結ぶ線はタテに伸びていて、すっきりしている。

しかし、社会的ネットワーク分析の調査員がしっかり実態を把握すれば、これとはまったく異なる実像が見えてくるはずだ。たとえば、リチャードがスーのポストを狙っていて、スーを助けず、フレッドとジムを味方に引き入れようとしていれば、リチャードとスーの間の線は消される。リチャードがいつもフレッドに話しかけていれば、リチャードとフレッドの間に線が1本引かれる。フレッドがリチャードを信頼して打ち明け話をしていれ

図8-2 ガキ・エンタープライゼズ人事部の正式な組織図

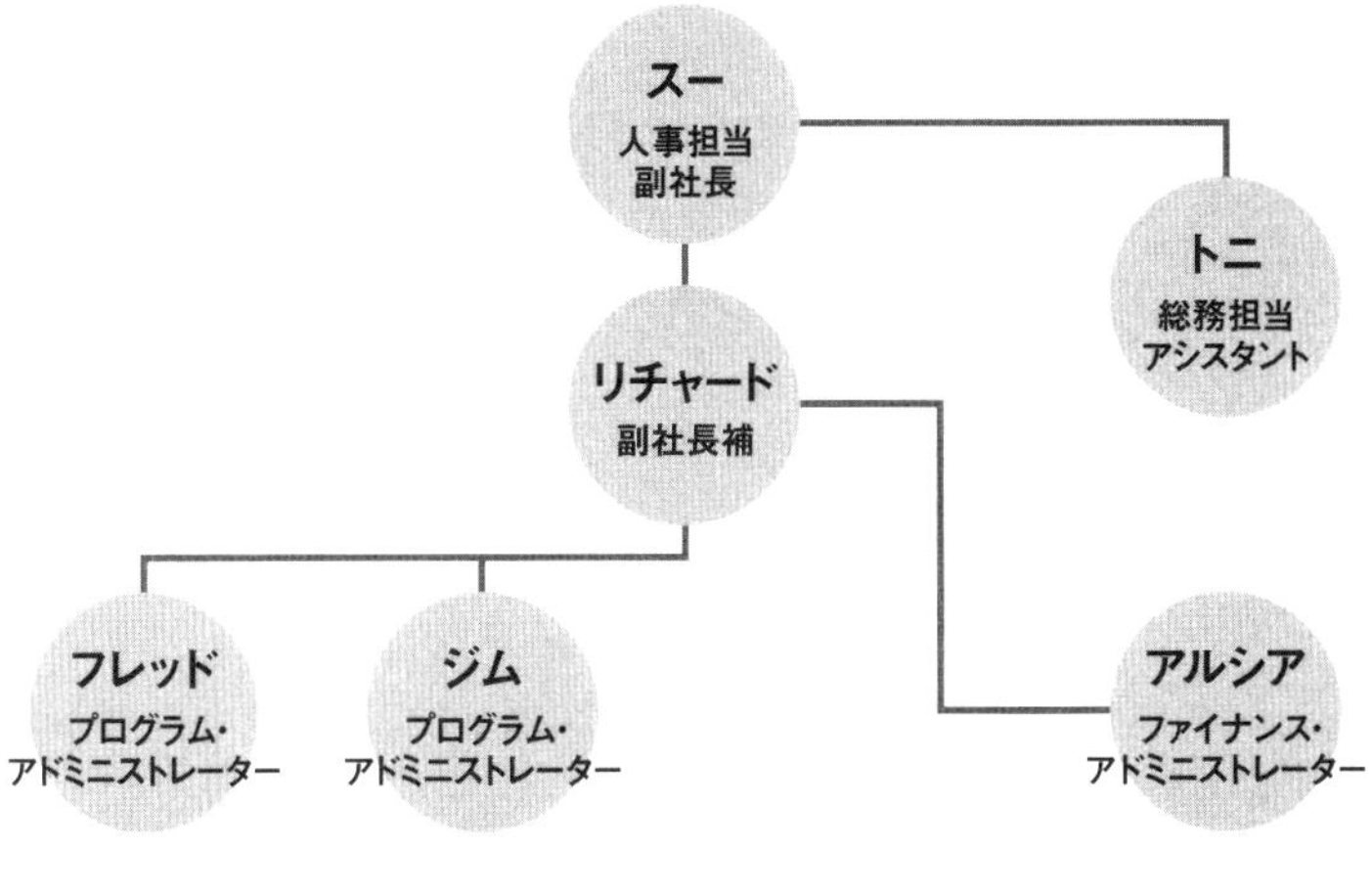

ば、2人の間にもう1本、線が引かれる。ジムは、スーとの間に双方向の関係があり、いろいろな情報をもっている総務担当アシスタントと親しくしておくことが仕事を円滑に進めるコツだと心得ていて、トニとも双方向の関係をもっているとする。そして、フレッドとジムはうまくいっているけれど、フレッドは萎縮してしまってスーに話しかけることができず、スーのアシスタントと対等に話すことはエリートとしてのプライドが許さない。アルシアは、正式な指揮命令系統には従わずに、なんでもジムに話している。こうした人間関係を図式化すると、**図8-3**になる。

影響力はヨコの関係で決まる

この新しい組織図を見れば、ガキ・エンタープライゼズの人事部でいちばん重要な人物は、たとえ正式な組織図での地位は低くても、ジムということになる。ジムは、リチャードを別にすれば、全員と双方向の関係を築いて

図8-3 ガキ・エンタープライゼズ人事部の実態を示す人間関係図

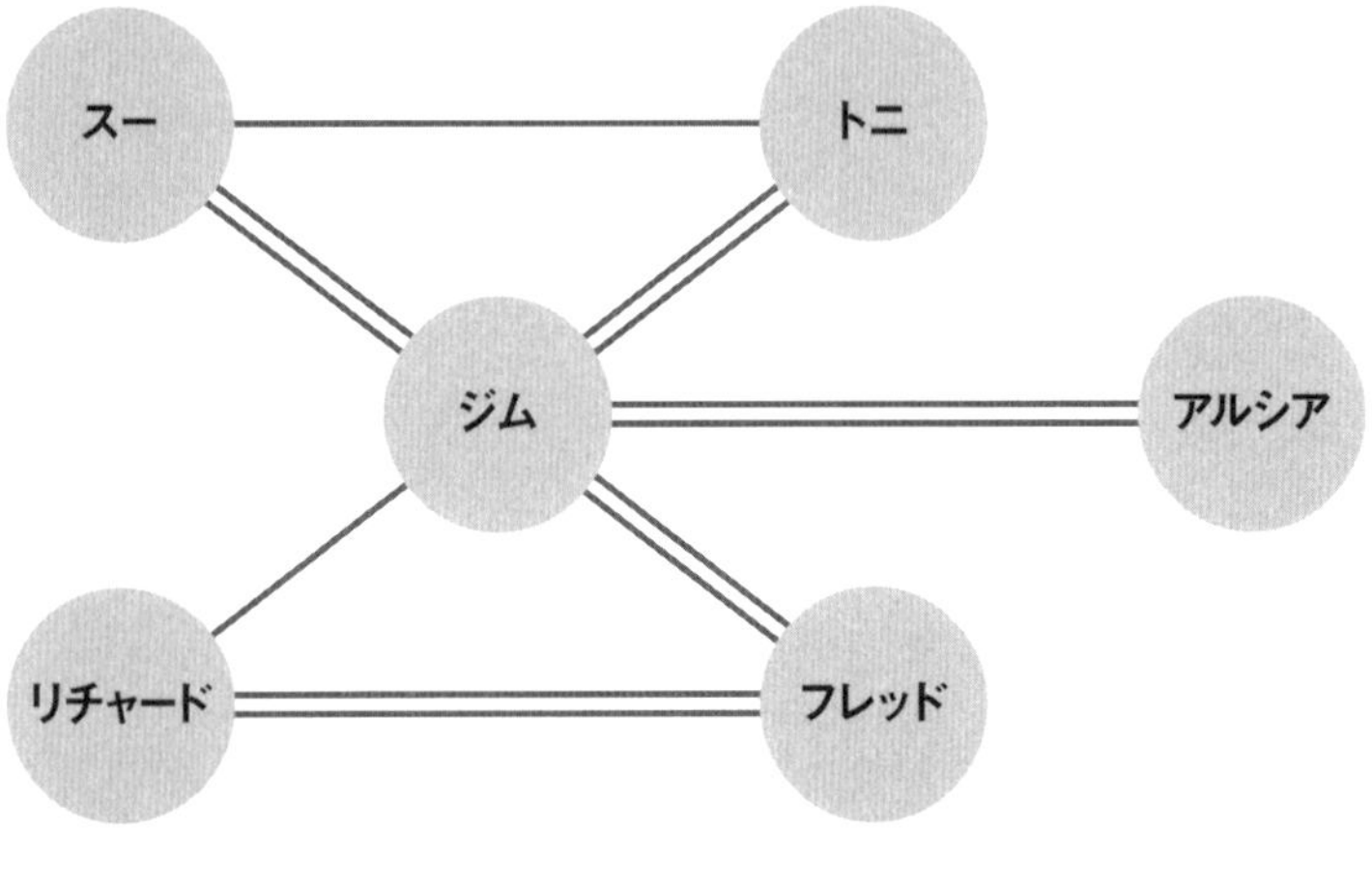

いる。肩書きの上では人事部のトップであるスーは、トニと一方通行の関係しかもっていない（スーが一方的にトニに指示を出すだけだ）。そして、おそらく本人は気づいていないだろうが、スーは部内の情報のほとんどをジムから得ている。ジムは、スーがコミュニケーションを取れていないスタッフともすべてコミュニケーションをもっているからだ。しかも、他部署の人間であるアルシアと話しているのは、ジムだけである。ジムの影響力が大きいことは、図でジムにつながる線が多いことからも一目瞭然だ。この非公式の（現実を反映した）組織図では、決められた序列ではなく、人間関係によって、その人の影響力が決まる。この組織図では、人間関係はタテの関係ではなく、ヨコの関係だ。どの組織にもジムのような人物がいる。組織で働いたことのある人なら、誰でも思い当たる人物がいるだろう。

これは、フリーエージェントの世界そのものと言っていい。社会的ネットワーク分析の描き出す暗黙の人間関係図は、フリーエージェントにとっては明白な人間関係図なのだ。

同じ組織図をフリーエージェントのレンズを通して見てみよう。スー、トニ、リチャード、ジム、フレッド、アルシアを全員、フリーエージェントだとしよう。職業は、ジムとフレッドとリチャードがグラフィック・デザイナー、スーとトニがコピーライター、アルシアが会計士だ。ジムは、アルシア、トニ、スー、フレッドと双方向の関係をもっている。つまり、この全員とうち解けてしゃべることができて、業界のイベントなどで顔を合わせたり、一緒に仕事をすることもある。そのほかの人たちの関係も、図8－3に準じるものとする。そうすると、**図8－4**ができ上がる。

コピーライターのスーやトニは、デザイナーが必要な場合、誰に声をかけるだろう？　当然、お声がかかるのはジムだ。ジムは、自分でその仕事を引き受けることができなければ、仲間のリチャードやフレッドに仕事を回すこともあるだろう。そうやって、ジムは互いに面識のない人たちを結ぶ仲人役を務め、ジムと双方との関係はいっそう深まる。フレッドは会計士を探すとき、誰に相談するだろう？　おそらく、デザイナー仲間のジムとリチャードだろう。けれど、会計士の知り合いがいるのはジムだけだ。会計士を紹介できるのは、ジムということになる。これで、ジムはフレッドの力になることができるし、アルシアにちょっと恩を売ることもできる。

フリーエージェント・ネーションでは、いちばん成功するのはジムのような人物だ。いちばんたくさん仕事が入ってきて、いちばん金を稼いで、いちばん楽しい人生を送る。その成功のカギは、人間関係——双方向のヨコの人間関係だ。

図8-4　フリーエージェントの人間関係図

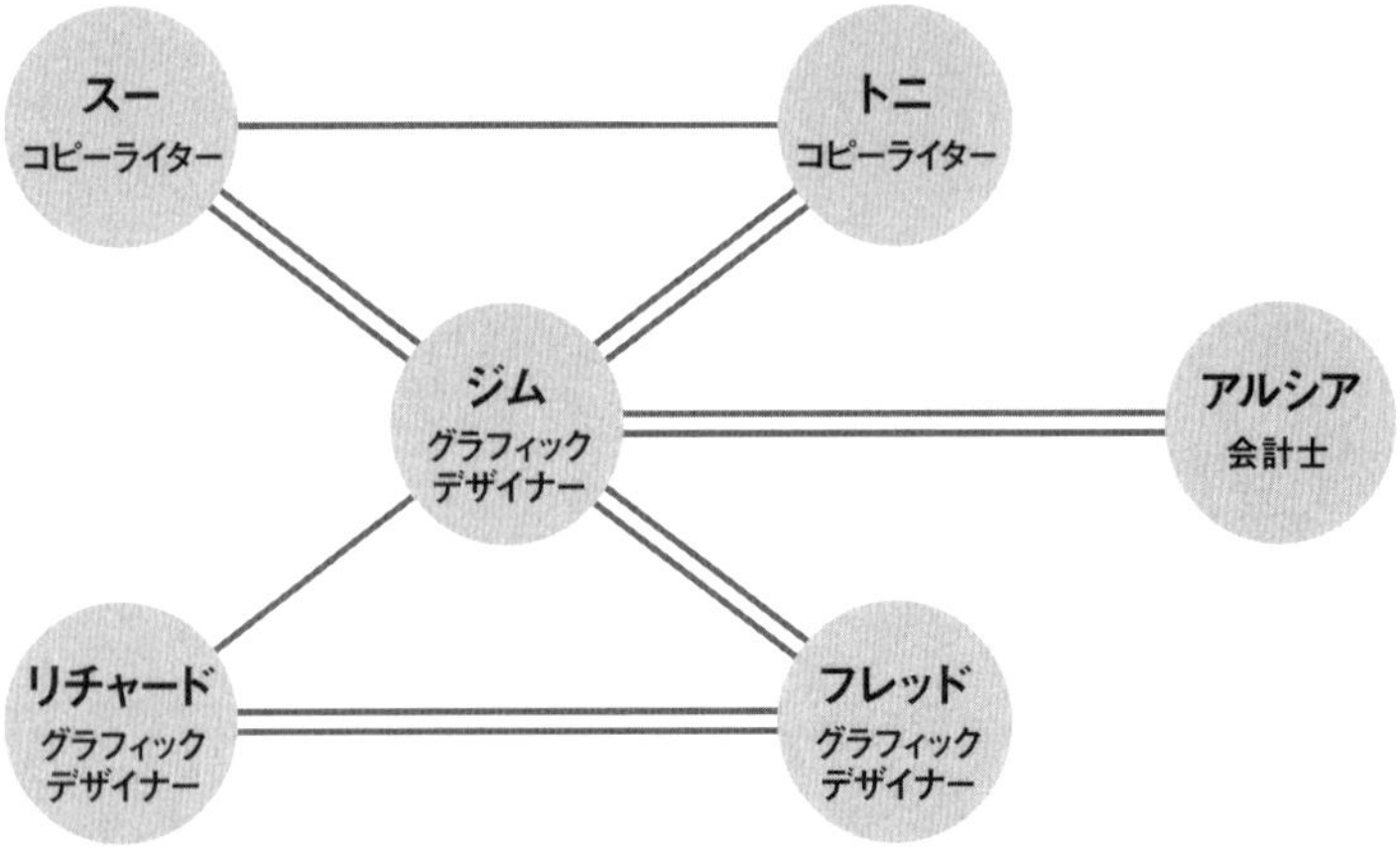

第4章で紹介したフリーエージェントのサラ・ジャラリは、フリーエージェントとして成功するための秘訣をこう語る。「大切なのは、お互いの尊敬と信頼に支えられた強固なネットワークを築いて、その後も人脈を広げ、強化していくこと。顧客や同僚、パートナー、先生、雇用主、従業員、友人、親戚との関係を維持し続けること以上に、強固な保障を与えてくれるものはない」

会社で働く場合は、どういう人たちと接するかは自分では選べない。入社した時点で同僚の顔ぶれは決まっているし、その後も同僚は選べないのが普通だ。これに対して、フリーエージェントはどういう人と付き合うかを自分で選ぶことができる。「会社員に比べていいところは、波長の合う人を選んで付き合うことができること。会社だと、尊敬できない人とも一緒に仕事をしなくてはならない」と言うのは、オハイオ州コロンバスのフリーエージェント、ダイアナ・ウィルソンだ。第7章でも紹介したデーヴィッド・ガーフィンケルは、彼の参加しているFANクラブを機能させ、フリーエージェントの隆盛を促しているのは、「付き合う相手をえり好みできることと目的がはっきりしていること」だと言う。

フリーエージェントの組織図は、社会学者のバリー・ウェルマンの言う「狭い箱から社会的ネットワークへ」の移行を反映している。小さな箱から出て社会的ネットワークというフロンティアに乗り出した人が成功するために必要なものとは、なんだろう？　その答えは、予想を裏切るものだ。

弱い絆の力

ほとんどの人は、人間関係は強い絆で結ばれているほうが好ましく、量よりも質が大事だと考えている。束の間の恋愛関係を繰り返すより、愛情のある結婚生活を送るほうがたいてい幸せだし、何百人も知り合いがいるより、数人の親友に愛されて生きるほうが充実した人生を送れるように見える。しかしフリーエージェントという働き方は、様々な面でこれとは正反対の原理で動いている。緊密な関係より緩やかな関係のほうが理想的な場合も多いし、人脈は質より量のほうが大事なのだ。

20世紀を代表する社会学の研究成果によっても、このことは裏づけられている。1974年、マーク・グラノヴェターという若い研究者が、マサチューセッツ州ニュートンの男性の専門職と技術者と管理職282人を対象に、どうやっていまの仕事を見つけたのか質問した。19％近くの人は、新聞の求人広告や民間の紹介機関で仕事を見つけたと答えた。求人広告や紹介機関を介さずに会社に直接履歴書を送ったという人も、19％近くいた。しかし、過半数の56％は、知り合いを通じていまの仕事を見つけたと答えた。これは意外なことではない。誰もが知っているように、ドアの内側に入るいちばんいい方法は、中にいる人にドアノブを回してもらうことなのだ。「いまの仕事に満足している度合いが高い人ほど、知り合いを通じてその仕事に就いた確率が高い」と、グラノヴェターは書いている。これも不思議ではない。知人を介してその仕事を知った場合は、予備知識なしで履歴書を送る場合よりも仕事の中身を正確に把握しているのが普通だからだ。

むしろ、グラノヴェターが驚いたのは——そして彼の研究に古典的な地位を与えたのは——その「知り合い」の実態だった。新しい仕事に就くきっかけを与えた知り合いは、大半の場合、その人の親友ではないのだ。というより、その正反対だった。知り合いを通じて仕事を見つけたという人のうち55・6％は、その知り合いとは「ときどき」会うだけだと答えている。28％は、その知り合いとは「めったに」会わないと答えている。頻繁に会う知人に仕事を紹介してもらった人は、一七％に満たなかった。つまり、知人を介して仕事に就いた人の6人中5人は、とりたてて親しいわけではない人に仕事を紹介してもらったのだ。この一見矛盾する現実を、グラノヴェターは「弱い絆の力」という言葉で説明した。

「弱い絆の力」は、フリーエージェントの組織図を理解するうえで決定的に重要な要素だ。フリーエージェントは、弱い絆を介して、いろいろな場に出入りする人たちと知り合いになることができる。弱い絆で結ばれている知り合いは、いつも親しくしている相手ではないからこそ、自分とは縁遠い考え方や情報、チャンスに触れる機会を与えてくれるのだ。

図8－4（182ページ）に戻ろう。コピーライターのトニは、ルームメートや親しい友人だけに仕事を紹介してもらっているようでは、フリーエージェントとして長続きしないかもしれない。いつも親しくしている人たちは、みんなお互いに知り合いで、人脈も重なっていることが多い。親しい友人たちの人脈を図式化すれば、手の指のように外向きに広がる図ではなく、内に向かってこんがらがっ

た糸のようになってしまうだろう。「親しい友人はただの知人より力になってくれる可能性は高いが、問題は、力になることのできる立場にないことが多いということだ」と、グラノヴェターは指摘している。日常的に仕事探しをしなくてはならない場合、「弱い絆」は不可欠なのだ。

第7章で説明した同窓会グループは、それを実証している。エドとジェニーは、5年間、毎日机を並べて一緒に仕事をしてきた。いつもおしゃべりをしていて、おそらく強い絆が出来上がったことだろう。しかし、エドが独立を考えているとすると、ジェニーはさほど役に立つ人脈とはいえない。けれど、先にジェニーが会社を辞めていれば、エドにとってのジェニーの値打ちは高まる。独立して働いていれば、ジェニーはエドの知らない人や場所、チャンスを知っている可能性が高い。エドが独立しなかったとしても、ジェニーとの関係は、ジェニーが同僚だった頃より価値のあるものになる。それは、もはや2人が毎日顔を合わせていなくても関係ない。というより、毎日会っていないからこそ、いっそうその価値が増す。結びつきは弱まっても、その人脈の値打ちは増すのだ。もちろん、家族や友人との強い絆は、仕事をうまく運ぶためにも、精神の健康のためにも欠かせない。そうした強い絆なしには、私たちは生きられない。しかし同窓会グループの増加を見ればわかるように、フリーエージェントもそうでない人も、これまで以上に、弱い絆に依存するようになってきている。

フリーエージェントの組織図は流動的なものだ。流動的なものだから、ピラミッド型の構造になることもほとんどない。あるプロジェクトでは同格のスタッフだった人間が、別のプロジェクトではボスになることもある。いまの仕事の下請け業者が明日は依頼主になるかもしれない。フリーエージェントの組織図は、従来の企業の組織図よりも、人間の脳に似ている。私たちの脳の中では、古いニューロンと新しいニューロンが絶えず結びつき、離れてはまた結びついて、新しい回路をつくっている。私たちはこうやって、ものを考え、ものを学び、ものを記憶するのだ。従来の20世紀型の雇用形態に比べて、フリーエージェントという働き方のほうが人間の性質に調和しているのは、もしかするとこのためなのかもしれない。

実は、有力な科学者のなかにも、この発想を推し進めて考えている人たちがいる。カリフォルニア大学リバーサイド校のアレクサンドラ・マリヤンスキーとジョナサン・H・ターナーの著書『社会という檻――人間性と社会進化』によれば、進化の跡を見る限り、人類は「オープンで流動的で個人主義的な」システムを好む傾向があるという。「社会の構造を制約の強いものにしようとするのは、人間の遺伝的傾向に反している」「中心や構造、統合のない状況は、人間の性質に強く適合している」と、マリヤンスキーとターナーは主張。「緊密な社会構造に組み込まれる」ことを人間は求めるものだという主張を切って捨て、本質的に人間は「弱い絆の人間関係や緩やかで流動的なコミュニティー、可動性、不安定な社会構造の中に放り込まれてもほとんど問題を感じない」という主張を強力に展開している。

フリーエージェントの社会構造は、小規模で流動的であるという点で、私たちの祖先である狩猟漁労民の社会構造と似ている。タテの関係で構成される硬直的な会社組織ではなく、フリーエージェントの組織図こそ、人間の性質と進化の過程に合致しているのかもしれない。

フリーエージェントの組織図と従来の組織図の違いをまとめたのが、**図8－5**だ。

しかし、疑問は残る。弱い絆と社会的ネットワークを土台とする新しい世界では、なにがすべての人やものをひとつにまとめているのか？　その答えは、またしても意外なものかもしれない。

信頼が支えるフリーエージェント経済

コンピュータには、必ず基本ソフト（ＯＳ）というものが搭載されている。これは、コンピュータが行うあらゆる作業の土台となるソフトウェアである。ワープロや表計算、ゲームなどの応用ソフトが動くようにしているのも、ＤＯＳ、ウィンドウズ、ＭａｃＯＳ、リナックスなどのＯＳなのだ。しかし、ＯＳの存在が意識されることはほとんどない。

これまで説明してきたフリーエージェントの組織図は、言ってみれば、応用ソフトのプログラムのようなものだ。その背後には、土台となる「フリーエージェントのＯＳ」が存在して、目に見えるプ

図8-5　**従来の組織とフリーエージェントにおける人間関係の違い**

	従来の組織	フリーエージェント
つながり方	タテ	ヨコ
関係の強さ	強い絆	弱い絆
築かれ方	与えられたもの	自らつくり出すもの
運営の仕方	管理的	自主的
機能	硬直的	流動的

ログラムが円滑に動くようにしている。

フリーエージェントのOSの基本となる構成要素は、信頼である。フランシス・フクヤマが著書『「信」無くば立たず』で指摘しているように、信頼は、公正な社会を実現するために欠かせないだけでなく、健全な経済にとっても欠くことができない。「経済を分析して得られる教訓のうち最も重要なもののひとつは、国の繁栄と競争力を左右するのはあるひとつの支配的な文化的特質であるということだ。それは、その社会固有の信頼の強さである」と、フクヤマは書いている。買い手が約束通り代金を支払うと売り手が信じることができなかったり、売り手がきちんと商品を引き渡すと買い手が信じることができなければ、商取引は成り立たなくなる。

再び、図8－4「フリーエージェントの人間関係図」（182ページ）に戻ろう。この6人を結びつけているのは、人類学者のカレン・スティーブンソンの言葉を借りれば、「目に見えない信頼の線」だ。フレッドは、ジムがいい会計士を紹介してくれると信頼しているし、ジムはアルシアがフレッドのためにきちんとした仕事をするものと信頼している。その信頼を裏切ることは、人間関係を壊すことにつながる。そうなれば結果は悲惨だ。信頼を裏切った人間は、その直接の相手だけでなく、その人とつながっている人全員から相手にされなくなる。

信頼は、フリーエージェントの隆盛のために欠くことができない。第7章で紹介したフリーエージェント連合の協力関係の接着剤になっているのは、明文化された契約ではなく、全員がお互いに対する義務を尊重するであろうという信頼だ。信頼に大きく依存するというのは、あまりに頼りなく見えるかもしれない。しかし実際には、このシステムは目を見張るほどうまく機能している。その理由のひとつは、信頼のないところには、弁護士や警察官、取締官などの役人が大勢必要になるということにある。「強制措置に強く依存する社会は、ほかの方法で信頼を維持している社会に比べて、非効率で、コストが高く、不快なものになりがちだ」と、オックスフォード大学の社会学者ディエゴ・ガンベッタは指摘している。

しかし、ここで言う信頼とは、誰もが見返りもなしに約束を守るなどと思い込むような甘い考え方のことではない。そういう素朴な発想の持ち主は、いいカモになるだけだ。本物の信頼は、一方的なものではあり得ない。フリーエージェントのOSも、互恵主義を基本的な特徴としている。要するに、「あなたがいつか力になってくれると思うから、いまあなたの力になろう」という発想である。

こうした互恵主義の考え方は、私たちのDNAに刷り込まれている。「私たちが人類に進化したのは、ご先祖様が義理というネットワークを大切にして、食べ物と技術を分け合うようになったからだ」と、生物学者のリチャード・リーキーは述べている。進化生物学者によれば、ほとんどの動物は「互いに恩恵を受ける利他主義」のおかげで生き残っている面があるという。グッピーもヒヒも、協力し、互いに好意をもち合い、裏切った者を排除しているように見える。生物学者によると、魚が群を離れて危険を冒して捕食者を偵察に行くなどの、一見すると利他主義的に見える行動も、実は群の仲間の歓心を買い、将来お返しをしてもらうことを期待したものなのだという。

そうだとすれば、地球上で最も進化し、繁栄している動物がこの「見返りを求める利他主義」をいちばん上手に実践し、いちばんこれに依存していたとしても不思議はない。社会学者のハワード・ベッカーは、人類の学名は「ホモ・サピエンス（知恵ある人）」ではなく、「ホモ・レシプロクス（交換する人）」にしたほうがいいと述べている。「与えた者が得る」という原則は、進化の法則にかなったものなのだ。

互恵主義は、フリーエージェント経済が機能する土台である。約束を破った人間は、容赦なく抹殺される。図8－4で言えば、アルシアはジムの親切に対して何かお返しをしなければ、このネットワークから切り離される。その結果、生き残っていくために不可欠な情報やアイデア、チャンスを得ることができなくなる。サンフランシスコのヘルスケア・コンサルタント、ノッティ・バンボは、こう語った。「本当の力は、独り占めすることではなく、分かち合うことから生まれる。情報を欲しがるだけで、自分はなにも提供しようとしない人間は、相手にされなくなる。対等の人間同士の関係とは、そういうもの。他人の血を吸っているだけだとわかれば、その人間は追放される」

与える者が勝ち、受け取るだけの者は負けるのだ。先の例で言えば、アルシアの悪い評判は瞬く間にジムの人脈の間に広まり、さらにそのそれぞれに連なる人脈の間に知れ渡る。ノッティ・バンボにフェアな態度を取らなかった人は、大勢の人間に「他人の血を吸う」寄生虫だと知られてしまう。それでも、組織で働いていれば、雇用主の陰に身を隠すことは難しくないかもしれない。しかしフリーエージェントは、外の世界に直接身をさらしている。その結果、なおのこと高潔な振る舞いが求められるのだ。

実際的な互恵主義という考え方は、実は古くからある。ここでもう1度、アレクシ・ド・トクヴィルにご登場願おう。1830年にアメリカを訪れたトクヴィルは、アメリカで民主政治が花開こうとしているのは、人々が利己的だからではなく、むしろその逆だからだと考えた。それぞれの個人の「利益の追求という行為が正当に受け入れられている」からこそ、民主主義が目覚ましい発展を見せているのだと、トクヴィルは書いている。民主主義に不可欠である賢明な利己心は、フリーエージェントにとっても同じように不可欠だ。賢明な利己心は、フリーエージェントの酸素なのである。

互いに恩恵を受ける利他主義の原則は、別の形ではさらに古くから唱えられている。「汝の欲するところを他人になせ」という考え方は、世界の主だった宗教がことごとく重要な教えとして説いている。キリスト教では、新約聖書のマタイの福音書にこの教えが書かれている。ユダヤ教でも「自分のしてほしくないことは、他人にしてはならない。これがすべての法である」と教えている。イスラム教は、「自分の望むことを他人のためにも望んではじめて、その人は本当の信仰をもっていると言える」という。似たような考え方は、仏教、道教、儒教、ヒンドゥー教でも重んじられている。自由気ままで個人主義的、高度に資本主義的なフリーエージェント経済を動かすOSは、実は様々な宗教が教える黄金律でもあったのだ。本当のニューエコノミーのDOSやウィンドウズやMacOSになっているものは、人類の最も古い教えでもあった。フリーエージェントの世界では、成功するためにはよい人間でなくてはならないのだ。

まとめ

【ポイント】

フリーエージェントの世界には、従来の企業の組織図とは似ても似つかない独特の「組織図」がある。ここでの人間関係は、タテの関係ではなく、ヨコの関係だ。個人がどの程度の力をもつかは、あらかじめ決められている地位や肩書きによってではなく、人間関係によって決まる。フリーエージェントの人間関係は、緊密で固定的でお仕着せものではなく、緩やかで流動的でえり好みできることが特徴だ。フリーエージェントという働き方が円滑に機能する土台になっているのは、賢い利己心、すなわち「あなたがいつか力になってくれると思うから、いまあなたの力になろう」という発想である。自由気ままで、一見すると裏切りが横行していそうなイメージとは裏腹に、フリーエージェント経済は、実は人々に道徳的な振る舞いを促す。フリーエージェント経済をまとめているのは、様々な宗教で説かれる黄金律――「汝の欲するところを他人になせ」という考え方なのだ。


【現実】

社会学者のマーク・グラノヴェターの研究によると、どうやっていまの仕事に就いたのかという質問に対して、大半の人は「知り合い」を介して仕事を見つけたと答えた。そう答えた人のほぼ6人中5人は、とくに親しい関係にあるわけではない人に仕事を紹介してもらっていた。ろくに知らない人に仕事を紹介してもらったという人もいた。

【キーセンテンス】

フリーエージェントの組織図は流動的なものだ。流動的なものだから、ピラミッド型の構造になることもほとんどない。あるプロジェクトでは同格のスタッフだった人間が、別のプロジェクトではボスになることもある。いまの仕事の下請け業者が明日は依頼主になるかもしれない。フリーエージェントの組織図は、従来の企業の組織図よりも、人間の脳に似ている。私たちの脳の中では、古いニューロンと新しいニューロンが絶えず結びつき、離れてはまた結びついて、新しい回路をつくっている。私たちはこうやって、ものを考え、ものを学び、ものを記憶するのだ。従来の20世紀型の雇用形態に比べて、フリーエージェントという働き方のほうが人間の性質に調和しているのは、もしかするとこのためなのかもしれない。

【キーワード】

フリーエージェントのOS（Free Agent Operating System）：コンピュータのOSのウィンドウズやDOSやリナックスと同じように、フリーエージェントのOSは、フリーエージェント経済が機能する土台となっている。その基本的な構成要素は、信頼である。この信頼は、互いに恩恵を受ける利他主義という形を取る。

第9章

オフィスに代わる「サードプレイス（第3の場所）」

裏口から外に出て、路地を通って、ちょっと先にある私書箱センターに手紙を取りにいく。そこで、みんなと冗談を言い合う。あそこには、私のコミュニティーがある。

――ジャナ・キング（ミネソタ州ミネアポリス）

フリーエージェント・ネーションの取材で苦労したのは、数百人もの初対面の人と面会の場所を決めることだった。ましてや、はじめて行く町での取材となると、土地勘がないだけに、いっそう大変だった。そこで、取材相手のいる町に向かう前に電話や電子メールで連絡を取って、待ち合わせの場所を決めることにしていた。そして、半分くらいは、待ち合わせ場所をスターバックス（や似たようなコーヒーショップ）に決めた。10年前にはほとんど存在していなかったこうしたコーヒーショップには、いろいろな利点がある。第1に、店が便利な場所にある。それに、コーヒー1杯で何時間ねばっても嫌な顔をされない。というより、そういう客が歓迎されている。書類を広げるテーブルもあるし、コンピュータなどの電源を取るコンセントもある。つまり、カフェラテ1杯の値段で、オフィスを4時間レンタルできるのだ。

取材中には、朝から夕暮れまで1軒のコーヒーショップに居座って、まるで歯医者のように次々と取材相手を迎えて話したこともあった。ミネソタ州のミネアポリス、ニューヨーク市のローワー・マンハッタン、カリフォルニア州フォスターシティ、イリノイ州グレンビューでは、スターバックスの店員が電話で伝言を取り次いでくれた。スターバックスに行けば、値段はちょっと高くても、おいしいコーヒーが飲めるということは、誰でも知っている。けれど、ほとんどの人が気づいていないのは、スターバックスは消費者向け飲料ビジネスの企業ではないということだ。実態を見れば、事業用不動産ビジネスの会社と言ったほうがいい。私をはじめ大勢のフリーエージェントにとって、コーヒーショップはオフィスとして機能しているからだ。

スターバックスなどのコーヒーショップは、私の言う「フリーエージェントのインフラストラクチャー」のひとつだ。コーヒーショップ以外では、コピー店、書店に併設されている喫茶コーナー、エグゼクティブ・スイート、インターネット、大型オフィス用品店、私書箱センター、宅配会社の翌日配送サービスが、フリーエージェントのインフラに含まれる。国土を縫うように走る高速道路網と同じように、このインフラも経済が機能する物理的な基盤になっている。しかし高速道路と違うのは、政府が予算をつけて計画的につくられたものではなく、自然発生的に生まれたものだということだ。フリーエージェント・ネーションのほかの様々な側面がそうであるように、フリーエージェントのインフラも自発的に組織されているのである。ここからは、フリーエージェントの8つのインフラを順番に見てみよう。

「コピー店」にあるコピー以上の機能

数年前に、まる1日24時間、ヒューストンにあるビジネス・コンビニのキンコーズで仕事をしたことがある。このとき私は、キンコーズはフリーエージェント・ネーションの住人が集まる行きつけのバーのようなものなのだと実感した。キンコーズに行けば、顔見知りの店員がいて、にこやかに迎えてくれる。スターバックスがただ単にコーヒーを売るだけの店ではないのと同じように、キンコーズはただ単にコピーがとれるだけの店ではない。フリーエージェントとして働いている人はたいてい、行きつけのキンコーズがあって、お気に入りの店員まで決まっている。キンコーズの店員は、会社の同僚について話すような調子で、常連客のことを語る。私が話を聞いたフリーエージェントのなかには、キンコーズで知り合った仲間と組んで仕事をしたことがある人もいた。キンコーズで出会って、一緒に仕事をして、後に結婚したカップルもいる。

キンコーズの創業者ポール・オーファラがカリフォルニア大学サンタバーバラ校の近くにあるタコス店の隣に、最初のコピー店を開店したのは、１９７０年。オーファラはほかに先駆けて、フリーエージェントの台頭と在宅ビジネスの普及を予測していた。学生向けのコピー店として出発したキンコーズは、働き方の新しいフロンティアに軸足を移していった。いまやキンコーズは、全米最大のコピー店チェーンに成長し、世界に1100の店舗を展開するまでになった。多くの店は24時間営業をしている。

「キンコーズは本当に素晴らしい」と言うのは、ミネアポリスのフリーエージェント、エリック・タニプシードだ。「ものすごいサービスだと思う。キンコーズにあるハードウェアやソフトウェアのなかには、家にあるものもたくさんあるけれど、高速コピーとカラー印刷だけは、家ではできない。自分の家で仕事をしていても、キンコーズに走っていってプリントアウトすればいい。家のプリンターで印刷するより、時間はずっと短くてすむ」

ビデオ会議システムを備えている店舗も150以上ある。これだけの設備を個人でもつことはまず不可能だ。2000年にはウェブサイトのキンコーズ・ドット・コムが発足し、ミニ起業家がネット経由でキンコーズに文書を送って印刷してもらったり、ウェブ上でデザインやマーケティングのアドバイスを受けることができるようになった。フリーエージェントの様々なインフラが互いに密接に結びついている証拠に、キンコーズは宅配便のフェデラル・エクスプレス（フェデックス）と手を組んで、ユーザーがコンピュータで作成した文書を配送するサービスも行っている。アメリカ・オンライン（AOL）との提携も、このキンコーズというインフラをいっそう強固なものにしている。いまや、大半のフリーエージェントは、近所のキンコーズなしに仕事をすることなど、とうてい考えられないと感じている。

「コーヒーショップ」はオープンなオフィス

シアトルの繁華街パイクプレース・マーケットにスターバックスの1号店がオープンしたのは、1971年のこと。87年に、現在の会長のハワード・シュルツが経営権を取得した際、店舗はまだ17店しかなく、すべてアメリカ北西部の太平洋岸地区に集中していた。しかしいまやスターバックスは、約4000の店舗を展開するまでになった。このコーヒーショップチェーンがこれだけ爆発的な成長を遂げた理由のひとつは、フリーエージェントの増加にある。

社会学者のレイ・オルデンバーグは、仕事の場でも家庭でもない「第3の場所《サードプレイス》」——ただ時間を過ごすことのできるたまり場——が少なくなってきていると、著書『サードプレイス』で指摘した。ドイツのビアガーデン、イタリアのバール、イギリスのパブ、アメリカのバーのような場所は、地域を活性化させるために欠かせない社交の場であると、オルデンバーグは書いている。

スターバックスのシュルツは、最初はコーヒーを飲んですぐに帰るような店をイメージしていたが、やがて考えを変えて、オルデンバーグの考え方を取り入れた。著書『スターバックス成功物語』でこう書いている。「アメリカ人はコミュニティーを渇望している。お客様のなかには、私たちのショップに集まってきて、友達と待ち合わせをしたり、打ち合わせをしたり、ほかの常連客とおしゃべりを楽しむ人たちもあらわれた。『第3の場所《サードプレイス》』を求める人が多いということがわかって、私たちは店を広くして、椅子を増やした」

スターバックスの初期の店舗は、利用客が店内に入り、カウンターでコーヒーを飲み、飲み終わるとそのまま出口に向かうようなつくりになっていた。カウンターのテーブルは狭くて、いろいろなものを置くことはできなかったし、椅子は座り心地が悪く、長時間居続けるには向いていなかった。

しかし、利用客が来店するのは高いコーヒーを飲むためだけではないのだと気づくと、スターバックスは店の内装をやり直した。椅子はクッションのきいた座り心地のいいものになり、ほかの客と会話が弾むように椅子と椅子の間隔も狭めに配置された。孤独な狭いカウンターに代わって、2人用のテーブルやミーティングができるようなテーブルが持ち込まれた。テーブルが広くなって、書類を広げることもできるようになった。アメリカでは、マイクロソフトと手を組んで、ほとんどの店舗でインターネットにワイヤレス接続ができるようになっている。

もちろん、フリーエージェントのインフラに組み込まれているコーヒーショップは、スターバックスだけではない。ほかのコーヒーチェーンも、フリーエージェント・ネーションの新しいオフィススペースとして機能している。先に紹介したフリーエージェントのターニプシードは、ミネアポリスの地元コーヒーチェーンのカリブー・コーヒーがお気に入りだという。「コーヒーショップで大勢のクライアントと会って、たくさんの取引をまとめてきた」と、彼は言う。

しかし、誰もがこうした新しい状況に満足しているわけではない。先日、ある女性会社員は私に送ってきた電子メールの中で、「フリーエージェントは自分のビジネスを他人に押しつけている」と不満をこぼした。コーヒーショップでラップトップコンピュータを広げるのは勘弁してほしいというのだ。「私がコーヒーショップに行くのは、くつろぎたいから」と、彼女は言う。「仕事のミーティングをする場所もないかわいそうな人たちの姿を見たくて行くわけではない」

「書店」は図書館代わり

書店も、事業用不動産ビジネスに分類することができる。アメリカの書店によく併設されている喫茶コーナーは、街のコーヒーショップ同様、フリーエージェントのための打ち合わせスペースとして機能している。しかも、購入前の書籍を持ち込むことのできる書店の喫茶コーナーには、スターバックスにはないメリットがある。「バーンズ&ノーブルを図書館代わりに使っている」と言うのは、あるフリーエージェントだ（匿名を条件に話を聞かせてくれた）。「近所の公共図書館はまったくひどい。蔵書は欠けているか、そうでなければ古いかのどちらかだ。その点、バーンズ&ノーブルにはあらゆる本が揃っている。最新の本も取り揃えてあるし、お目当ての本が見つけやすいようになっている。最初は、本屋を図書館代わりに使うことには後ろめたさを感じていた。でも、最近はもうそんなことは考えなくなった。喫茶コーナーにいる人の半分以上は、私と同じことをしているみたいだし」。もっとも、こうしたことができるのは、大型書店の充実している都市部の住人だけかもしれない。

「エグゼクティブ・スイート」は快適な個人オフィス

コーヒーショップや大規模書店が事業用不動産ビジネスの隠れた構成員だとすれば、エグゼクティブ・スイートは、名実ともにこの産業の構成員だ。

エグゼクティブ・スイートがフリーエージェントに提供するのは、個人用レンタルオフィスと共用の受付スペース、それに共通の受付係だ。多くの場合、会議室、ビデオ会議システム、私書箱サービス、宅配便サービス、コピー、秘書サービスも用意されている。なかには、託児施設やフィットネス施設が設けてある場合もある。こうしたサービスは、会社暮らしの煩雑な面をそぎ落として、そのメリットだけを提供しようというものと言える。

アライアンス・ビジネスセンターズ、HQグローバル・ワークプレーシズ、リージャス・ビジネスセンターズなどが業界の大手だ。業界の規模は約20億ドル。アメリカ国内だけで4000を超すビジネスセンターが生まれている。エグゼクティブ・オフィス・クラブズという会社は、個人用作業スペースを1時間9ドル、個人用オフィスを1時間12ドルから貸している。そして、利用客は無料でスターバックスのコーヒーが飲めるようになっている。

何はなくとも「インターネット」

フリーエージェントにとってインターネットは、キャラメル・カプチーノやカラーコピー以上に欠かせないものになっている。調査会社IDCの推計によれば、2002年に全米の在宅オフィスがIT関連全般に費やす金額は710億ドル以上、インターネット接続に費やす金額は102億ドル以上になるという。2003年には、アメリカの「3000万の家庭がインターネットに接続する」という予測もある。

ミニ企業も、インターネットに群がっている。2000年の調査によれば、インターネットのドメインネームを取得している企業の68％は従業員数5人未満。100人以上の従業員がいる企業は1％に過ぎなかった。インターネットの普及により、ワープロや表計算、電子メールなど、ありとあらゆるソフトウェアの最新バージョンをネット経由で入手することも可能になった。無料のファクスサービスや無料のボイスメール、無料のスケジュール管理プログラムもネット上で利用できるし、ビッグステップ・ドット・コムのようなサービスを利用すれば、オンライン店舗をもつこともできる。近所にコーヒーショップがなくても私は生きていけるかもしれないが、インターネットなしでは生きていけないだろう。私（やほとんどのフリーエージェント）は、禁断症状に苦しむに違いない。

「大型オフィス用品店」は備品棚

オフィス・デポ、ステープルズ、オフィス・マックスは、フリーエージェント・ネーションの備品棚だ。こうした大規模チェーン店のおかげで、フリーランスやミニ起業家は、会社員が社内の備品棚までポストイットを取りに行く感覚で、オフィス用品を買いに行けるようになった。事実、フリーエージェントはこのビジネスの成長を強力に後押ししている。フリーランスや在宅労働者は、平均的な消費者に比べて、オフィス用品店を利用する人の割合が41％高いという。オフィス用品チェーンの売り上げの80％はSOHO市場でのものだ。

1986年に1号店を開店したオフィス・デポは、いまや北米だけで850以上の店舗を展開している。年間の売り上げは100億ドルを上回る。業界第2位のステープルズは、年間の売り上げが約90億ドル。毎週最低1店のペースで店舗を増やしている。「ステープルズの店舗は、SOHOの専門職と消費者に焦点を当てている」と、同社では言っている。店舗を構えるのではなく、ウェブ経由で事務用品を販売するユアオフィス・ドット・コムという新興勢力も登場している。近所のステープルズに行って、はじめてプリンターのトナーカートリッジを買ったとき、私は自分がフリーエージェントになったのだと実感したものだ。

メール室になる「私書箱センター」

メールボックス・エトセトラ（ＭＢＥ）のような企業は、自宅で仕事をしているフリーエージェント向けに、私書箱サービス、宅配便の配送サービス、各種ビジネスサービス、オフィス用品の販売などを行っている。ＭＢＥの私書箱サービスを利用している人は、全米で80万人以上。１９８０年に創業したＭＢＥは、いまや毎日数百万人が郵便物を受け取るために足を運び、本章の冒頭で紹介したジャナ・キングのようにおしゃべりを楽しむ場になっている。フリーエージェントのほかのインフラと同様、ＭＢＥも急速に成長している。ＭＢＥの店舗数は現在約４０００店。創業直後2年間のマクドナルドより急速なペースで、店舗数を増やしている。ＭＢＥなどの私書箱サービスは、フリーエージェント・ネーションのメール室になっているのだ。

「宅配サービス」でスピードを手に入れる

フェデックスなどの宅配会社が提供している翌日配送サービスのおかげで、フリーエージェントは巨大企業並みのスピードを獲得することが可能になった。いまやフェデックスは、どのビジネスにも欠かせない存在であり、フリーエージェントの労働スタイルを支える大黒柱になっている。フェデックスに個人名義のアカウントナンバーをもっている人の数は、約100万人にのぼる。フェデックスでは最近、在宅労働者をターゲットにした広告キャンペーンを展開している。登場人物は、フェデックスの配達員と在宅のフリーエージェント。仕事で家から離れられないフリーエージェントは、配達員が来ると、人と会えてうれしくて仕方がない。「ドナがサインをして、デーヴが配達する」という説明文が添えてある。その下には、こんなキャッチコピーが書かれている。「フェデックスの配達員は、ただ荷物を受け取って配達するだけではありません。みなさんが信頼することのできるお馴染みの顔なのです」。この広告は、私の状況にぴったり当てはまっていた。家族以外で顔を会わせるのは、トニー（私の家に来るフェデックスの配達員だ）だけという日も珍しくないのだ。

まとめ

【ポイント】

フリーエージェントという働き方の土台となる経済的なインフラストラクチャーが生まれている。コピー店、コーヒーショップ、書店、エグゼクティブ・スイート、インターネット、大型オフィス用品店、私書箱センター、宅配便の翌日配送サービスで構成されるこの新しいインフラは、2つの特徴がある。第1は、中央計画的なものではなく、自発的に形成されていること。第2は、フリーエージェントたちが集まることのできる「第3の場所《サードプレイス》」をつくり出していることだ。

【現実】

2002年に全米の在宅オフィスがインターネット接続に費やす金額は、102億ドル以上になる。

【キーセンテンス】

スターバックスに行けば、値段はちょっと高くても、おいしいコーヒーが飲めるということは、誰でも知っている。けれど、ほとんどの人が気づいていないのは、スターバックスは消費者向け飲料ビジネスの企業ではないということだ。実態を見れば、事業用不動産ビジネスの会社と言ったほうがいい。私をはじめ大勢のフリーエージェントにとって、コーヒーショップはオフィスとして機能しているからだ。

【キーワード】

フリーエージェントのインフラストラクチャー（Free Agent Infrastructure）：フリーエージェント経済が機能する物理的な土台。民間の手で、自発的に組織されている。

第10章 フリーエージェントに役立つ新ビジネス

私たちは、ボードビリアンの時代にタレント事務所のウィリアム・モリス・エージェンシーがやっていたのと同じことを、このデジタル時代にやっている。才能ある人たちの代理人を務めているのだ。

――ポール・スミス、デジタル・タレント・エージェンシー社長（ニューヨーク州ニューヨーク）

ここまでの3つの章では、フリーエージェント経済の歯車を動かす潤滑油として、小規模なグループ、互いに恩恵を受け合う精神、自発的に組織されるインフラストラクチャーを取り上げてきた。この章では、同様の機能を果たしている新しいビジネスや専門職について見ていきたい。ここで取り上げる新しい専門職のほとんどは、10～15年前には、この世に存在すらしていなかった。ここにきてそうしたビジネスが登場した背景には、フリーエージェント経済の底に流れる2つの強力な潮流――経済面の潮流と心理面の潮流があった。

まず、経済的な潮流について見てみよう。

大組織に支配されている世界では、金融資本が経済の最も重要な資源だったと言っていいだろう。高層ビルや巨大な機械の費用をまかなうためには、莫大な金が必要になる。そうした経済のもとでこの重要な資源を集め、分配し、管理するための仕組みが生まれたことは不思議でなかった。金融機関は、金をもっている投資家と金が必要な会社を結びつける手助けをし、企業がもっと金を集められるように新しい金融商品を生み出し、資金力のある投資家に有利な投資先をアドバイスした。いまやアメリカは、世界で最も効率的な資本市場をもつまでになった。

しかし、力の所在が組織から個人に移るにつれて、経済の最も重要な資源は、金融資本ではなくなってきているようだ。いま最も不足していて、最も貴重な資源——それは才能であり、人材だ。「すべては人材で決まる」と、大手コンサルティング会社マッキンゼーの1998年のレポートでは書いている。「才能をもっている者が勝つ」のだ。しかし、優秀な人材を大勢集めることは、えてして、多額の資金を集めるより難しい。人材の市場は資本市場よりはるかに効率が悪いからだ。そこで、かつての資本市場と同じように、フリーエージェントの人材市場の効率を高めるための新しいビジネスや専門職が生まれはじめているのだ。

第2の潮流は、心理面の変化だ。オーガニゼーション・マン時代のキャリア・マネジメントは、エレベーターに乗るようなものだった。ボタンを押して、あとはエレベーターを揺らさないようにして、お目当ての階に着くまでのんびり待っていればよかった。しかしいまや、多くの人にとって、仕事はそんな単純なものではなくなっている。すでに指摘したように、人々は仕事に意義を求めるようになった。今日のキャリア・マネジメントは山登りに似ている。高い山の上まで、危険と背中合わせで登っていかなくてはならない。ただ受け身で運ばれていくのと違って、自分で進路を切り開いていかなくてはならない。そうした状況で、キャリアという山のシェルパを自称する人たちに助けを求め、新しい世界の案内役になってもらおうとする人が増えているのだ。

では、こうした要因を背景に新たに登場した専門家たちは、どのような役割を果たしているのだろう? その実態を見るために、まずカリフォルニア州ウォルナットクリークの人材仲介業者を訪ね、その後、ロサンゼルスに立ち寄って、ハリウッドをお手本にしたニューエコノミーのエージェントに会い、さらにコネティカット州ブルックフィールドに飛んで、プロのパーソナルコーチに話を聞くことにしよう。

「仲介業者」の活躍は続く

すでに述べたように、フリーエージェント経済は市場として機能している。片方には買い手、すなわち人材を求める人たちがいて、もう片方には売り手、すなわち売りたい商品や技能をもったフリーエージェントたちがいる。

この市場で売り手と買い手の橋渡しをしているのが、Mスクエアードのような企業だ。Mスクエアードは、サンフランシスコの金融街に本社を置くベンチャー企業である。「いますぐに役立つ専門技能をもった人材や経営のエキスパートを必要としている企業に、独立して働いているコンサルタントを仲介するナンバー1のブローカー」という触れ込みだ。共同創業者で社長のマリオン・マクガヴァンは、「人材のさや取りビジネス」という言葉で、自分たちのビジネスを表現する。実際、Mスクエアードは、異なる市場の価格の差で儲けている。売り手が納得できる価格で人材を「購入」し、それより高い価格で買い手に「販売」する。これで30～35％のマージンを儲けるのだ。

もっとも、同社のクレア・マコーリフの考え方はちょっと違う。マコーリフの言葉のほうが、フリーエージェント・ネーションの「人に優しい」性格をよく反映しているかもしれない。「私たちの会社はハイブリッドな会社」と、彼女は言う。「調査会社でもないし、コンサルティング会社でもない。人材派遣会社でもないし、結婚相談所でもない。会社版『お節介おばさん』っていう感じね」

フリーエージェント・ネーションでは、フリーエージェントを求婚者と引き合わせようと、大勢の「お節介おばさん」が活躍している。こうした仲人たちは、大企業が必要な人材を見つけ、フリーランスやミニ起業家が、やりがいがあって儲けのいい仕事を見つけるための仲介役を務める。仲介業者は、自分では見つけられないような仕事をフリーエージェントに紹介して、その生活をよりよいものにしてくれる場合もある半面、中間マージンが高過ぎると売り手や買い手に不満をもたれる場合もある。しかし、よきにつけ悪しきにつけ、こうしたプロの仲人たちの活躍は続くだろう。

アメリカの労働市場には、これまでも常に仲介業者は存在した。マンパワーやケリー・サービシズ、オルステン、ロバートハーフなどの人材派遣業者や民間の職業紹介会社は、その代表格だ。しかしフリーエージェントの時代が訪れて、仲人ビジネスはますますビッグビジネスに成長している。いまやマンパワーは、50カ国に3200以上のオフィスを展開し、売り上げは年間110億ドルを上回る。

会社の規模や扱う職種はまちまちだ。ルネ・シマダ・シーゲルは、ソフトウェア会社ノベルの重役としての生活にうんざりして、シリコンバレーの自宅にオフィスをつくり、ハイテク・コネクトという会社を立ち上げた。この会社は、マーケティングとコミュニケーション関連のスペシャリスト（ほとんどはシーゲルと同じように、家庭に犠牲を強いるシリコンバレーの企業風土に付き合いきれなくなって会社を辞めた専門職の女性だ）と経験豊富な人材を求める企業を結びつけるビジネスを行っている。ニュージャージー州の自宅で仕事をしているパートナーのナンシー・コリンズとともに、シーゲルは、自宅で働いているフリーエージェント600人を集めて全米規模の人材ネットワークをつくりあげた。

一方、企業幹部の仲介を専門にしているのは、IMCORという会社だ。勤務先をリストラされた元経理幹部のジョン・トンプソンが創設したIMCORは、コネティカット州スタンフォード、シカゴ、ダラス、ロサンゼルス、アトランタ、ニューヨークにオフィスを展開し、「ポータブルなエグゼクティブ」を自称する6万人のネットワークをつくっている。

ボブ・ワイスは、まさしく「ポータブルなエグゼクティブ」だ。ポートランド州立大学のバスケットボール選手だったワイスは、財政学の修士号を取得し、北カリフォルニアの銀行やベンチャーキャピタルで働いていた。しかし、「起業家に出資して、金が返済できない場合にそのビジネスを取り上げる」ことよりも、新興企業が無事に離陸するのを手助けするほうがやりがいがあることに気づいたと、彼は言う。

30代半ばのときに、ワイスは休暇を取って、オーストラリアを3週間旅行した。旅行の間は、妻と一緒にやりたいことを文章にまとめる作業にほとんどの時間を費やした。あちこちの会社を渡り歩いて、株式の新規公開や財務システムについてアドバイスをすれば楽しいだろうと考えて、そのためのビジネスプランを書き上げた。放浪のCFO（最高財務責任者）グループをつくれば、友達のなかにも参加したいという人が出てくるかもしれないと、彼は考えた。この新しいビジネスに最初につけた名前は、「戦略的財務サービス」。「間抜けな名前だった」と、彼は言う。その後、ふとした遊び心で思いついたのが、「CFO^{s}2GO（CFO、いつでも参上）」という名前だった。

現在、カリフォルニア州ウォルナットクリークに本社を置くCFO^{s}2GOに登録している財務・経理関係の専門家は、5000人以上。短期のスタッフでも、取締役やコンサルタント、フルタイムの従業員でも、財務・経理関係の人材が必要な新興企業は、この会社に連絡すればいい。

ほかの市場と同じように、この人材市場でも、機会を生み出すのは需要と供給だ。供給サイドでは、

「財務専門家のキャリアのあり方が変わったことは、アインシュタインのような天才でなくてもわかる」と、ワイスは言う。その昔、財務のエキスパートは、7~8年死にものぐるいで働いて、会計事務所の共同経営者になる日を待ったものだ。しかしやがて、共同経営者になれるまでに15年も働かなくてはならないようになった。しかも共同経営者になることができる人の数は、ぐっと減った。その結果、大勢のベテランがほかの進路を考えるようになった。

一方、需要サイドでは、サンフランシスコのベイエリアを中心に、ハイテク関連の企業がたくさん生まれた。こうした企業のトップに立っているのは、たいていはテクノロジーの専門家とマーケティングの専門家だ。バランスシートが読める人はほとんどいなかった。そこで、ワイスとCFOs2GOの出番が生まれる。

「財務・経理の専門家は40歳を過ぎてはじめて使い物になる」と、ワイスはその12月の朝、私に語った。「経験がものを言う仕事だ。生まれながらにして優秀な経理のエキスパートという人はいない」。経験豊富なフリーエージェントと経験の浅い新興起業家を結びつけることにより、ワイスはシリコンバレーの人材市場で欠かせない存在になっていった。

自分のような仲介業者が市場の効率性を高めていることはワイスも認めているが、冷たい金融用語を使ってこの仕事について表現する同業者のことは軽蔑すると言う。「自分たちのやっていることをさや取りと考えている人たちもいる。人材が自分を売ってもいいと思う金額と買い手が払ってもいいと思う金額の差額を儲けるというわけだ。確かに、この仕事にそういう面はある。でも、そういう側面を強調するのは好ましいと思わない」。彼が敬意を払うのは、「ビジネスや自分の技能を通じて充実感を得ている」人たちだけだ。

進むオンライン化

フリーエージェントの仲人ビジネスでもオンライン化が進んでいる。調査会社フォレスター・リサーチの推計によれば、オンラインの人材仲介ビジネスは、２００３年には17億ドル規模に成長するという。キャリアサイト最大手のモンスター・ドット・コムは、「世界最初のオークション方式によるオンライン人材市場」と称している。まず、フリーエージェントが「マーケティング用の文章を書きます」という具合にオファーを提示する。これに対して、人材を求める買い手が入札するという仕組みだ。同じ売り手に関心のある顧客が複数いれば、金額がつり上がるケースもある。

ほかにも、似たようなオンライン人材仲介業者がここ数年で続々と生まれている。グル・ドット・コム、イーランス・ドット・コム、イーワーク・ドット・コムなどは、まず企業がプロジェクトごとに人材を募集し、これにフリーエージェントが応募するというシステムを取っている。こうしたオンライン市場のなかには、数十万人のフリーエージェントが登録し、５億ドル相当の仕事が同時に提供されているケースもある。オーパス３６０やニクのように、市場を運営するだけでなく、大企業に最新鋭のソフトウェアを提供し、最大限効率的に人材を見つける手助けをしている企業もある（原注：筆者はこの項で紹介した２つの企業の株式を本書執筆の時点でごく少額保有していることを公平のために申し添えておく)。

「エージェント」は経済的・心理的機能をもつ

「ザ・ミュージズ(女神たち)」という名前とは裏腹に、サンフランシスコのサウスパーク近くのカフェに座っているベッツィー・ハーカヴィーとジョディ・ハゼルは、宗教よりも代理人業に関心があるように見えた。「私たちは、人々の目標や野望をはっきりさせる手伝いをしている。カウンセリングをして、その人にとってベストだと思う方向に導く」と、ハーカヴィーは言う。ザ・ミュージズを創業したハーカヴィーとハゼルは、フリーエージェント・ネーションの新しいジェリー・マクガイアだ。サンフランシスコのマルチメディア業界を舞台に働く大勢のフリーエージェントのデザイナーやプロデューサー、ライター、プログラマーなどの代理人として仕事を紹介し、キャリアアドバイスをしている。

クリスティン・ナイトのビジネスもこれと似ている。マイクロソフトの臨時社員だったナイトが10年前に設立したクリエイティブ・アセットという会社は、シアトルなど7つの都市で、クリエイティブな職種のフリーエージェント1000人以上のエージェントを務めている。「このビジネスを始めたのは、みんなにかっこよくて楽しい仕事をしてもらいたかったから」と、彼女はシアトルのパイオニアスクエアで語った。「みんな、喜んでエージェントに依頼する。エージェントがつくというのは、ある種のステータスシンボルになっている」

創業者ジョン・チャンのハーバード大学の寮の一室で「マック・テンプ」という名前の臨時社員派遣会社として出発したアクエント・パートナーズは、世界12カ国に2万人以上の顧客を抱える世界最大のエージェントに成長した。いまや、エージェントがついているのは、作家や俳優、スポーツ選手、アーティストだけではない。組織に雇われないで働いている人の間では、アクエントやクリエイティブ・アセッツ、ザ・ミュージズのような企業に依頼する人が増えている。ある調査によると、アメリカでは、年収7万5000ドル以上の人の5％以上が、仕事の条件の交渉をエージェントに任せているという。

顧客にとってエージェントは、経済的な機能と心理的な機能の2つの機能を果たしている。経済的な面では、エージェントは、フリーエージェントの交渉力を強めることにより、人材市場の公正性を高める役割を果たしている。しかしそれだけではなく、もっと「人間に優しい」機能も果たしている。フリーエージェントたちがキャリアの浮き沈みを受け入れるのを助け、ときには傷ついた自尊心を癒してくれる。

フリーエージェントという働き方とエージェントビジネスの先進地域である南カリフォルニアには、このエージェントという発想をさらに発展させている人物がいる。

17年にわたってPR会社で働いていたジム・デルーリオは、1990年代後半になって、業界に劇的な変化が起きていることに気づいた。「優秀な人材が続々とPR会社から離れていった」と、彼はロサンゼルスのコーヒーショップで語った。「会社を辞めて、フリーランスになる人が増えはじめた。とくに経験豊富で優秀な人材がフリーになりはじめた」

CFOˢ2GOのワイスのように、デルーリオも人材市場のギャップに目をつけた。「仕事をしたいフリーランスは大勢いるのに、金を払ってそのサービスを買いたいと思っている顧客との間を結ぶ手段がなかった」。そこで彼は、ハリウッドをお手本にニューエコノミーの人材エージェント、ジェームズ・コミュニケーションズを立ち上げ、コネと口コミで、スピーチライター、経理の専門家、グラフィック・デザイナーなど、PR分野のフリーエージェントを350人集めた。

顧客企業から人材紹介の依頼が入ると、デルーリオはコンピュータのデータベースをチェックして、その仕事にふさわしい人材を選び出す。企業はこの新しいやり方を快く受け入れた。デルーリオに言わせれば、「大勢のクリエイティブな人材や優秀な人材がフリーランスになっていることに、企業も気づきはじめた」のだ。一方、フリーエージェントたちは、割のいい仕事を見つけてきてくれて、話し相手になってくれる人がいることを歓迎していると、彼は言う。

少なくともデルーリオの立場から言えば、このやり方のそれ以上に素晴らしい点は、いくつかの点で既存のPR会社より優位に立てるということだ。第1に、ジェームズ・コミュニケーションズは会社がスリムなため、経費がかからない。毎月の経費は、デルーリオ自身の給料を含めて1万5000ドルに満たない。従業員40人の平均的なPR会社の場合、月々の経費は25万ドルを優に上回る場合もある。デルーリオの場合は、経費の負担により経営が圧迫されることはない。

「会社だと、オフィスで暇にしている人が3人いれば、次に仕事が入ってきたときに担当するのはその人たちということになる」。つまり、いちばん手近にいる人間のところに仕事が行く。しかしそれは、必ずしもいちばん適任の人物とは限らない。自分ならもっと顧客の要望に応えられると、デルーリオは考えている。デルーリオは、登録しているスタッフのなかから適材適所の人材を選び出して、顧客に紹介する。そして、彼のもとには手数料が入るという仕組みだ。

この点で、ジェームズ・コミュニケーションズは、単なるエージェントにとどまらないと言えそうだ。新しいPR会社のあり方が生まれようとしているのかもしれない。いまや、たとえばジェファーソン&ロジャーズというPR会社があったとして、その会社にいるのは、ジェファーソン氏とロジャーズ氏と秘書1人、あとは大勢のフリーエージェントが登録されているデータベースがあるだけということもあり得る。この場合、ジェファーソンとロジャーズが顧客に提供する価値とは、プロジェクトごとに適材適所の人材を集めて、その仕事が終わればチームを解散する能力だ。

「顧客がPR会社に仕事を依頼するのは、頭脳を買いたいからだ」と、デルーリオは言う。「その頭脳の持ち主が特定のオフィスに出勤していようといまいと、依頼主には関係ない」。優れた頭脳を手に入れることができれば、そしてそれを早く安価で手に入れることができれば、デルーリオは必ず大手のPR会社に勝てることになる。だからこそ、ハリウッドだけでなくフリーエージェント・ネーションでも、エージェントが力を握りはじめているのだ。

自己実現を助けてくれる「コーチ」

オーガニゼーション・マンの時代、仕事の現場は個人の感情と驚くほど無縁の世界だった。人々はオフィスのドアや工場の門の前で個人の感情を脱ぎ捨て、職場では会社から求められる通りのことをした。仕事は退屈でも、状況はわかりやすかったし、予測がつきやすかった。

しかし、忠誠心と保障の交換というシステムが崩壊し、チャンスが増えるのと引き換えに不確実性が高まって、心の錨を失ったように感じはじめる人が増えた。そして人々は、この荒れた海に乗り出していくために、助けを必要とするようになった。

そこで、ジョン・シーファーのような人の出番になる。シーファーの仕事はコーチだ。と言っても、コネティカット州ブルックフィールドの散らかったオフィスのどこを探しても、野球のグローブもなければ、バドミントンの羽根もない。このコーチは、サッカー場でサイドライン脇から選手を怒鳴りつけるわけでもなく、リトルリーグの選手のためにバッティング投手を務めるわけでもない。シーファーは、ニューエコノミーの世界で働くフリーエージェントのためのコーチなのだ。オフィスの外には、「ビジネス・エグゼクティブ・コーチ」という看板がかかっている。

人材仲介業者は、新しい人材市場が効率的に機能するのを助けている。エージェントは、フリーエージェントの代弁者として行動する。これに比べると重要性では劣るかもしれないが、コーチは働く人の心にもっと密着した機能を果たしている。フリーエージェントが仕事上直面する心の問題に対処する手助けをするのだ。依頼主は、コーチとなら、ほかの人に言えないことも話すことができる。仕事を辞めるべきか？　新しい困難なプロジェクトにどう取り組むべきか？　どうしていつも心が落ち着かないのか？　コーチは主として電話でこうした悩みを聞いて、意見を述べ、激励し、問題点を話し合い、目標を実現する期限を決めさせ、目標を守らせ、クライアントを自己発見に導く。電話の向こうに、いわばキャリア・カウンセラーと教会の司祭が一緒になったような存在がいるのだ。いまアメリカで活動しているコーチは、フルタイムとパートタイムを合わせて約1万人。業界団体も200ほど生まれている。コーチの資格認定を行っている国際コーチ連盟（ＩＣＦ）も発足したし、コーチＵなどのコーチのための教育機関も誕生した。

窓拭きのビジネスを皮切りに、様々なビジネスを手がけていたシーファーがコーチングという言葉を初めて聞いたのは、1994年。財務プランナーをしている知人に教えられたのだ。この知人は、顧客との会話が思わぬ方向に進む場合がよくあることに気づいた。話しているうちに、お金とはほとんど関係のない事柄、子どもや夫婦関係の問題について意見を求められることが多かった。これをビジネスチャンスだと考えたこの知人は、「ライフプランナー」を名乗り、コーチングを仕事にするようになった。常に新しい挑戦を求めるシーファーは、自分も「コーチング」をやってみることにしたのだ。ミニビジネスが障害にぶつかっているとき、人生がうまくいっていないと感じたとき、気の滅入るような仕事に取り組んでいるときなど、実に様々な状況で、顧客は相談をもち込んでくる。料金は、月に400ドル。これで、30分の電話相談を3〜4回受けることができる。2〜3カ月間だけコーチングを受ける顧客もいれば、数年にわたって依頼し続ける顧客もいる。

こうした話を聞くと、どうしてそんなことをする必要があるのかと不思議に思う人もいるかもしれない。しかしシーファアーは、そうした声に対して、いつもこう答えることにしている。「テニスのピート・サンプラスにもコーチはいる。ゴルフのタイガー・ウッズにもコーチがいる。オペラ歌手にもコーチがついている。コーチングによって、その人がすでにもっている力を引き出すことができるんだ」。ただし彼は、顧客のパフォーマンスを高めることよりも、「いまの仕事を人生のなかでどう位置づけたいんですか?」というような質問をすることを重視している。「人生のあらゆる側面で快適に感じることができれば、それだけその人の人生はうまくいっていると言える」と、彼は言う。

コーチは、診察椅子をもたない精神科医であり、フローチャートをもたない経営コンサルタントであり、ショットグラスをもたない聞き上手のバーテンダーでもある。馬鹿にするのは簡単だ。「要するに、レンタルフレンドでしょう?」とよく言われると、シーファアーは言う。

しかしコーチは、フリーエージェントにとって、第7章で紹介した小グループと似たような機能を果たしている。数十年前の古き良き時代には、アメリカ人には話し相手がたくさんいた。裏庭のフェンス越しに隣人と話したり、地元の教会の司祭に話を聞いてもらったり、毎朝巡回してくる警察官とおしゃべりをしたり。しかし、ひとりで生活し、ひとりで仕事をする人が増えて、これまでと違った形で、人とのつながり、人との会話を求める人が多くなった。このことにはいい点もあると、シーフアーは言う。「コーチに金を払えば、自分がいちばん望んでいることを最優先でやってもらえる。依頼人の頭を整理して、本当の自分になる手助けをすることは、コーチの仕事だ」

スポーツのコーチも、エイブラハム・マズローに学んだほうがよさそうだ。誰にとっても、自己実現はなにごとにもかえがたいのだ。

まとめ

【ポイント】

フリーエージェント経済は、オーガニゼーション・マンの経済とは2つの点で根本的に異なる。第1に、力の所在が組織から個人に移った結果、資本ではなく人材が最も重要な資源になった。それにともない、この重要な資源の価格を決定し、分配するための新しい市場が生まれている。第2に、仕事は、個人の感情と無縁のものではなく、働く人の心に負担を強いるものになった。この2つの要因に後押しされて、フリーエージェント・ネーションが機能するのを助ける新しい専門職が登場した。臨時社員派遣会社から発展した人材仲介ビジネスは、フリーエージェントの人材を求める買い手と、仕事を求めるフリーエージェントの橋渡し役を務めることにより、新しい人材市場が効率的に機能するのを助ける。エージェントは、これまでの俳優や作家、スポーツ選手のエージェントと同じように、経済面の役割と心理面の役割の両方を果たす。フリーエージェントの代理人として仕事の条件を交渉するだけでなく、プライベートな問題についても相談に乗るのだ。コーチは、人材仲介業者やエージェントより、働く人の心に密着した機能を担う。仕事や人生についての根本的な問題についてアドバイスを送るのだ。コーチは、キャリア・カウンセラーと教会の司祭を合わせたような存在だ。

【現実】

ある調査によると、アメリカでは、年収7万5000ドル以上の人の5％以上が、仕事の条件の交渉をエージェントに任せているという。

【キーセンテンス】

コーチは、診察椅子をもたない精神科医であり、フローチャートをもたない経営コンサルタントであり、ショットグラスをもたない聞き上手のバーテンダーでもある。

【キーワード】

会社版「お節介おばさん」（Corporate Yenta）：短期的に人材を必要としている企業に、フリーエージェントを引き合わせるビジネス。

第11章 「自分サイズ」のライフスタイルをみつけよう

3歳の娘がコンピュータの前をどいてくれれば、仕事に取りかかれるんだけど。
——アリソン・カトラー（テネシー州ナッシュビル）

ソフィーは、オレンジジジュースのコップから口を離して、言った。「ブベーのオフィスが見たい！」。ソフィーは、私たち夫婦の長女。ブベーというのは私の母親、つまりソフィーのおばあちゃんだ。家族全員でフリーエージェント・ネーションの取材旅行をしている途中、オハイオ州中部のおじいちゃんとおばあちゃんの家にしばらく泊まっていたときのことだ。

「よし。車で行こう」と、私は2歳半のソフィーに言った。母は、家から1・5キロほど離れたコミュニティーセンターで働いている。

「そうじゃないよ」と、ソフィー。「ブベーのオフィスが見たいの」

「うん、だから、ブベーのオフィスに連れてってあげるよ。さあ、靴を履いて。車に乗るよ」

それでも、ソフィーは納得がいかないようだった。私の顔をじっと見つめている。パパは耳が変になったか、頭がおかしくなってしまったとでも思ったのかもしれない。「おばあちゃんのオフィスだってば」と、ソフィーは繰り返した。

やっとわかった。私たち夫婦は、2人とも自宅にオフィスを構えて仕事をしている。まだよちよち歩きのソフィーにとっては、おばあちゃんのオフィスに行くために家の外に出なくてはならないというのは、おばあちゃんの家のキッチンに行くのにステーションワゴンに乗るというのと同じくらい奇妙なことに聞こえたのだろう。

そこで、私は娘に説明した。「あのね。お家の外にオフィスがある人もいるんだよ。ブベーのオフィスは、パパやママみたいにお家の中にあるんじゃないんだ。外にあるんだ。車に乗らないと、行けないんだ」

「変なの」と言って、ソフィーはにっこり笑った。

仕事と家庭のバランスを取る人、ブレンドする人

社会学者のクリステナ・ニッパートエングによれば、仕事の世界には2種類の人間が生息しているという。「セグメンター（区別する人）」と「インテグレーター（一緒にする人）」だ。セグメンターは、家庭と仕事の間にはっきりした揺るぎない境界線を引く。インテグレーターはその反対。境界線——

かりにそんなものがあったとして――は、曖昧で、しょっちゅう動く。もちろん、完全なセグメンターや完全なインテグレーターなどという人はほとんどいないし、私たちは誰でも終始一貫した態度を取るわけではない。それでも、ある人を長期間観察していれば、ある程度の傾向は見えてくる。この実態を調査したのが、ニッパートエングの１９９６年の著書『家庭と仕事』である。

ニッパートエングは、１０３項目の質問票を使って、ノースイースト・ユナイテッド大学のある研究所の科学者、機械工、事務職員など数十人を対象に、詳しい調査を行った。具体的には、財布の中身、デスクや引き出しに入れてあるもの、スケジュール帳の内容、キーホルダーの使い方、ベッドの中での会話について質問した。その結果わかったのは、セグメンターとインテグレーターを見分けるには、その人のスケジュール帳とキーホルダーを見るのがいちばんだということだった。セグメンターは、職場には、会議や締切など仕事の予定を記すためのスケジュール帳を置いておいて、家庭には、病院の予約や子どもの学校行事などプライベートな予定を書いておくためのスケジュール帳を置いている。セグメンターのもうひとつの特徴は、たいていキーホルダーも2つもっていることだ。職場のドアやデスクのカギを束ねておくためのキーホルダー、そして、自宅の玄関や車のキーを束ねておくキーホルダーの2つである。インテグレーターは、自宅用のカギも仕事用のカギも同じキーホルダーに束ねておく。もちろん、セグメンターは、職場で家庭の話をしたり、家庭で仕事の話をすることはほとんどないが、インテグレーターはそんな区別をしない。

これまで私たちは、仕事と家庭の境界線をはっきりさせなくてはならないと思い込んできた。しかし実は、仕事と家庭の境界線などというものは、毎日の通勤と同様、20世紀になるまで必要とされていなかった。「職人の時代には、仕事と家庭と娯楽はひとつの多面体の別々の側面に過ぎなかった」と、ニッパートエングは書いている。しかし彼女によれば、いまや大半の人にとって、仕事と家庭は「まったく異なる秩序と意義をもった存在」になっている。

第3章でも述べたように、居住の場所と仕事の場所が別々になったのは産業革命以降のことだ。この変化は「家庭に大きな影響を与えた」と、現代マネジメントの父ともよばれるピーター・ドラッカーが述べている。「それまでずっと、生産の基本単位は核家族だった。農場でも工房でも、夫と妻、それに子どもたちが一緒に働いていた。工場が登場してはじめて、労働者と労働は家庭の外の職場に引っ張り出され、残りの家族は家に取り残されるようになった」

話を娘のソフィーに戻そう。ソフィーのパパとママのオフィスは家の中にある。だから彼女は、オフィスというものは必ず家の中にあるものだと思い込んでしまった。つまり、私たち家族はインテグレーターのカテゴリーに入ることになる。言い換えれば、私たちは家庭と仕事のバランスを取ろうとしていない。家庭と仕事が相互に排他的な関係にあるという前提に立っていないのだ。産業革命前の生き方をしていると言ってもいい。私たちは、仕事と家庭をブレンドしているのだ。

私たちが仕事と家庭のバランスを取ろうとしない理由ははっきりしている。前にやろうとして、無惨な失敗に終わったのだ。1年以上の間、私と妻のジェシカは毎朝、家を出て娘を託児所に預けると、それぞれの職場に大慌てで向かった。そして、8〜9時間後、今度はこれと逆の順番をたどって家に帰った。言ってみれば「通勤夫婦」とでも言うべき状態だった。私たち夫婦は同じ屋根の下に暮らしていたけれど、2人の生活は通勤と託児所への送り迎えに終始しているように感じられた。朝は、慌ただしく朝食を胃に流し込み、せかせかと身だしなみを整えて、25分かけてワシントン中心部の職場に向かう。夕方は、大慌てで託児所が閉まる前に娘を引き取って、3人で家に帰る。私たちは仕事と家庭のバランスを取ろうとしたけれど、結果的には、肉体的、情緒的、精神的なバランスを崩しただけだった。

同じような経験をしている人は多いかもしれない。1960年から86年の間に、両親が子どもと過ごす時間は、白人家庭の場合は週に10時間、黒人家庭の場合は週に12時間減った。極端な場合、親と子が一緒に過ごすのは、ほとんど託児所への送り迎えの車の中だけということもある。一般的に家事や育児の負担が女性より少ない男性も、こうした状況にうんざりしはじめている。ラドクリフ大学の2000年の調査によれば、20代と30代の男性の5人に1人は、給料のいい仕事ややりがいのある仕事より、家族と一緒に過ごす時間を取れる仕事のほうが好ましいと考えている。

私たちをはじめ、多くの家族が見つけた解決策は、仕事と家庭をブレンドするというものだった。ブレンドするという発想は、仕事と家庭のバランスを取るという考え方より、第4章で説明したフリーエージェントの労働倫理にかなっている。第1に、雇用主の都合ではなく自分自身の価値観に従って、仕事と家庭の境界線を決めることができる（一例をあげれば、フリーエージェントは、仕事中の私用電話も気兼ねする必要がない）。それに、自分らしい生き方もしやすい。フリーエージェントのなかには、会社員時代は、職場では仮面を被っていて、家にいるときだけ本当の自分に戻れる気がしたという人も多い。こうした人たちも、フリーエージェントになって仕事と家庭をブレンドさせたおかげで、仕事をしているときもいつも「ありのままの自分」でいられるようになった。仕事と家庭をブレンドすることにより、自分なりの基準で成功を定義することも可能になる。

もちろん、仕事と家庭を統合するのはいいことばかりではない。常に仕事に追いまくられるようになる恐れもある。電話やファクス、それに電子メールでいつも連絡を取ることができる時代には、こうしたやり方は働き過ぎになりかねない。

それでも、このような生き方を選択する人は増えている。1999年の1年間で、出張に子どもを連れていった人の数は延べ2300万人にのぼった。この数字は、87年に比べて、2倍に増えている。多くの場合、仕事と家庭のバランスを取るという「ゼロ・サム」の世界より、ブレンドするという「ポジティブ・サム」の世界のほうが幸せなのだ。

「二者択一」から「両取り」へ

そう考えているのは、私たち夫婦だけではない。第4章で紹介したデニス・ベンソンは、ミニ企業のアプロプリエート・ソリューションズを妻のサンディと一緒に経営している。ルネ・アグレダノと夫のジム・ネルソンは、シリコンバレーの仕事を辞めて、カリフォルニア州ユーレカの自宅で、2人でマーケティングのビジネスを始めた。「毎日、通勤のために2~3時間も車に乗る生活に飽き飽きした。生活のためにあくせく働くのはもうたくさんだった」と、アグレダノは私に語った。

キャロル・ハワードとジェフリー・ハワードの夫妻は、仕事と家庭をブレンドしている大ベテランだ。ジェフリーは、フリーエージェントの社員教育コンサルタントになって24年。キャロルも18年のフリーエージェント歴の持ち主だ。2人は、ニューヨーク州ワーウィックの森林を見晴らすホームオフィスで机を並べて仕事をしている。お互いを束縛し過ぎないように、共通の顧客だけでなく、それぞれ独自の顧客ももっている。「私たちはこれまで20年間、フリーエージェントとして一緒に仕事をしてきた。夫婦としては30年間一緒にやってきた」と、ジェフリーは言った。「これまでのところは、うまくいっている。今年は、20年と30年を合わせて、50周年のお祝いをしてもいいんじゃないかって思うんだ」

すでに述べたように、フリーエージェントのカップルという形態は、いまになって生まれたものではない。工業経済の時代になるまでは、夫婦はたいてい一緒に働いていた。インターネットの登場により、そうした夫婦の商売は、必ずしも零細ビジネスとは限らなくなった。ワシントンのジュリア・トーマスとミッチェル・トーマスは、ズームサーチという小さなネットベンチャーを経営し、クリエイティブな人材を必要としている企業にフリーエージェントのデザイナーを紹介するビジネスを手広く行っている。638人の億万長者の実態を調査したトマス・J・スタンリーの著書『なぜ、この人たちは金持ちになったのか』によれば、億万長者に最も共通するのは、組織に雇われずに働いているということではなく、「慎重に配偶者を選んでいる」ことだった。

ブレンドという戦略は、最近の文化的潮流にも合致している。マーケティング専門家によれば、「クール・フュージョン（カッコいい融合）」とでも呼ぶべき現象が起きているという。要するに、「二者択一」から「両取り」への変化である。たとえば医療の場では、近代医学とハーブ療法のどちらか一方を選ぶ必要はなくなっている。生薬と抗生物質をあわせて服用するというようなケースも増えてきている。

仕事と家庭の場面でも、二者択一をする人は少なくなっている。人々は仕事と家庭の両方を選択し、試行錯誤しながら、自分にとって適切な組み合わせ方を見出そうとしている。クール・フュージョンやブレンド戦略は、フリーエージェント・ネーションの「自分サイズの服」のアプローチに沿ったものとも言える。

家族休暇は無力だった

1990年代以降、仕事と家庭の関係ほど、アメリカ人の頭を悩ませてきた問題はなかったかもしれない。関連の著書が相次いで出版され、ラジオのトークショーでは激論が戦わされた。新聞や研究者もこのテーマを取り上げた。関連のウェブサイトも誕生している。そして、誰もがこの問題を解消するための方策を考えているように見える。

最初、人々は政府に助けを求めた。ベビーブーム世代最初のアメリカ大統領であるビル・クリントンが最初に署名した法案はなんだったか、ご存じだろうか？　家族休暇・医療休暇法案である。93年に成立したこの法律は、一定規模以上の企業の従業員に、新生児や病気の家族の世話をするために年間12週間まで休暇を認めるというものだ（ただし、この休暇期間中の給料は支払われない）。この法律は、善意のものであることは間違いない。私自身、政府の仕事をしていた頃、この法律の様々な利点を宣伝するスピーチを書いたこともある。しかし、1999年の統計によれば、この法律に基づく家族休暇を取った人は全体の4％に過ぎなかった。しかも休暇を取った人も、大多数は2週間に満たない短期間だった。クリントン大統領は退任直前に、この制度の利用をさらに促す狙いで、家族休暇中の人に失業保険を支給することを各州に呼びかけた。しかし、すべての州議会がこの提案をはねつけた。政府は努力をしたが、問題を解決することはできなかったのだ。

そこで人々は、今度は企業に助けを求めた。大企業は競い合って、ビジネス雑誌の「家庭に優しい企業」ランキングに名を連ねようと努力した。こうした企業の取り組みも善意のものだった。しかしそうした制度の実態は、企業の公式な発表とはいささか違ったようだ。ギャラップ社の世論調査によれば、大企業の4分の3近くは、育児休暇、介護休暇、フレックスタイム制などの「家庭に優しい」制度をいくつか設けているが、41％の人は、そうした制度を利用すると出世にマイナスになると考えている。ニューヨーク市立大学バルーク校の研究者2人が大手金融サービス会社の休暇制度について調査したところ、家族休暇（無給）を取った管理職は不利益を被っていることが明らかになった。家族休暇を取ると、昇進や昇級をしにくく、家族休暇を取っていない同僚に比べて会社の評価も低い傾向が見られたのだ。

10年間にわたり、多くの本が書かれ、法律が制定され、企業が様々な制度を発表してきたが、それで仕事と家庭の摩擦は緩和されただろうか？　大多数の人にとって、答えはノーだ。私が思うに、その原因は、政府の制度にせよ、企業の制度にせよ、家族休暇制度はことごとく2つの根本的な欠陥を抱えていることにある。第1に、「自分サイズの服」を求める人たちに、「共通サイズの服」の解決策を押しつけている。第2に、仕事と家庭のバランスを取らなくてはならないと決めつけている。しかし実際には、ほとんどの人にとって本当に必要なのは、それぞれのやり方で仕事と家庭をブレンドさせることなのだ。

仕事と家庭をブレンドした成功例

もっと賢いアプローチを知りたければ、学者や政治家、経営者は、ある5月の晴れた午後に私がそうしたように、テキサス州オースティンでレスリー・スペンサーに話を聞いてみるといい。

33歳のスペンサーは、オースティン郊外の真新しい分譲地の小ぎれいな家にたどり着くまでの道のりで、3つの重要な道路標識を通過した。最初の道路標識があらわれたのは、1986年。テキサス州の片田舎の高校を卒業した彼女は、配管と鋼鉄を扱う会社に秘書として就職した。しかし「就職して1年半でレイオフされてしまった」と、彼女は言う。「すっかり打ちのめされてしまった」

彼女の母親はヒューストンの電力会社で事務員をしていた。父親は、彼女が13歳のときに世を去った。大学を出ている家族はいなかった。しかし彼女は、思い通りの人生を送るためには大学を出ることが不可欠だと考えた。やはり貧しい家の出身だった恋人の男性（後に夫となる）も、同じ考えだった。そこで、2人は「手に手を取り合って」、融資と奨学金を頼りにテキサス州サンマルコスのサウスウェスト・テキサス州立大学に入学した。

4年後、彼女は大学を首席で卒業し、ジャーナリズムの学位を取得した。そして、2つ目の道路標識があらわれた。大学を優秀な成績で卒業したにもかかわらず、就職先が決まらなかったのだ。そこで彼女は大学院に進学し、また履歴書に磨きをかけた。

大学院を修了したのは、93年。今度は、地元のゴルフスクールのPR部門に職を得ることができた。「採用してもらいさえすれば、あとは部門のトップに上り詰めるのは時間の問題だった。なにしろ、私は準備万端だったんだから」と、彼女は言う。会社に就職したとき、スペンサーは妊娠2カ月だった。けれど、彼女自身も会社側もそのことをまったく気にしていなかった。「私はキャリア志向の女の子だった」と、彼女は言う。「専業主婦になって、家で子育てをするつもりなんてなかった。子どもを産んだら、すぐに仕事に復帰するつもりでいたし、娘が生まれる前の日まで働いていた」

しかしそこに、3つ目の道路標識があらわれた。「娘のマッケナが生まれると、私の世界はすっかり変わってしまった」と、スペンサー。子どもが生まれてみると、「毎日10時間も娘と離れるなんて、考えられなくなった。この心境の変化には、自分でもびっくりした」。それでも、6週間の有給の出産休暇を終えると仕事に戻った。

「娘を託児所に預けると、涙をこぼしてしまった。託児所の職員や周りの人もみんな、私が泣いているのを知っていた。託児所から職場に向かう間も泣いていた。職場に着いてからも泣いていた。どうしようもない状態だった」

やがて彼女は、望み通りの仕事を見つけて会社を辞めた。彼女が見つけた新しい進路、それはフリーエージェントになることだった。広報、DTP、ニュースリリースの執筆、パンフレットのデザインなどの仕事を請け負うようになったのだ。けっこうな金にはなった。しかし半年もたつと、「赤ちゃんを抱えて、自宅で仕事をするのがキツくなってきた」と言う。同じような境遇の人たちの互助グループがないかと探してみたけれど、まったく見つからなかった。そこで、オースティンの新聞社に手紙を送り、子どもを育てながら在宅で仕事をしている親で、そういうグループをつくりたいという人を募ると、20件ほどの返事が寄せられた。これがやがて、全米規模の組織に発展していった。

現在、スペンサーのグループ「在宅ワーキングママの会」には、1000人以上の人が会費を支払って会員になっている。会員は、定期的にニューズレターを受け取り、マーケティングの支援を受け、会のウェブサイトの名簿に名前を載せてもらい、割引価格で物を買い、第7章で紹介したFANクラブのようなネットワークに参加することができる。

かつての勤務先で設けられていた有給の出産休暇制度や、法律で認められている無給の家族休暇と違って、スペンサーの見つけた解決策は仕事と家庭のバランスを取ることを目指していない。仕事と家庭のブレンドを目指している。完璧な解決策とはいえないが、仕事をもつパパやママにとってはたいていこのほうが簡単だし、戦略としても自然だ。

いまや女性が自宅で営んでいるビジネスの数は、全米で600万を超す。在宅ワーキングママの会のように、ママ起業家を支援するグループも続々と生まれている。

一般的に言って、こうしたグループは、自宅で仕事をしている人たちにとって、政府や企業の「家庭に優しい」制度よりはるかに有益だ。「会の仲間と一緒にいて気楽なことのひとつは、子どもがいることに引け目を感じないですむことだ」と、スペンサーは言う。「仲間と仕事をしているときに、子どもの声が聞こえたり、子どもが仕事場に顔を出したり、あたりを走り回ったりしても、みんななんとも思わない」。在宅ワーキングママの会のようなグループは、ひとつの決まったやり方を会員に押しつけることはしない。グループはレシピは教えてくれるが、一人ひとりにとって理想的な味つけを決めるのはその人自身なのだ。

「高校を卒業したときは、将来はスーパーママになるものと決めていた」と、スペンサーは私に語った。「スーツを着込んで、子どもにまとわりつかれながらスーパーに食材を買いに走るようなイメージだった。いつも全力疾走で、頂点を目指して出世の階段を上り続ける。そんな未来の自分を思い描いていた。とても素敵に思えた。でもいまは、自宅で仕事をするという道を選んで、そして大勢の母親が同じ道を歩みたいと思っているのを目の当たりにして、現代のママの理想像は、家でビジネスを営む女性なのかもしれないと思うようになった。私たちのような生き方を選べば、自分の好きなペースで好きな方向に向かって歩んでいくことができる」

最も心強く健全な変化だ

第10章で紹介したカリフォルニア州プレザントンの人材仲介業者ルネ・シマダ・シーゲルは、社会学者ニッパートエングの言うところの「セグメンター」の家庭で育った。父親は、ニューメキシコ州アルバカーキにある政府の調査機関で働いていた。父親の仕事について彼女が知っていたのはそれだけだった。「仕事のことはほとんど聞かされていなかった」と、彼女はランチのテーブルで語った。「父の仕事の内容はまったく知らなかった」。父親の職場を訪ねるのは、年に1回の「家族の日」だけだった。「秘密書類はどこかにしまってしまって、ドアを開け広げて、ポップコーンを用意して待っている。それだけ」

シーゲルの2人の子どもは6年間、自宅の予備の寝室で仕事をする母親の姿を見て育った（いまはビジネスが拡大して、ビジネス街にオフィスを借りている）。このホームオフィスのドアはたいてい閉まっていたが、カギはかかっていなかった。「息子はよく仕事場に入ってきて、私としゃべっていった。そのおかげで、あの子には家族にとっての仕事の大切さがよくわかっていたと思う」

フリーエージェントの両親をもつ子どもにとって、家の中にパパやママのオフィスがあるのは当たり前だ。そういう子どもは、両親が働く姿をすぐそばで見て、両親の仕事を手伝うようになる。これは、もしかすると理想的な状態なのかもしれない。「仕事と家庭が再びひとつになりはじめたということは、ビジネスと家庭はもともと相性がいいという事実のあらわれに過ぎない」と、トーマス・ペッツィンガーは著書『新しい開拓者たち』で書いている。

進化心理学をビジネス研究に取り入れているロンドン・ビジネススクールのナイジェル・ニコルソンに言わせれば、仕事と家庭を統合しようとすることは進化の法則にかなっている。仕事と家庭を一体化させようという強力な欲求こそ、「歴史を通じて、中小の家族企業が強さを発揮し続けている」理由であり、家族企業が「世界で最も普及している企業形態であり、すべての働き口の約6割を生み出している」ことの理由でもあると、ニコルソンは書いている。仕事と家庭の再統合という傾向は、「社会と文化の進化の歴史のなかでも、最も心強く最も健全な変化のひとつである」と、ハーバード大学の動物学者E・O・ウィルソンはウォールストリート・ジャーナル紙に語っている。言っていることは、ニコルソンと同じだ。つまり、ウィルソンの言葉を借りれば、仕事と家庭をブレンドする人たちは、「私たちを狩猟漁労時代の家族の形態に引き戻しているとも言える」のである。「家族は全員、長い時間、同じ場所で一緒に過ごしていたのだ」

そう、私たち人類は、ブレンドするようにできているのである。

まとめ

【ポイント】

工業経済の時代が訪れて、それまで一体だった仕事と家庭が切り離された。フリーエージェント経済は、それを再び統合しようとしている。フリーエージェントたちは、仕事と家庭のバランスを取ろうとする——仕事と家庭を切り離す発想と言えるだろう——のではなく、仕事と家庭をブレンドしはじめた。企業の「家庭に優しい」制度や法律で定められた家族休暇の制度がうまく機能していないのは、ひとつには人々のこのような志向を反映していないからだ。これらの制度は、人々に仕事と家庭をブレンドするのではなく、バランスを取ることを強いるものであり、「自分サイズの服」を求める人たちに「共通サイズの服」を着せるものと言える。そうした状況で、フリーエージェントたちは、政府や企業に頼るのをやめて、もっと人間の性質と進化の過程に沿っていると思われる働き方を選びはじめた。

【現実】

中小の家族経営の企業は、全世界の働き口の約6割を生み出している。

【キーセンテンス】

フリーエージェントのカップルという形態は、いまになって生まれたものではない。工業経済の時代になるまでは、夫婦はたいてい一緒に働いていた。インターネットの登場により、そうした夫婦の商売は必ずしも零細ビジネスとは限らなくなった。

【キーワード】

通勤夫婦（Commuter Marriages）：２人とも会社などに勤務しつつ子どもを育てている夫婦によく見られる状態。毎朝、慌ただしく子どもを託児所や学校に送り届け、勤務先に出勤し、夕方はその逆の順番で慌ただしく家に帰る。毎日がその繰り返しで過ぎていく。

第Ⅳ部

フリーエージェントを妨げる制度や習慣は変わるか

第12章 古い制度と現実のギャップは大きい

この医療保険、悪くないぜ。俺がバスにひかれたら、保険金がおりるんだ。
——ジェフ・フェルドマン(ミネソタ州ミネアポリス)

6月の薄暗い午後、私はカリフォルニア州バーバンクの美しいダウンタウンに、ひとりで立っていた。ロサンゼルス郊外にある人口10万人のこの町にやって来たのは、ある噂について調べるためだった。バーバンクではフリーエージェントが刑務所に入れられるという噂を耳にしたのだ。

アールデコ調の市庁舎を訪れ、ドアをいくつもくぐり抜けて2階に上がり、列に並ぶ。私の前には、建築許可を申請に来た2人の建設業者、それにレストランの開店許可を申請に来た男が並んでいた。

「こんにちは！」。順番が来ると、私はなるべく明るい声で切り出した。なにしろ、これから市役所の役人をだますのだ。「ぼくは作家なんです。バーバンクに引っ越そうと思ってるんですけど、自分の家で仕事をするにはどういう手続きが必要なんですか？」

小都市の役人というより、大学の学生部長という感じの担当者は、キャビネットに手を伸ばして、3組の書類を取り出した。「バーバンク市情報ガイド」、バーバンク市条例第31章の抜粋のコピー、それに、「在宅労働申請書」である。

15分の説明を受けてわかったことは、こうだ。自宅で執筆の仕事をする場合は、まず在宅労働許可を申請しなくてはならない。市当局は申請内容を検討し、職員が家を訪れて仕事場を調査する。仕事場が安全で、近所に危険を及ぼさないと認められれば、家で執筆の仕事を始めることができる。それでやっと、私の仕事場は市に正式に承認されたことになるのだ。

ただし、実際に自宅で仕事を始めるためには、特別の税金も納めなくてはならない。それに、バーバンク市条例第31章672条に従うことを求められる。この条例によれば、在宅オフィスは広さ400平方フィート以内、家の敷地面積の20％以内でなければならない。「ガレージなど、乗り物を駐車するための場所」を仕事場にしてはならないという規定もある。仕事場で、車を修理したり、銃を売ったり、犬を飼ったりしてはいけない。一緒に働いていいのは、同居している人間だけだ。

この最後の項目に、私はドキッとした。

第31章672条（c）の項を指さして、尋ねた。「ということは、自宅で仕事の打ち合わせをしてはいけないということですか？」

「そうです」と、担当者はこともなげに答えた。「打ち合わせはどこか家の外でしてもらわないといけませんね」

「ちょっと待ってくださいよ」と、私は言った。「仲間と共同で映画の脚本を書いている場合、相棒がうちに来て一緒に仕事をするのは法律違反になるんですか？　家で打ち合わせをするのは、犯罪なんですか？」

「そうです」

「カリフォルニアには、三振即アウト法があるんですよね？」

「そうです」

カリフォルニア州の「三振即アウト法」では、有罪判決を3回受けた被告人には、自動的に終身刑などの重い刑罰が科されることになっている。いくらなんでも、フリーエージェントが3回自宅で打ち合わせをして、その都度、逮捕されて、裁判にかけられて、有罪判決が下って、残りの人生を刑務所で過ごす羽目になることはないだろう。それでも、少なくとも理屈の上だけでもそういう可能性があるという事実は、アメリカの法制度が抱えている問題を象徴している。現在の制度はすでに時代遅れになっていて、新しい現実に十分に対応できていないのだ。


たとえば、アメリカの労働関係の法律は、ほとんどの人が単一の雇用主に恒久的に雇用されていることを前提にしている。フリーランスは労働組合をつくることを認められていない。労働組合を組織できるのは一定の種類の被雇用者だけだ。ミニ起業家は失業保険を受け取ることができない。失業保険を受給できるのは一定の種類の被雇用者だけだ。政府は、雇用主として大企業を想定している場合が多い。税金の徴収や医療保険の支払いなど、本来は政府のやるべき仕事を雇用主にやらせている場合が多いのはそのためだ。こうした制度は、雇用主と非雇用者の区別がはっきりしていて、安定が当たり前で変化が特別なことだった時代には、おおむねうまく機能していた。

しかし、それをフリーエージェント経済に適用しようというのは、人に3サイズ小さい靴を履かせるようなものだ。靴のサイズが合っていないと、ダンスのステップを踏み間違ったり、おかしなステップを踏んだりしかねない。

第Ⅲ部では、フリーエージェント・ネーションがどのように機能しているのかを見てきたが、第Ⅳ部の第12章と第13章では、フリーエージェント・ネーションがうまく機能していない部分を見ていく。法律や政策の面で最も際立っている問題点は、医療保険、税金、そしてバーバンクの例にあるように、商業地区と住宅地区を厳格に分ける地域地区規制の3つだ。

医療保険の適用外となる恐怖

ちょっと見ただけではわからないけれど、私たち夫婦の下の娘エリザは「コブラ・ベビー」だ。エリザは、医療保険に関する法律の複雑極まる規定を念頭に置いた両親によって、この世に送り出されたのである。

私がホワイトハウスを辞めてほぼ1年後、妻も勤めを辞めた。国民皆保険制がとられていないアメリカでは、勤めを辞めると、オーガニゼーション・マンの人生に欠かせないもの、すなわち雇用主を通じて加入する医療保険を失うことになる。いくら会社勤めが自己実現の邪魔になるといっても、医療保険の存在は大きい。実際、長女の出産費用は1万ドルを超したが、医療保険があったので毎月の少額の保険料以外はいっさい医療費を支払わなくて済んだ。

しかし、雇用主とおさらばしたとき、私たちは医療保険ともおさらばしてしまった。それでも、1985年に成立した「包括財政調整法（略称COBRA＝コブラ）」という法律のおかげで、妻の退職後18カ月間は、その期間の保険料を全額自分で支払えば、勤めていた頃の医療保険の適用を受けられた。この18カ月を過ぎると、医療費はすべて自己負担になる。つまり、2人目の子どもが欲しい場合は、時間が限られていたのだ。

この後、私たち夫婦がどういう行為にいそしんだかを詳しく説明するのはやめておこう。ともかく、この18カ月の間に、エリザベス・ラーナー・ピンクがこの世に生まれたのだ。

医療保険の適用を受けられるように子どもをつくる時期を計画した親は、私たち夫婦がはじめてではないだろう。公園の砂場には、エリザ以外にもコブラ・ベビーがいるのだろう。このエピソードに皮肉な風味を与えているのは、私たちの娘は計画して出産したものであるのに対して、この出産の背景にある医療保険制度は偶然の産物であるということだ。

いま雇用主を通じて医療保険の適用を受けているアメリカ人は、幸せを噛みしめたほうがいい。そもそもは、現在のような制度になるはずではなかったのだから。第2次世界大戦中、物価が上昇しはじめると、ルーズベルト大統領はインフレを抑制するために、賃金の上昇を凍結する措置を導入した。その結果、高い給料をエサに労働力を集めることができなくなった雇用主は、ほかのエサを用意する必要が出てきた。そこで登場したのが、雇用主が保険料を全額もしくは一部負担して従業員を医療保険に加入させるという制度だった。それでも、これだけなら、その制度は一時的なものに終わっていても不思議はなかった。

しかし、ここで強力な要因が加わった。税制である。雇用主は、従業員の医療保険料を負担した場合、課税控除を受けられるようになった。一方、従業員は、この新しい付加給付には所得税を課されないことになった。こうして、一時的なものだったはずの措置がしっかり根を下ろしたのだ。

このような要因が重ならなければ、アメリカの医療保険はもっと違った形になっていた可能性が高い。雇用主を通じて医療保険に加入するというシステムは、道徳的・経済的な論理に支えられたものではないのだ。医療保険を雇用と一体化させていることは、アメリカで医療保険の加入率が目も当てられないほど低いことの一因でもある。

現在、アメリカには医療保険に加入していない人が4300万人近くいる。その6割は、組織に雇われないで働いている人か、中小企業に勤めている人だ。雇われずに働いている人の3人に1人は無保険者であるという統計もある。ミニ企業を営む移民の多いロサンゼルスでは、無保険者の割合は40％にも達する。しかも、ミニ企業が医療保険に加入しようとすると、多くの場合、大企業の3倍や4倍もの団体保険料を支払わなくてはならない。フリーエージェントになりたいのに、医療保険を失うことを恐れて独立に踏み切れない人もいる。

組織と人間の結びつきが弱まり、組織から逃れようとする人も多い時代には、雇用主を介した医療保険制度は時代遅れになってきている。第18章でこの医療保険問題の解決策をいくつか提示したい。

税金地獄に飛び込めるか

はじめて給料を受け取ったときのことを覚えているだろうか？　時給3ドルで20時間、スーパーのレジの仕事をしたのだから、60ドルもらえるものと思っていた。けれど、給料明細を渡されて、いちばん下の欄を見ると、支払額は39ドル14セントだという。がっかりした経験がある人も多いだろう。それでも、そのうちに慣れてしまう。そうして、稼いだお金の全額はもらえないということを当たり前に感じるようになる。

昔からこうだったわけではない。議会に所得税の徴収権を認める合衆国憲法修正第16条が成立したのは、1913年。その後、30年間は、国民は財務省に小切手を送って、所得税を納付していた。しかし、医療保険の場合と同じように、第2次世界大戦の戦時下の雰囲気のなかで新しい制度が生まれ、一時的な措置だったはずのものがそのまま固定化されていった。

新しい徴税の方法を生み出すうえで大きな役割を果たしたのは、「百貨店メーシーズの幹部だった、ビアーズレー・ルムルというパイプ好きの男」だったと、アミティ・シュレーズの著書『グリーディー・ハンド』にはある。日本の真珠湾攻撃により社会に緊迫したムードが漂っていた1942年、歳入を増やす必要に迫られて、議会は所得税の増税に踏み切り、課税対象を広げた。しかし、新たに課税対象となった人の多くは、税金に納めるための金を納税の時期まで取っておこうとしなかった。そのため、大勢の国民が常習的な税金滞納者となり、予定されていただけの税金が国庫に納められない事態となった。

当時、ルムルはニューヨーク連銀の幹部に名を連ねていた。「ルムルはメーシーズ時代の実体験を通じて、顧客が1度に大きな金額を払いたがらないことを知っていた。金利を払ってでも、分割払いで少しずつ払いたがる顧客が多かった」と、シュレーズは書いている。この消費者心理を徴税に応用することをルムルは思いついた。彼の考えた新しい徴税方法とは、雇用主が給料の支払いのたびに従業員の給料からいくらか天引きして、その金を政府に納めるというものだった。最初に給料明細を見たときは誰もがびっくりするだろうが、そのうちに気にとめなくなるはずだと、彼は考えた。新しい制度の導入を円滑にするために、この天引き制度を受け入れれば、前年の税金を滞納していても支払いを免除するという措置も打ち出した。免税というアメに、天引きというムチ、それにヒトラーを倒すためにはこれが必要なのだという暗黙のメッセージをうまく使って、ルムルは、アメリカ人の生活を様変わりさせたのだ。いまや私たちは、儲けたはずの金額より受け取る額が少ないことを当然のこととして受け入れるようになっている。

税金の源泉徴収というのは、悪いアイデアではない。徴税の効率は目覚ましく向上した。税金の滞納も大幅に減った。しかし、この源泉徴収制度の寿命も尽きはじめているのかもしれない。理由は単純明瞭だ。フリーエージェントのほとんどが小切手で税金を納めているからだ。

典型的なフリーエージェントを例に考えてみよう。たとえば、事業を法人化していないフリーランスのイラストレーターがいるとする。取引先は、それぞれの仕事が終わるごとに報酬を支払ってくれるが、税金の源泉徴収はしてくれない。それでも、税金は納めなくてはならない。そこで、四半期ごとに自分で納税額を計算して、その金額の小切手を切り、決められた書類に必要事項を記入して、税金を納める(所得隠しができないように、取引先は翌年のはじめに、前年の支払額を記した書類を税務署に送付することになっている)。

こうした煩雑な手続きを強いられることにより、税金は、フリーエージェントにとって「目に見える」ものになっている。そして、彼らの目に映っている税制度はあまり気分のいいものでない。現在のアメリカの税制は、3つの点でフリーエージェントに不利なものになっている。

第1は、二重課税の問題だ。話をスーパーのレジ係の給料明細に戻そう。レジ係の給料からは、所得税以外にも7・65%の社会保障税が天引きされている。雇用主も、これと同じ額の7・65%を負担する。社会保障税は従業員と雇用主が折半することになっているのだ。

しかし、フリーエージェントのイラストレーターの場合はどうだろう? 労働者負担分の社会保障税7・65%を支払うことは言うまでもない。しかしこのイラストレーターは、自分自身の雇用主でもある。そこで、雇用主の負担分も支払わなくてはならない。つまり、スーパーのレジ係のように7・65%の社会保障税を納めるのではなく、その2倍の13・3%を納めなくてはならないのだ。もちろん、従来の会社員も同じだけの負担をしているのだという意見もあるだろう。すなわち、雇用主が負担する社会保障税7・65%は、本来は従業員に給料として支払われるべきものだったという論法である。なるほど、理屈の上ではそうかもしれないが、いくら理論的に説明してもらったところで、所得税と別に15・3%もの社会保障税を納めなくてはならないフリーエージェントの重税感が和らぐことはない。

第2の問題は、すでにこの章でも取り上げた医療保険だ。スーパーは、レジ係の医療保険料を負担すれば、その全額を税金から控除することができる。この制度は理にかなっている。しかし問題は、アメリカの現行制度では、法人化していないフリーエージェントのイラストレーターが自分の医療保険料を支払っても、その全額を控除することはできないということだ。この制度を正当化する根拠はどこを探しても見当たらない。こんな制度が存在する理由として考えられるのは、フリーエージェントが強力なロビー団体をもっていないことくらいだ。

それでも、状況は改善されはじめている。1992年までは、フリーエージェントの医療保険料はいっさい控除することができなかったが、段階的に控除が認められるようになってきた。ただし、全額控除が認められるのは2003年からだ。それまでフリーエージェントは、事業を法人化して、配偶者を雇用し、家族単位の医療保険に加入させて、その保険料を経費として全額控除するなど、奇妙な法制度上のアクロバットをしなくてはならない。

第3の問題は、頭痛がするほどややこしい税制度だ。フリーエージェントは自分自身のボスであるだけでなく、経理部員にもならなくてはならない。これは、愉快なことではまったくない。その証拠に、ある調査によると、1980年以降、税理士に確定申告を依頼したことのある人は全体の44％にのぼる。スタンフォード大学の研究者ハワード・グレックマンの試算によると、税制が複雑なせいで、徴税費用で1000億ドル以上、脱税で1000億ドル、そして「人々が税制上有利な投資をしようとすることによる歪み」により1000億ドルの税収が失われているという。内国歳入庁（IRS）の国家納税者擁護官ヴァル・オヴェソンは99年、同擁護官制度が創設されて最初の議会に対する報告書で、複雑な税制は「納税者にとって最も深刻で重い負担になっている」と指摘している。

その負担がとりわけ重いのが、フリーエージェントだ。すべての支出は課税所得から控除できる可能性がある半面、下手をすると税務署の査察を受けるきっかけになる恐れもある。ある税金専門の弁護士の言葉を借りれば、「自営で働いていれば、一生のうち少なくとも1度は査察を受ける可能性が高い」という。

要するに、フリーエージェントになるということは、税金地獄に飛び込むに等しいのだ。二重課税はされるし、医療保険料の全額控除は認められない。複雑な税法をいちいち調べなければならず、なにをしても税務署の査察を招く危険がある。

しかし、これで驚いてはいけない。ニュージャージー州のフリーエージェントはもっとひどい目にあっているのだ。

時代遅れな地域地区規制の弊害

ニュージャージー州ネプチューンは、カリフォルニア州バーバンクとは地理的に離れているだけでなく、住民の態度もまるで違う。バーバンクには、あまりに厳格な地域地区規制に激しく反発している人はほとんどいないように見えたが、ネプチューンでは、見当違いな規制の撤廃を目指して運動している人物に会うことができた。

その人物の名は、クリス・ハンセン。小売りチェーンのシアーズ勤務やタイプライターのインクリボンの訪問販売員を経て、現在はニュージャージー州ウェストシルベニアアベニューでアドバンスト・コピアー・アンド・データ・カンパニーというコンピュータ用品販売の小さなビジネスを営んでいる。

アメリカの大勢の起業家と同じように、ハンセンは自分の家を拠点にビジネスを始めた。そして、ニュージャージー州の大勢の起業家と同じように、法律を破っていた。ニュージャージー州には自宅で仕事をしている人が約60万人いるが、州内の556の自治体のほとんどすべてで、自宅でフリーランスとして働くことや自宅でミニ企業を営むことは違法とされているのだ。一部の自治体の条例では、在宅労働者に最高1000ドルの罰金と90日間の禁固刑を科しているケースもある。こうした制度があるため、多くのフリーエージェントは、かつてのハンセンのように隠れてビジネスを営むことを余儀なくされている。地域の商工会議所にも参加できないし、タウンミーティングで堂々と発言することもできない。こうした状況にハンセンは耐えられなかった。

ハンセンは1996年、この状況を変えるために「在宅ビジネス評議会」という団体を発足させた。目標は「脱工業化時代にふさわしい新しい秩序をつくり出す」こと。ファクスで毎週150のプレスリリースを発信し、重低音の声で歴史学者アーノルド・トインビーや経済学者ミルトン・フリードマンを引用して自説を展開するなどの活動を通じて、ハンセンは目標の実現まであと一歩のところまできている。

人が自分の家の中でなにをしようと、近所に迷惑をかけない限り他人がとやかく言うべきことではないと、ハンセンは訴えた。「家の中でなにをしているかわかったものではないと言うけれど、それなら、それはその人の自由にさせておいて問題ないということにほかならない」と、箱やコンピュータの消耗品などが山積みになった店の奥の部屋でハンセンは語った。

ニュージャージーの州議会にも陳情した。議員たちはハンセンの話を聞くと、「ニュージャージーで50万人以上の人が自宅で仕事をしていて、それが違法だって？　そんな法律は改正すべきだ」と言ってくれた。そこで、彼は改正法案の作成にも協力した。しかし、州議会が法律を改正しようとすると、いつも決まって州内の各市当局と弁護士協会の反対にあった。市当局は、自分たちの権力が弱まるのではないかと恐れたのだ。弁護士にとっては、地域地区規制の適用除外を求める市民の依頼は貴重な収入源だった。法案は州下院を2度通過したが、2度とも州上院で否決された。99年の年末に上院の採決が行われようとしていたとき、フリーエージェントのグラフィック・アーティストが州議事堂近くでこんなビラを配っていた。「私の名前は、キャシー・リード。犯罪者です」。罪状は「子どもを育てるために自宅で仕事をしていること」。

地域地区規制という制度は、この本に登場する様々な制度やシステムと同じように、20世紀の悪しき遺物だ。1926年の連邦最高裁判決で合憲性が認められるまでは、この制度は一般に、当局の権力濫用であると考えられていた。なるほど、この制度はまったく合理性のないものというわけではない。歴史上のある時期には、住宅地、工業地、商業地を分けるという制度は極めて理にかなっていた。たいていの人は、巨大な鉄工所のそばで子どもを育てたくはないだろう。しかし、仕事と私生活の境界線が曖昧になるにつれて、こうした区分を徹底することは難しくなっただけでなく、大きな支障を来しはじめている。商業地区と住宅地区の区別を神聖不可侵なものにしようという自治体の条例は、耐用年数を過ぎても生き残ってしまっているのだ。

「私がプロのサックス奏者で、あなたが趣味でサックスを吹いているとする。朝の3時に道路でサックスを吹くことが許されるべきではないのは、私たち2人とも同じことだ」と、ハンセンは言った。「近所迷惑であれば、プロであろうとアマチュアであろうと、市当局はそれをやめさせる措置を講ずればいい」

ロサンゼルス市は最近、自宅で仕事をする作家とアーティストに、家で働く許可を与える代わりに25ドルを徴収する制度を導入しようとしたことがあった。作家協会は、この案を創造的な人間を管理しようとした共産圏の手法になぞらえて批判して、ロビー活動を展開し、この案を葬り去ることに成功した。

フリーエージェントたちがこうした束縛的な法制度と闘っている姿に、ハンセンは深い意義を認めている。「神は、それぞれに個性的な理由で、一人ひとりの人間を個性的につくられたと思う」と、彼は言う。彼は結婚を機に、カトリックに改宗している。「今日の社会で、私たちは歴史上はじめて、自分の個性的なところを知る機会に恵まれた」。もしその機会が阻まれれば、人々はかつてなく激しく抵抗するかもしれない。「そこから新しい政党が生まれる」可能性もあると、ハンセンは言う。「いちばん大切なのは自分の自由だと、人々は主張しはじめている。誰にも指図されるつもりはない、と」

まとめ

【ポイント】

アメリカの法制度の多くは、大半の人が単一の雇用主の下でフルタイムの恒久的な職に就いている状態を前提にしている。こうした法律は耐用年数を過ぎて生き延びており、主に3つの面でフリーエージェント経済の足を引っ張っている。それは、医療保険、税制、地域地区規制である。雇用主をもたないで働く人が増えたいま、雇用主を通じて加入する従来の医療保険制度は時代遅れになっている。この制度は歴史的な偶然から生まれたものであり、経済的・倫理的な必然性はほとんどない。しかもこの制度のおかげで、無保険者のフリーエージェントが大勢いるうえに、医療保険を失うことを恐れて独立に踏み切れない人も多い。一方、現在のアメリカの税制は、3つの点でフリーエージェントに不利な内容になっている。フリーエージェントは、社会保障税を給与所得者の2倍支払わされるのに加えて、医療保険料の全額控除を認められず、頭が痛くなるほど複雑な税制のおかげで時間とコストと精神的ゆとりを奪われているのだ。また、自治体の地域地区規制は、仕事と家庭の明確な区別を前提にしており、その多くは在宅のフリーエージェントに厳しい規制を課している。自宅でビジネスを営むことを禁止している自治体もある。

【現実】

スタンフォード大学の研究者の試算によると、税制が複雑なせいで、徴税費用で1000億ドル以上、脱税で1000億ドル、そして「人々が税制上有利な投資をしようとすることによる歪み」により1000億ドルの税収が失われているという。

【キーセンテンス】

いま雇用主を通じて医療保険の適用を受けているアメリカ人は、幸せを噛みしめたほうがいい。そもそもは、現在のような制度になるはずではなかったのだから。

【キーワード】

コブラ・ベビー（COBRA Baby）：勤務先を退職したフリーエージェントが退職後18カ月以内につくった子ども。アメリカでは、「包括財政調整法（略称COBRA＝コブラ）」という法律によって、雇用主は、退職した従業員が自費で医療保険料を支払い続ける場合、退職後18カ月間は医療保険を提供し続けなければならないことになっている。フリーエージェントのなかには、この制度を利用して子どもをつくる人が少なくない。

第13章 万年臨時社員の実態と新しい労働運動の始まり

臨時社員としてやっていかなくてはならない以上、せめて待遇についてひと言言わせて欲しい。

――クリスティーン・マシアス(カリフォルニア州サンノゼ)、シリコンバレーの臨時社員の給料が低いことについて

フリーエージェント社会なんて、クソ食らえ――。世の中には、そう思っている人も多い。

フリーエージェントのなかにも、そう思っている人たちはいる。彼らにしてみれば、新しい仕事の世界は、ほかの多くのフリーエージェントたちが言うような楽園とはほど遠い。自由と独立は、たちまち不安と不安定に変わってしまう。独立してやっていくだけの技能や知恵、意欲がないことを思い知らされて、好むと好まざるとにかかわらず、企業という繭の中にいたほうがいいと考える人もいるだろう。臨時社員(テンプ)として安い給料で働いている人たちは、雇用主から冷遇されて、オフィ

スのコピー機に毛が生えた程度の存在としか考えられていないことも少なくない。悪質な雇用主のなかには、正社員への登用というエサを目の前にぶら下げておいて、何年たっても臨時社員の待遇を変えようとしないケースもある。

これまでも述べてきたように、私はおおむね、フリーエージェントという労働形態の拡大は好ましい傾向だと考えている。しかし、フリーエージェントがすべての人にとって等しく好ましいものであるなどとは思っていない。その恩恵から取り残された人たちにとって、フリーエージェントは災いの種であり、フリーエージェント・ネーションは邪悪で残酷な世界でしかない。この章では、フリーエージェントが陥るおそれのある悲惨な状況について、そしてそれを是正するために生まれつつある新しい労働運動について見ていきたい。

テンプ・スレーブの劣悪な労働環境

第2章で述べたように、臨時社員のなかには2つの両極端な人種がいる。第10章で紹介した「臨時CFO（最高財務責任者）」のような人たちがいる一方で、雀の涙ほどの給料で劣悪な労働環境で退屈な仕事をしている人もいる。この第2のカテゴリーに属する人々は、フリーエージェントという労働形態がいかに劣悪な労働条件を生み出す可能性があるかを示す最も際立った例である。

ウィスコンシン州マディソンのジェフ・ケリーは、こうした劣悪な労働条件を強いられている臨時社員を「テンプ・スレーブ（臨時社員奴隷）」と呼ぶ。「給料は低いし、付加給付も保障もないし、敬意を払われることもなく、ハツカネズミのように永遠に同じ場所をぐるぐる回っている」と、ケリーは言う。臨時労働者は、「暴走した企業の気まぐれな欲望に捧げられた生贄」なのだ。

ケリー自身にもそうした経験がある。彼はウィスコンシン州の保険会社で1年間、臨時社員として働いたことがある。正社員に登用するという約束を信じていたが、この約束は守られずじまいだった。契約打ち切りの事前通知を2週間前にされると、ケリーは会社のコピー機を使って、『テンプ・スレーブ！』という雑誌をつくった。この雑誌は大きな反響を呼び、ケリーのような使い捨て労働者の存在を世に知らしめ、そうした人たちに発言の場を与えた。

テンプ・スレーブは、マズローの「欲求のピラミッド」を登ることはないし、FANクラブの会合で映画『ザ・エージェント』の意味を話し合ったりもしない。そんなのとは無縁の生活だ。この人たちは、アメリカの労働者のなかで最も不満を抱いている人たちと言ってもいい。とくに大きな不満は2つある。いずれももっともな不満だ。

低給で付加給付はなし

全米労働総同盟・産業別会議（AFL-CIO）のエコノミスト、ヘレーヌ・ジョーゲンソンによれば、20～34歳の臨時労働者は、同じ仕事をしている正社員と比べて給料が約16％少ないという。ミニ起業家や高い専門技能をもつフリーランスが人材市場でうまくやっているのに対して、テンプ・スレーブは高い給料をもらえるだけの技能もなければ、交渉力もない。正社員には当然の権利や恩恵も与えられない場合が多い。たとえば、臨時社員の55％は医療保険に加入していない。それに、臨時社員は仕事が途切れると、金は入ってこなくなる。収入が不安定なことはフリーエージェントにつきものの悩みだが、その打撃を最も受けているのは低給の臨時社員たちだ。1990年代後半にニュージャージー州のいろいろな会社で臨時社員として働いていた36歳の男性（匿名を希望）は、こう語った。

「ショッピングモールで店員の仕事をしたり、ファストフード店でハンバーガーを焼くよりは、給料はいい。でも、デメリットもある。仕事が途切れたときには、まったく金が入ってこなくなるんだ」

臨時社員はたいてい、名目上の雇用主である派遣会社に強い怒りを抱いている。派遣会社の取る仲介料は、平均して30％にものぼるのだ。たとえば、ウィジェットワールドという会社が1週間、受付係を必要としていて、ボディショッパーズ人材エージェンシーに人材派遣を依頼したとしよう。ボディショッパーズがサリーという登録労働者に白羽の矢を立てて、10ドルの時給でウィジェットワールドに紹介した場合、サリーが受け取る時給は7ドルだけということになる。サリーには、仕事を得るための交渉力もコネもないので、その3ドルを派遣会社に取られてしまうのだ。

テンプ・スレーブたちの間には、派遣会社の存在によって正社員登用が妨げられているという不満もある。ウィジェットワールドがサリーを正社員として採用した場合、同社はボディショッパーズにサリーの初年度の給料の約25％相当の金額を支払う決まりになっているのが普通だ。こうして、サリーは臨時社員のまま、能力に見合わない安い給料で働き続けることになる。ネバダ州立大学ラスベガス校のロバート・E・パーカー教授は著著『肉を売る者たちと温かい死体』で、こう述べている。「(臨時の労働力は)雇用主にとって、人材戦略を推し進めるうえでの実に都合のいい道具になり得る。これにより、労働プロセスを管理し、生産性を最大限高めることが可能になる」

仕事は退屈かつ屈辱的

臨時社員は、金についてだけでなく、仕事のやりがいの面でも不満を感じている。臨時社員として低い給料で働いている人は誰でも、仕事は救いようがないほど退屈だと身にしみて感じている。退屈な仕事を「脳ミソ泥棒」と呼んだ元臨時社員もいた。窓もない部屋でひと言も口を利かずに、銀行の発表文書の校正を延々と続けている人もいる。ファイルのラベルを貼り直したり、アイスクリームの容器のふたがしっかりしまっているかどうか検査するだけの日々を過ごしている人もいる。ある調査によれば、「臨時の労働力に与えられる仕事は、概して組み立てラインのいちばん単純な反復作業、つまり誰にでもできる仕事である」という。これでは、自己実現など成し遂げられるわけがない。

非人間的な扱いを受けていると感じている人も少なくない。会社側は、正社員に怪我をさせたときに補償するコストの負担を避けるために、臨時社員に危険な仕事をさせることもある。しかし、非人間的な処遇はもっと間接的な形で行われる場合がほとんどだ。『テンプ・スレーブ！』の中で、ある臨時社員はオフィスで1日中「臨時社員」と書かれた大きなカードを首から下げて過ごすという屈辱を味わわされたと述べている。「みんな、ぼくが臨時社員だとわかっているから、ぼくと口を利くのはタブーのような感じだった」と言う臨時社員もいる。社会学者のアーヴィング・ゴッフマンは1959年の著書『行為と演技――日常生活における自己呈示』で、「非人間」という概念を提示している。ここで言う「非人間」とは、「その場にいるのに、存在しないかのように扱われる」人たちのことだ。子どもや高齢者、召使いや給仕などである。ひどい場合には、臨時社員も、ゴッフマンの言う「非人間」のような立場に置かれてしまう。そんな人たちに、自分らしさや自己表現を追求する機会などあるはずもない。

こうした不満のなかから、2つの動きが生まれている。ひとつは、当然、予想される動きだ。大半の臨時社員が正社員になりたいと言っているのである。たとえ仕事は退屈でも、医療保険に加入できるほうがいいというわけだ。様々な調査によれば、事務系の臨時社員（臨時労働者人口の最も大きな部分を占める）の大半は、フルタイムの恒久的な職に就きたいと答えている。事務系以外の低給の臨時社員も、ほとんどが同じことを考えている。なんの不思議もない。普通の神経の持ち主なら、誰だって、不愉快な環境で、ごくわずかな給料のために自由をまったく与えられずに働くのは嫌だ。彼らにとっては、多くのフリーランスやミニ起業家が捨てた宮仕えの生活が、雇用の食物連鎖をはい上がるためのステップになっている。

もうひとつの動きは、もっと興味深い。臨時社員の不満を表現する雑誌やウェブサイト、ポップカルチャーなどが続々と、たいていはアングラで生まれているのだ。仕事の場で創造性を発揮する機会を奪われたテンプ・スレーブたちは、そういう場で自分を表現しているのである。この本でも紹介しているように、新しい労働形態は様々な新しい言葉を生み出してきた。不満をもつ臨時社員のためのウェブサイト「テンプ24－7」によれば、臨時社員に関してもいくつかの新しい言葉が誕生している。すべてマイナスの意味の言葉だ。

◆フローター（放浪者）：そのときどきで担当者が欠けている仕事をこなす臨時社員。オフィス内で際限なくいろいろな仕事に回される。

◆独居房：ごくわずかな仕事しか与えられずに、ひとりぼっちで働く臨時社員。仕事がほとんどないので、延々と続く孤独にいつまでも耐えなくてはならない。

◆テンポン：社員ではこなしきれない仕事を処理するために雇われた使い捨ての臨時社員。仕事が終われば、あっさり捨てられる。

『テンプ・スレーブ！』以外にも、『マックジョブ』『ワーキング・フォー・ザ・マン』『コンティンジェンシー・クライヤー』『モルモット・ゼロ』などといった名前の似たような雑誌が続々と登場している。臨時社員をテーマにした映画もつくられている。フォックス・アニメーションの制作した映画『ガイ・フトマキ――ニンジャ・テンプ』は、「経営者の体の中に住む悪魔の正体を暴くために、臨時社員としてオフィスに潜入したニンジャ」が主人公の映画だ。このほかにも、社員を次々と殺して出世しようとする狂気の臨時社員が主人公の『派遣秘書』（１９９３年）や、臨時社員に非人間的な扱いをする社員たちを懲らしめるために陰謀を巡らす4人の臨時社員を描いた『クロックウオッチャーズ』（1997年）などがある。臨時社員の置かれた奴隷のような環境は、サボタージュや仕返しを題材にした創作の生まれる土壌にもなっている。ある臨時社員が「テンプX」というペンネームで書いた「臨時社員の10の心得」は、広く読まれている。そこには、こんなアドバイスが書かれている。「仕事はなるべくゆっくりやる。そうすれば、それが基準になり、自分のペースで働くことができるようになる」「少しでも多く会社のものをネコババする。文房具などの消耗品を持って帰ったり、コピー機やファクスを私用で使えばいい」

しかし、こうした悲惨な待遇は、一般に考えられているほどまかり通っているわけではない。「不本意ながら（臨時社員として）働いている人もいるにはいるが、それはあくまでも少数派である」と、エコノミストのアン・ポリヴカは書いている。次になにをするか決めるまでの一時的な仕事として、臨時社員をしている人たちもいる。アーティストや俳優、ミュージシャンなど、情熱を傾ける対象が別にあって、生活や夢の追求のために必要な金を得るためだけに臨時社員の仕事をしている人たちもいる。

しかし、それ以上に重要な点は、ほとんどのフリーエージェントは臨時社員ではないし、ほとんどの臨時社員はテンプ・スレーブではないということだ。リチャード・セネットの『それでも新資本主義についていくか——アメリカ型経営と個人の衝突』やジェレミー・リフキンの『大失業時代』、ナオミ・クラインの『ブランドなんか、いらない』、ジェデディア・パーディの『フォー・コモンシングズ』、トーマス・フランクの『神の下のひとつの市場』など、フリーエージェントという働き方の拡大を厳しく批判する論者は、この点を誤解している。こうした人たちの言っていることは、かかとを骨折しているだけの健康な人を安楽死にしろと言うのに等しい。かかとの怪我の適切な治療法はかかとを治療することであって、その人を生命の危険にさらすことではない。

それに、テンプ・スレーブの悲惨な状況を見ているだけでは見えてこない問題もある。たとえば、マクドナルドの店員について考えてみてほしい。この人たちは正社員ではあっても、テンプ・スレーブたちに比べて、それほどいい生活を送っているようには見えない。テンプ・スレーブが劣悪な条件で働かされているのは、その人たちが臨時社員だからではなく、正当な扱いを受けるための技能や交渉力をもっていないからなのだ。

今日、職場における不平等を生み出しているのは、その人が会社員であるかフリーエージェントであるかではない。不平等を生むのは、需要のある技能をもっているか否かの違いであり、新しい人材市場における交渉力をもっているか否かの違いなのだ。ここにきて勢いを取り戻しつつある労働運動も、この問題に焦点を当てようとしているようだ。この点については、後で触れる。

悲惨な万年臨時社員

ここ数年、「万年臨時社員（パーマテンプ）」と呼ばれる人たちの惨状がマスコミでも取り上げられるようになっている。長期間にわたって同じ会社で正社員と同じ仕事をフルタイムでしているのに、派遣会社を介しているために、医療保険や年金、ストックオプションなどを与えられない人たちのことである。

いちばん有名なのは、マイクロソフトの例だ。マイクロソフトの臨時社員の多くは、正社員と机を並べて、同じ製品のテストを行い、同じユーザーインターフェイスをデザインし、同じオンライン出版物の編集をしていた。しかし、この人たちの法律上の雇用主は、マイクロソフトではなく、派遣会社だった。そのため、職場に奇妙なカースト制度が生まれることになった。正社員はブルーのバッジを着け、臨時社員はオレンジのバッジを着けた。オレンジのバッジを着けた人は、会社のスポーツジムも利用できず、会社のパーティーにも参加できなかった。一部のバレーボールコートは使わせてもらえず、窓のない部屋で働かなくてはならない場合もあった。

雑誌ファストカンパニーのロン・リーバーは、こう書いている。「マイクロソフトでは、派遣会社から派遣されたスタッフの電子メールアドレスには、頭に『A』の文字がつくようになっている。おかげで、自分たちが電子メールで意見を述べてもあっさり切り捨てられやすいと、臨時社員たちは言う。それだけではない。臨時社員は自社のソフトウェアを割り引き価格で買うこともできない。というより、社内販売を利用すること自体が認められていないのだ。自分でプログラムを書いた製品を買うことができないのである」

リチャード（姓は明かさないことを希望）は、臨時社員として6年半、マイクロソフトで働いていた。「正社員にしてやると言われたことは、3度あった」が、その約束は守られずじまいだったと言う。第2章で紹介したシビル・ランディは、派遣会社を通じて時給10ドルでソフトウェアのテスト担当として、マイクロソフトで働きはじめた。その後、いろいろなプロジェクトに参加し、職務内容は高度なものになったのに、1度も給料は上げてもらえなかった。「雇用の安定なんて、まったく期待していない」と、彼女はシアトルのコーヒーショップで語った。「安定して仕事を得るためには、クライアントに信頼されるようにし、技能を磨かなくてはならないと思っている。どこかの会社に仕事を保障してもらおうなんて思っていない」。それでも、昇級がなかったことは不公平だったと、いまでも思っている。当時、昇級を要求すると、派遣会社とマイクロソフトは互いに責任を押しつけようとしたという。

１９９２年、マイクロソフトの臨時社員8人が会社を相手取って訴訟を起こした。臨時社員にストックオプションという甘い果実を与えないのは違法であるというのが、訴えの理由だった。この集団訴訟や同様の訴訟の審理は、舞台となる裁判所を次々と変えて、8年間続いた。そしてついに、連邦裁判所は、マイクロソフトが違法行為をはたらいたと認定した。マイクロソフトは２０００年末に和解に応じ、元臨時社員に総額9700万ドルの和解金を支払うことになった。労働者の反乱に衝撃を受け、法廷での敗北と巨額の支出という痛手に懲りて、マイクロソフトは人事政策を一部見直した。数千人の臨時社員を正社員に登用し、今後は派遣会社から派遣される臨時社員の採用期間は1年に限定することにしたのだ。

もちろん、万年臨時社員は、テンプ・スレーブほどは悲惨でない。多くの人は、そこそこの給料を受け取っている。この10年間、断続的にマイクロソフトで臨時社員として働いてきた男性は、こう語った。「臨時社員として働くというのは、いつも自分で選択したことだった。私にとって大切なのは、自由を大切にしたい。マイクロソフトとへその緒でつながるのなんて、まっぴらごめんだ。給料を払う以外に、マイクロソフトは私になんの義務も負っていない」。マイクロソフトの株価が跳ね上がり、ストックオプションをもつ従業員が一躍大金持ちになっていなければ、万年臨時社員たちはそれほど不満を募らせなかったかもしれない。

しかし、万年臨時社員にも、不満を口にする資格はある。彼らは、一見したところ正社員と同じように見えるし、正社員と同じように歩き、同じように愚痴を言う。正社員と同じように、会社の仕事のために犠牲も払っている。それなのに、付加給付や雇用の安定などの会社員生活の恩恵にあずかることができない場合が多い。この点では多くのフリーエージェントも同じだが、万年臨時社員はフリーエージェントの恩恵にも浴していない。職場に通勤しなくてはならないし、他人の下で働かなくてはならない。万年臨時社員は、完全な会社員でもなければ、自由なフリーエージェントでもないのだ。

両方の労働形態の悪いところばかりを味わわされている。こうした不満を背景に、万年臨時社員の間で、団結しようという動きが出はじめている。

自発的に組織する労働者たち

シビル・ランディとリチャードに話を聞いたシアトルのコーヒーショップから通りを隔てた場所に、「ワシントン州テクノロジー連盟」の粗末なオフィスがある。マイクロソフトの元臨時社員マイク・ブレインとマーカス・コートニーが万年臨時社員の待遇改善を目指してこの組織を旗揚げしたのは、1998年のことだ。ワシントン州テクノロジー連盟は、労働組合ではない（ただし「全米情報通信労組」の資金援助を一部受けている）。会社側と労働条件の交渉をすることはない。

しかし、労働組合的な要素がまったくないわけではない。この組織も、従来の労働組合と同じように、労働者を組織し、ハイテク労働者の権利を主張している。

1990年代以降、フリーエージェントの抱える問題に対処するために、様々な労働者団体が生まれた。アメリカでは、労働運動は「組織化された労働者（オーガナイズド・レイバー）」と呼ばれてきた。だとすれば、こうした新しい労働運動は、「自発的に組織する労働者（セルフオーガナイズド・レイバー）」とでも呼ぶべきかもしれない。このような労働者団体には、会費を徴収し、統一した方針を決める中央組織もないし、法人格を与える法律もなければ、組合員募集の方法などを規制する法律もない。しかしこうしたグループは、従来にないアプローチで労働者の抱える問題に臨むことにより、アメリカの労働運動を再び活性化させている。とくに注目すべき点は4つある。

ハイテクで「悪事」を暴露

マイク・ブレインは、いくつかの中小の日刊紙で記者の仕事をした後、マイクロソフトに移り、臨時社員という立場でデジタル版の百科事典『エンカルタ』の記事執筆と編集に携わった。ワシントン州テクノロジー連盟のリーダーとなったいま、彼はこの2つの仕事の経験を活かして、新しいタイプの労働運動を展開している。ブレインとパートナーのコートニーは、電子メールを使って労働者を糾合し、万年臨時社員の役に立ちそうな情報を網羅した百科辞典的ウェブサイトを開設している。古いメディアと新しいメディアを知り尽くしているおかげで、PR会社もうらやむほどマスコミの注目を集めることにも成功している。

ブレインとコートニーの手法を私は「ハイテク型マックレイキング（醜聞暴露）」と呼んでいる。電子メールやウェブサイト、ワイヤレスコミュニケーションといった新しいテクノロジーを駆使して、企業の「悪事」の暴露や労働者の組織化といった活動を「電子化」しているのだ。

一例をあげよう。最近までマイクロソフトは、臨時社員が自分の勤務評定を知りたい場合は、派遣元の派遣会社に申し入れてほしいと言っていた。法律上の雇用主はあくまでも派遣会社だからというのが、その言い分だった。しかし、ブレインとコートニーは、会社がすべての臨時社員の勤務評定をデータベース化しているという噂を聞き込むと、その情報を電子メールで臨時社員たちに流し、連盟のウェブサイトにも大々的に載せた。

現在の活動の標的は派遣会社だ。個々の臨時社員について、マイクロソフトからいくら受け取っているかを明らかにするよう派遣会社に求めているのだ。ブレインに言わせれば、派遣会社はマイクロソフトに言われるがままに人材を確保し、給料を計算し、彼らがマイクロソフトの正式な従業員に含まれないようにするのに手を貸すだけで、法外な仲介料を手にしている。しばしば過激な言葉でターゲットを批判したかつてのマックレイカー（醜聞暴露記者）のように、ブレインとコートニーは、派遣会社を「寄生虫」と呼んだり、「マネーロンダラー（不正資金の洗浄者）」と呼ぶこともある。

このように、ブレインとコートニーは、問題を提起することには成功しているが、会員集めにはあまり成功しているとは言えない。「ハイテク業界には一匹狼的な体質がある。自分のことは自分でしろという風潮が強いんだ」と、コートニーは言う。それに、彼も認めるように、マイクロソフトで働く臨時社員には、いまの非恒久的な立場を好んで選んでいる人も多い。ブレインとコートニーは、「自分サイズの服」の論理で行動する労働者に労働組合員という同じラベルを貼ることの難しさを実感しはじめている。

それでも、こうしたマックレイカーの登場により、巨大企業と、かつては無力な存在でしかなかった臨時社員の力関係に、変化が生まれはじめている。

自主的な行動規範

話は、西海岸のシアトルから、東海岸のニュージャージーに飛ぶ。ここにも、虐げられた臨時社員のために情報と力を使って活動している人がいる。

ニュージャージー州に本拠を置く「臨時労働者連盟」の創立者であるバリー・ピーターソンは、人材派遣業界に対して不満がいろいろあると言う。いちばん大きな問題は、情報だと言う。「あまりにも情報が流れてこない。正確なことはまったくわからない」と、ピーターソンは言う。労働者が派遣会社の実態についてもっとよく知ることができれば、テンプ・スレーブの問題や万年臨時社員の問題は、解消こそしないまでも、改善するはずだと、彼は考えている。

そこでピーターソンは、工場の搾取労働に反対する団体の活動にならって、派遣会社に自主規制を呼びかけている。「よき企業市民」になることは会社の利益にもなるのだ、と。ピーターソンは、ニュージャージー州内のすべての派遣会社に対して、自主的な行動規範である「フェアな行動のための24の原則」に署名するよう呼びかけた。24の原則の中には、派遣労働者に医療保険や技能訓練、そのほかの付加給付を提供すること、人種や性別を基準に仕事を割り振らないこと（アフリカ系の労働人口はアメリカ全体の11％に過ぎないのに、臨時社員人口の22％を占めている）、誇大広告の禁止、派遣先の会社が臨時社員を正社員に登用する場合に追加料金の支払いを要求しないこと、などが盛り込まれている。すでに30を超す派遣会社がこれに署名した。「労働者が適切な判断を下せるように、労働市場に適切な情報を提供したい」と、ピーターソンはニューアークのセトンホール・ロースクールのオフィスで語った。

労働者が所有する派遣会社

給料の安い臨時社員は「フレキシブルな経済の緩衝剤」だ――。こう語るエーミー・ディーンは、北カリフォルニアの110の労働組合でつくる「サウスベイ労働評議会」のトップとして、このフレキシブルな動物の腹部とでも言うべきシリコンバレーで生活し、働いている。彼女は評議会のリーダーに就任するとすぐに、「ワーキング・パートナーシップスUSA」というグループを発足させた。目的は、シリコンバレーの低給の「デジタル遊牧民」の権利を主張すること。もっとも、これは簡単な仕事ではない。ここ20年というもの、労働組合の影響力はじり貧状態だ。それでも、ディーンは楽観的だ。「新しい世代の労働者団体をつくっていきたい」と、彼女はカリフォルニア州サンノゼで語った。

テンプ・スレーブや万年臨時社員の問題に対するディーンの解決策のひとつは、「ソリューションズ@ワーク」と名づけた試みである。これは、労働組合が所有・運営する人材派遣会社だ。この派遣会社は、労働者に時給10ドルの最低賃金を保証し、職業訓練や医療保険を提供する。株式公開を目指すわけではないし、株主のご機嫌を取る必要もないので、収益はすべて職業訓練や昇給という形で労働者に還元される。

建築労働者や漁船乗組員の組合が仕事の周旋所を運営するのであれば、労働組合が人材派遣会社を運営しても不思議はない。フリーエージェント経済では、こうした機能は労働組合の極めて重要な役割になると、ディーンは考えている。「派遣会社を通じて、労働市場の需要と供給を仲介していく」と、彼女は言う。

では、そうした取り組みはどういう結果を生むのか？

「2つのうちのどちらかになるだろう。私たちの派遣会社を通じて仕事を探したほうが給料が高いので、労働市場の供給のかなりの部分を私たちがコントロールするようになるかもしれない。でなければ、私たちの競争相手（既存の派遣会社）が臨時社員の待遇を改善するようになるかもしれない。それはそれで素晴らしい」と、ディーンは言う。労働運動の薬箱に収められたいちばん新しい薬は、競争という古来からの妙薬だったのだ。

新しい組織をつくる

サラ・ホロウィッツは、フリーエージェント経済における労働運動のあり方をもっと広い視野で考えている。ここまでに紹介した労働運動の先駆者たちがなんらかの形で労働組合と関わりをもっているのに対して、ホロウィッツはほとんど自力で道を切り開いてきた。これは意外と言うほかない。というのも、この章で取り上げた労働運動のリーダーたちのなかでも、彼女は既存の労働組合運動との関係が最も強いからだ。祖父は国際婦人服労組の委員長だった。父は労働組合の弁護士だった。夫も組合の弁護士だ。彼女自身も、弁護士として組合の活動に携わってきた。
「ワーキング・トゥデー」というグループを設立したのは、1995年のことだった。この団体は、フリーエージェント・ネーションで最も独創的な活動をしている労働者グループと言ってもいい。ホロウィッツは、労働組合を組織するつもりはなかった。フリーエージェント経済のもたらす変化をくい止めようとしているわけでもない。フリーエージェントたちのニーズにぴったり合致した組織をつくりたいと考えたのだ。

年会費は、25ドル。会員になれば、医療保険にも加入できるし、オフィス用品などを割引価格で購入することもできる。技能訓練も受けられるし、税金など、フリーエージェントの抱える問題について情報を得ることもできる。少なくともこれまでのところ、ワーキング・トゥデーの活動は、フリーエージェントたちに支持されているようだ。現在の会員数は、9万3000人。非営利団体であるワーキング・トゥデーには、様々な財団から助成金も入ってくるようになった。ホロウィッツ自身も、念願のマッカーサー奨学金を授与されるなど、高い評価を受けている。

ホロウィッツは、既存の労働組合とは関わりをもっていないし、労働界には彼女の行動を裏切りとみなす向きもある。しかし、彼女は労働運動を原点に立ち返らせたのだとも言える。20世紀のはじめ、職人たちは団結して、最低賃金の保証を要求し、若い職人のための技能訓練制度を確立した。金を出し合って基金をつくり、有給の病気休暇や年金制度を発足させた。職人たちは、特定の雇用主に対してなにかを要求するのではなく、職人同士で助け合っていた。「摩天楼の石材をつくっている労働者もいれば、公共図書館の基礎をつくっている職人もいた」と、ホロウィッツは言う。このような労働者団体は、フリーエージェントという働き方が常識になっている業界には以前から存在した。「グラフィック・アーティスツ・ギルド」や「映画俳優ギルド」は、その典型だ。「ギルド」の互恵主義の発想、そして、労働者に結束の場を与えると同時に、それぞれが好きな道を歩む手助けをする機能は、フリーエージェント経済ですべての人が潤うために役立つのだと、ホロウィッツは言う。

NBA+労働組合?

フリーエージェント・ネーションの取材でシカゴに向かう途中、私たち家族はインディアナ州テレホートに立ち寄り、この町の二大名所を訪ねた（というより、この町には名所と言えるような場所はこの2カ所しかない）。

最初に訪れたのは、偉大な労働運動家である故ユージン・V・デブズの家だ。デブズは、1894年の流血の鉄道ストライキ「プルマン・ストライキ」の後、逮捕されて投獄されたこともある人物である。社会主義政党を設立し、大統領選にも5回立候補した。そのうち1度は、獄中からの立候補だった。デブズの住んだ家は、現在は博物館になっていて、読んでいた本など、ゆかりの品が展示してある。もっともこの博物館は、テネシー州ナッシュビルのエルヴィス・プレスリー博物館のような大盛況とはいかないようだ。私たちが10月のある日曜日の午後に訪れたときは、正面のドアを5回たたいて、やっと学芸員が昼寝から目を覚ますという有様だった。

テレホートのもうひとつの名所にはこんな眠たげな雰囲気はない。デブズ宅から少し離れた場所に、「ラリー・バードのホームコート・ホテル」がある。伝説的バスケットボールプレーヤーであるラリー・バードは、インディアナ大学テレホート校の出身で、現在はこの町で最大のホテルを所有している。ホテルの中のレストラン「ボストンガーデン」は、ラリー・バードを讃える神殿でもある。壁には、NBAのMVPのトロフィーが3つ、バードのユニフォーム、バードを取り上げたスポーツ・イラストレイテッド誌の表紙、そしてレストランを見下ろす巨大な（車1台分ほどの大きさがある）バードの肖像画が飾ってある。

投獄された社会主義者とNBAのスーパースター。この奇妙な組み合わせは、フリーエージェントの抱える問題を解決するためのヒントを与えてくれる。現在、NBAには、各チームの所属選手の年俸の総額に上限を設けるサラリーキャップという制度がある。しかし、この規則には例外がある。フリーエージェント（FA）宣言をして他チームに移籍しそうなベテラン選手を引き留める場合は、この上限を突破しても年俸を支払うことが認められているのだ。この特例規定は、ボストン・セルティックスがラリー・バードとの契約を延長するために考え出されたもので、「ラリー・バード例外条項」と呼ばれている。NBAの選手組合は、ロックアウトを敢行するなどして、この制度を守り通している。

ほかのプロスポーツ同様、プロバスケットボールのプレーヤーは選手組合に加入する一方で、ほとんどの選手が個人のエージェント（代理人）とも契約している。最低保証年俸と基本的な付加給付の内容は、チームのオーナーたちと選手組合の交渉により決められる。あとは、個々の選手が自由に年俸額を交渉するのだ。たいてい、この交渉は代理人に任せられる。

映画業界やテレビ業界でも、似たようなシステムが取られている。インダストリアル・アンド・レイバー・リレーションズ・レビュー誌1994年7月号でアラン・ポールとアーチー・クレインガートナーも述べているように、すべての組合員に一定の最低報酬額が保証されるが、「それを上回る市場価値のある人材は、個別に契約を結んで、もっと高額の報酬を受け取ることができるようになっている」のだ。

このシステムは、フリーエージェントの労働運動にとって極めて魅力的なモデルになり得る。才能に恵まれた人は、いくらでも高い報酬を受け取っていい。しかし、能力の乏しい人や運に恵まれていない人が一定の水準より下に落ちないよう保障する。これは、デブズの提唱した正義とバードの追求した自由をうまく組み合わせる発想と言える。

まとめ

【ポイント】

言うまでもなく、フリーエージェントにもマイナスの面はある。劣悪な環境で、雀の涙ほどの給料のために退屈な仕事をしている臨時社員もいる。正社員と同じ仕事をしているのに、派遣会社から派遣された臨時社員であるという理由で、医療保険などの付加給付を与えられていない人たちもいる。これは確かに嘆かわしいことだが、こうした状況に置かれている人は臨時社員のごく一部であり、臨時社員はフリーエージェントのごく一部に過ぎない。それに、今日の労働の現場で不平等を生み出している本当の原因は、その人が正社員であるか臨時社員であるかではなく、需要のある技能をもっているかいないか、新しい労働市場における交渉力をもっているかいないかの違いなのだ。こうした問題に対処するために、いくつかの新しい労働運動が生まれつつある。将来は、いまのプロスポーツのようなシステムが一般的になるかもしれない。フリーエージェントたちは、労働組合に加入し、組合を通じて最低報酬を保証される一方で、たいていは個人代理人（エージェント）に依頼して交渉に当たらせ、もっといい条件で契約を結ぼうとするようになるだろう。

【現実】

アフリカ系の労働人口は、アメリカ全体の11％に過ぎないのに、臨時社員人口の22％を占めている。

【キーセンテンス】

テンプ・スレーブは、マズローの「欲求のピラミッド」を登ることはないし、FANクラブの会合で映画『ザ・エージェント』の意味を話し合ったりもしない。そんなのとは無縁の生活だ。この人たちは、アメリカの労働者のなかで最も不満を抱いている人たちと言ってもいい。

【キーワード】

万年臨時社員（Permatemp）：正社員と机を並べて、同じ仕事をしているのに、臨時社員という立場であるために、医療保険や年金、ストックオプションなどを与えられていない人たち。

第V部

未来の社会はこう変わる

第14章 「定年退職」は過去のものになった

ジェニファー・クラマー（68）は、苛立たしげに貧乏揺すりをしている。金曜日の午後3時45分。キンコーズのカウンター前の行列は、店の入り口のドアまで伸びていた。ジェニファーは諦めて、腰を落ち着けて待つことにした。画面つきの携帯電話を取り出して、ビデオメールをチェックし、心ここにあらずといった感じでビートルズの曲をハミングする。これを聞くと、いつも孫がクスクス笑う。

20XX年に、キンコーズがこの場所に出店したとき、多くの「専門家」たちは鼻で笑ったものだ。コンピュータとコピー店は大学のキャンパスにふさわしいものであって、年寄りの住む場所には似合わないというのだった。しかし、ここ、ロッキークリフスは、20世紀後半によく見られた、いわゆる老人ホームとは違う。ここは、「在宅オフィスパーク・eリタイヤセンター（ROPEC）」と呼ばれる施設なのだ。こうした施設は、全米で急速に拡大している。雑誌ファストカンパニーも、創刊20周年記念号のカバーストーリーで「ROPECネーション」の誕生を高らかにうたいあげた。

ROPECは、大学の学生寮と高級マンション、企業の巨大なオフィスの3つの性格をあわせもち、フリーエージェントのインフラストラクチャーにアクセスするための入り口としての機能ももっている。こうしたROPECで暮らす人は増えている。65歳になると南の州に移住して引退生活を送った親の世代とは対照的に、顔にしわが刻まれ、髪の毛に白いものが目立ちはじめたベビーブーム世代は、老年時代のあり方を様変わりさせはじめている。彼らはロッキークリフスのROPECのような場所でフリーエージェントとして働き、近くの大学の授業を聴講し、同世代の仲間と遊びに出かける。住むのは、高級マンションのような住宅。週1回は、仕事を探しに「ジョブフェアー」に顔を出す。ここでは、経験豊富な人材を喉から手が出るほど欲しがっている企業が、それこそ頭を下げてでも、ジェニファーのような人たちに仕事を引き受けてもらおうとする。ROPECの住人は、流行りのブティックで買い物をし、おしゃれなレストランで食事をし、メディケア（高齢者医療保障）でアロマテラピーを受ける。こうした個人の自由と共同体の組み合わせは、多くの高齢者、とりわけフリーエージェントの世界にはじめて足を踏み入れる人たちにとって魅力的なものに思える。

しかしここにきて、ROPECにも問題点が見えはじめている。キンコーズの行列はその一例だ。もしかすると、ベビーブーム世代はそれまでいつもそうだったように、限度をわきまえないせいで、せっかくのものを台なしにしてしまったのかもしれない。「市場調査の仕事は楽しいけれど」と、ジェニファーは思っている。「私の母は、68歳のときはもう仕事をしていなかった。私もそろそろ肩の荷を下ろしたいわ。4WDに乗ってハイウェーに走り出していく時期なのよ」

19世紀には、人々は文字通り死ぬまで働いた。20世紀には、引退するまで働いた。そして21世紀には、私たちは「引退（リタイヤ）」するのではなく、「eリタイヤ」とでも呼ぶべき人生の新しい段階を迎えるようになるだろう。

変化はもう始まっている。第1章で紹介したグランマ・ベティを覚えているだろうか？　彼女のように、インターネットを駆使してフリーランスやミニ起業家、臨時社員になる60代のアメリカ人が増えている。

こうした働き方をする人はこれからもっと増えるだろう。それは、必然の結果なのだ。eリタイヤは、需要と供給の関係の産物なのである。

まず、供給の面から見てみよう。この点を理解するためには、次の5つのトレンドをあわせて考える必要がある。

①平均寿命が伸び、生活水準も向上した：フランクリン・ルーズベルト大統領が社会保障法を成立させて、標準的な引退年齢を65歳に定めた当時、アメリカ人の平均寿命は63歳だった。しかし、現在の平均寿命は76歳だ。しかも、医学の進歩により、寿命はさらに伸びるだろう。「20世紀前半とは違って、もはや65歳という年齢は、高齢者の線引きをする基準として適切でない」と、マサチューセッツ工科大学（ＭＩＴ）のエコノミスト、ドラ・コスタは言う。なにしろ、いまやアメリカ人の80％が65年以上生きる時代なのだ。ベビーブーム世代の子どもの世代が65歳前後になる２０４０年には、アメリカ人の４人に１人は65歳以上の人になる見込みだ。

②高齢者は働き続けることを望むようになった：現在、アメリカでは、65〜69歳の年齢層で仕事をしている人は、５人に１人の割合に過ぎない。しかし、全米退職者協会（ＡＡＲＰ）の１９９９年の調査によれば、ベビーブーム世代の８割は、65歳を過ぎても働きたいと考えている。ウィメンズ・リタイヤメント・カンファレンスの調査では、仕事をもつ女性の３分の２近くが、65歳以降も仕事を続けたいと答えている。

③高齢者は自分の好きなように働きたいと思っている：他人の下で長年働いていると、精神が痛めつけられてしまう人もいる。55〜64歳の層では、組織に雇われずに働く人の割合が25〜34歳の層の２・５倍も高いのは、ひとつにはこのためだ。ベビーブーム世代がこの独立志向の高い年代にさしかかれば、独立して働く人はますます増えるだろう。この人たちは大いに成功を収める可能性もある。ワーウィック大学のエコノミスト、デーヴィッド・ストーリーの調査では、55歳以上の人が始めた企業は約70％が生き残るのに対して、それより若い年齢層の始めた企業が存続する割合は19％に過ぎない。

④ベビーブーム世代が受け取る遺産はかなりの金額になる：エセックス大学のマーク・テイラーによれば、宝くじの当選金や遺産など、8000ドル以上の臨時収入があった人は、組織から独立して働くようになる割合が、全体の平均の2倍に達するという。ベビーブーム世代がこれから両親から相続すると見込まれている金額は、総額で10兆ドルを上回る。もちろん、遺産は高価な美容整形や着心地のいい水着を買うためにも使われるだろう。それでも、フリーエージェントとして再出発するための軍資金は、たっぷり残るはずだ。

⑤高齢者の間で、インターネットが急速に普及している：調査会社のニールセン・メディア・リサーチとコマースネットによれば、年齢層別に見た場合、50歳以上の層は、インターネットの利用率が2番目に急速に伸びている層だ。フォレスター・リサーチによると、ネットに接続している世帯の22%は、55～64歳の年齢層に属する。この割合は、2004年には40%にまで上昇するという。「サードエイジ」や「シニアアズ・ドット・コム」などの高齢者向けサイトの会員登録者数も増えている。

以上の5つの要因により、技能をもった高齢のフリーエージェントの供給量は増えると思われる。では、こうした人材に対する需要はどうだろうか？　需要面では、労働力の不足という人口動態上の大きな傾向が、eリタイヤの広がりを促すことになりそうだ。現在のアメリカの労働力のほぼ半分を占めているのは、7600万人のベビーブーム世代。これに対して、若い「X世代」の人口は4100万人でしかない。つまり、ベビーブーム世代が引退すると、労働者の数が足りなくなってしまうのだ。これは、不吉な傾向と言わざるを得ない。豊富な労働力を抱えていることは、経済が成長するための条件だ。アメリカ経済が成長を続けてきた理由のひとつは、労働者人口が常に増え続けてきたことにある。しかし、ここ10年ほどは、人口増加のペースが鈍化している。2013年には、ついに労働者人口の増加が止まると予測されている。これは、歴史上例のないことだ。仕事はいっぱいあるのに、それをこなす人間が足りないという状況が生まれるのだ。

そこで注目されるのが、eリタイヤした人たちだ。大勢の60代や70代がフリーエージェントとして働きたいと考えはじめるのと時期を同じくして、そうした労働力に対する需要が猛烈に高まることが予想されるのだ。こうした年輩の人たちは、自分の好きな働き方を選び、それぞれの家庭や余暇の過ごし方に合った形で働くことができるようになる。

新しい動きはすでに始まっている。第1章で紹介した元オーガニゼーション・マンのウォルト・フィッツジェラルドは、ゼネラル・エレクトリック（GE）を退職して以来7年間、フリーエージェントとしてGEでの短期間のプロジェクトに断続的に参加している。大手化学メーカーのモンサントは、「退職者人材グループ」という組織を発足させた。同社を退職した人材をここにプールしておいて、人員の不足している部署で、その都度、臨時社員として働いてもらおうという試みである。いまや大企業の6社に1社は、一定の年齢で完全に退職するという従来の制度に代わって、なんらかの段階的な退職制度を導入している。ここ数十年、引退年齢の若年化が続いてきたが、その傾向に歯止めがかかりはじめている。

アメリカ以上に、eリタイヤが普及しそうな国もある。たとえば、デンマークとイギリスは、2050年までに人口増加率がマイナスに転じる。つまり、これらの国々では、現在より人口が減るということだ（イタリアではすでに、60歳以上の人口が20歳未満の人口を上回っている）。そうなれば、年齢や国籍に関係なく、幅広く労働力を探す以外に道はなくなる。翻訳ソフトの進化と高速通信の普及により、年輩の人たちが、インターネットを使って海外の顧客を相手に仕事をするようになる可能性もある。

eリタイヤは、温暖な保養地から電子メールでバランスシートを送信する「電脳CFO（最高財務責任者）」のような人たちだけのものではない。インターネットのおかげで、一般の高齢者もeリタイヤすることが可能になった。15世紀に活版印刷が発明されると、社会における老人の価値は小さくなった。それまでは、物語や知識は老人が口伝えで伝えていたが、本やパンフレットにその情報を蓄積できるようになったからだ。これに対してインターネットの登場は、高齢者の価値を高めるのかもしれない。インターネットを使えば、知識労働から、肉体労働的な要素をさらに減らすことができるからだ。インターネット上に広告を掲げて仕事を得るのは、すでに珍しいことではない。インターネットのもつ数多くの可能性のうちのひとつは、高齢者の職業仲介所としての機能なのだ。

社会の人口構成の変化が、eリタイヤを普及させるメインロケットだとすれば、ほかにも補助ロケットとでも呼ぶべき要素がいくつかある。アメリカでは、１９８０年代後半に法定の退職年齢が撤廃されて、65歳を過ぎても仕事を続けやすくなった。ベビーブーム世代の親の世代は、ほとんどの場合、確定給付型年金に加入していたため、決められた年齢になると引退しなくてはならなかったが、ベビーブーム世代の大半は確定拠出型年金の４０１ｋを利用しているため、引退年齢を自由に決めることが可能になった。

「依存」から「自立」へ

このように、65歳以降の人生の生き方が変化してきていることは、社会全体の「依存」から「自立」への変化を反映しているとも言える。国家や企業にあまり依存しないというのは、ベビーブーム世代の特徴だ。かつて当たり前だった「引退」という制度は、やがて歴史上の一時的な特異な現象として記憶されるようになるのかもしれない。

「すべての人が同じ年齢で引退するという制度と雇用主の負担による企業年金の制度は、官僚制の発展と大企業の成長とともに形成されたものであり、このシステムの普及に拍車をかけたのは、高齢の労働者の生産性は総じて落ちていくという考え方だった」と、歴史家のスタンリー・パーカーは書いている。社会保障法をつくった議員たちは「現代の産業で必要とされない高齢者の人口が増えたことにより、高齢者向けの社会保障プログラムが必要になった」と考えたのだろう、とMITのコスタは書いている。

しかし21世紀を迎えて、こうした前提は非現実的になってきている。数十年先には、奇妙なアナクロニズムとみなされるようになるかもしれない。工業経済の時代には、年を取って曲がった背中は大きな負債だったが、知識経済の時代には、年輪の刻まれた脳ミソは大きな財産なのだ。

eリタイヤが政治家に歓迎されることは想像に難くない。政治的に厳しい決断をしなくても、迫り来る年金危機を解消できる可能性があるからだ。eリタイヤする人が増えれば、年金の支給開始年齢を引き上げても国民の抵抗は少なくなるだろう。仕事をして収入を得る高齢者が増えれば、政府の社会保障税収入が増え、年金制度は破綻を免れることができるかもしれない。

しかし、eリタイヤの拡大が予想される最大の理由は、従来のシステムでは高齢者の気持ちがなえてしまうという点にある。テーブルゲームをして過ごす日々も、2〜3年なら楽しいかもしれないが、20年、30年……となるとどうだろう？　きっと退屈してしまうだろう。

ニュージャージー州ウィーホーケンのハワード・ストーンとマリカ・ストーン（2人とも60代）は、「従来の引退の概念を変えようとしている冒険心ある人々のためのオンラインコミュニティー」と銘打って、「トゥー・ヤング・トゥ・リタイヤ（引退するにはまだ若い）」という名前のウェブサイトを立ち上げた。サイトの人気は上々だという。オハイオ州イエロースプリングズで話を聞いた60歳のフリーエージェント製本工ハーディ・バレンタインも、いち早く新しい状況に適応したひとりだ。バレンタインが勤めを辞めて、家で子育てをするようになったのは、1974年。妻は、近くの大学で終身在職権を得て教鞭を執っていた。バレンタインは、80年代以降は自宅の工房でささやかなビジネスを営んでおり、かれこれ25年間フルタイムでは働いていない。それでも、彼はきっぱり言う。「引退なんて、ぜったいにしない。ずっといまのやり方を続けるつもりだ」

自己実現を追求し続けてきたベビーブーム世代にとって、のんびり老後の生活を送るのはかえってつらいのかもしれない。年老いて死を意識するようになれば、彼らはますます人生の意義を追求するようになるだろう。その欲求は、ボウリングやトランプでは満たすことができない。多くのベビーブーム世代は、仕事を通じて人生の意義を追求しようとするだろう。

もちろん、すべての人がeリタイヤに向いているわけではない。漁船の乗組員や消防士、ウェートレスなど、肉体労働をしてきた人たちは、65歳になればもう引退したいという気持ちになるかもしれない。それに、65歳とは言わないまでも、ある程度の年齢になれば引退したいと思う人は多いだろう。旧約聖書の申命記で、モーゼはこう語っている。「私は、今日で120歳だ。もう出入りができない」。さすがのグランマ・ベティも120歳になれば、引退するだろう。しかし、その日が来るまで、彼女や大勢の高齢者は引退（リタイヤ）ではなく、eリタイヤの生活を送りそうだ。

まとめ

【ポイント】

フリーエージェントの未来では、引退（リタイヤ）する人は少なくなる。代わりに、「eリタイヤ」する人が増えるだろう。65歳で完全に仕事をやめてしまうのではなく、インターネットを使って仕事を探し、フリーエージェントとして働き続けるようになるのだ。人口構成の変化を見れば、eリタイヤの拡大は、需要と供給の関係が生み出す必然の現象と言える。ベビーブーム世代が高齢になれば、健康で、技術があり、テクノロジーに通じていて、自己実現を目指す高齢者が大勢登場することになる。このような高齢の労働力の供給が増える一方で、労働力人口全体は減少に向かっており、高齢の労働力に対する需要が一気に高まることが予想されるのだ。

【現実】

フランクリン・ルーズベルト大統領が社会保障法を成立させて、標準的な引退年齢を65歳に定めた当時、アメリカ人の平均寿命は63歳だった。しかし、現在の平均寿命は76歳だ。しかも、医学の進歩により、寿命はさらに伸びるだろう。

【キーセンテンス】

ベビーブーム世代がこれから両親から相続すると見込まれている金額は、総額で10兆ドルを上回る。もちろん、遺産は高価な美容整形や着心地のいい水着を買うためにも使われるだろう。それでも、フリーエージェントとして再出発するための軍資金は、たっぷり残るはずだ。

【キーワード】

eリタイヤ（E-tirement）：人生の新しい段階。65歳を過ぎても、これまでのように引退（リタイヤ）するのではなく、インターネットを駆使してフリーエージェントとして働くことを言う。

第15章 教育はテイラーメードでできるようになる

ロバーツ様

貴女に弟子入りしたいと考えているモリー・クワンさんをご紹介させていただきます。モリーは、人並み外れた創造性とやる気の持ち主である18歳の女性です。これまで3年間、私の指導の下で、デザインとデッサン、数学を勉強していました。モリーは10歳のときから、専門家の指導を受けながら、自分の関心に従って独学で勉強しています。そして、今度もこれまでと同じように、大学の建築学科に行くのではなく、貴女のような成功した建築家の指導を受けて技術を学ぼうと考えたのです。

——ある女性建築家に送られた推薦状より(20XX年10月10日)

ニューエコノミーには、ひとつの謎がある。

世界の子どもたちの学習到達度をテストで調べると、ほとんどの場合、アメリカの子どもの成績は世界の最低水準だ。ヨーロッパやアジアの子どものほうが、たいてい成績がいい。

しかし、様々な基準によれば、アメリカの経済は、テストの成績では上のはずのヨーロッパやアジアより好調なのだ。そこで、疑問が浮かぶ。どうして、アメリカは教育の質が低いのに、経済は好調なのか？

この疑問に答えることによって見えてくるのは、教育の未来だ。フリーエージェントは、組織のあり方を根底から揺さぶったように、学校教育という制度を根本的に変える可能性があるのだ。

義務教育という「均質化装置」

公立学校を訪れると、私はいまでも目眩がしそうになる。校舎に一歩足を踏み入れた瞬間、ノスタルジーの波がどっと押し寄せてきて、失神しそうになる。いまや21世紀だというのに、どの学校を訪ねても、たいてい、1970年代に私が通ったオハイオ州の公立学校とそっくりに見える。教室の広さも変わっていないし、机も昔と同じように並べてある。廊下の臭いまで同じだ。最近は、コンピュータが置いてある教室もある。しかし総じて言えば、いまの子どもたちの通っている学校は、親の世代や祖父母の世代とほとんど変わっていない。

最初、こうした既視感のようなものは、私の心を和ませてくれた。けれど、ちょっと考えてみて、違和感にとらわれた。学校以外に、20年前、30年前、40年前とほとんど変わっていないものなどあるだろうか？　銀行は変わった。病院も変わった。食料品店も変わった。もしかすると、公立学校の教室を訪れて感じた甘美なノスタルジーは、実は停滞の悪臭だったのかもしれない。

この半世紀にアメリカの様々な制度や組織が劇的な変化を遂げたなかで、学校がいわば鬱血状態にあることは奇異に思える。しかも、学校という制度が先祖代々受け継いできたものではなく、比較的最近生まれたものであることを考えれば、この状態はますます奇妙に思える。

人類の歴史の大半を通じて、私たちは「師匠」や家族にものを教わってきた。教育史学者のデーヴィッド・タイアックによれば、19世紀のアメリカでは、「学校は自発的なものであり、付随的なものだった」。子どもたちは、基本的な教育を親から受けていて、学校にはときおり顔を出す程度だった。当時の学校はたいてい、教室がひとつしかないこぢんまりしたものだった。現在のような公立学校――巨大な建物の中で、大勢の子どもたちが年齢別に分かれて、政府が資格を認定した専門家によって教育を受ける――が一般的になったのは、20世紀に入ってからのことだ。アメリカで義務教育制が始まったのは１９２０年代である。

この義務教育という制度について、ちょっと考えてみてほしい。世界の多くの国と比べて、アメリカは、政府が国民になにかを強いるということの極めて少ない国だ。アメリカ人は、選挙で投票することも義務づけられていないし、働くことも軍役に就くことも義務づけられていない。しかし、子どもたちは学校に通うことを強制されているのだ。親は、子どもを愛し、子どもを教育することは義務づけられていない。しかし、子どもを学校に送り出すことは義務づけられているのだ。この義務を守らないと、理屈の上では、親は投獄される可能性もある。

学校での義務教育という制度は、歴史的に見て例外であるだけでなく、現代社会における例外でもあるのだ。しかし、オーガニゼーション・マンを養成するためには理想的なシステムだった。学校教育は、未来の工場労働者や中間管理職に、仕事で必要な基本技術や知識を授けてくれた。勉強以外に学校生活を通じて学ぶことも、オーガニゼーション・マン経済にとって同じように重要だった。子どもたちは学校で、ルールを守り、命令に従い、権威を尊重することを学び、それを拒んだ場合には罰が待っていることを学んだ。

オールドエコノミーでは、そういう訓練が求められていたのだ。学校には始業と終業のチャイムがあり、工場にもチャイムがある。学校には通信簿があり、会社には給料の支払い等級がある。学校で先生に気に入られるよう努めることを通じて、人々は職場で上司の機嫌を取ることを覚える。第1章で説明したテイラー主義は、職場だけに存在するものではない。学校の教室にも存在するのだ。教育の現場でも、「唯一の最善の道」が存在することが前提になってきた。オーガニゼーション・キッズは、同じ時間に同じ場所で、同じ方法で同じことを学ぶ。社会学者のマーシャル・マクルーハンは、学校は「子どもを放り込んで加工する均質化装置」であると書いている。全国共通の学力テスト、一律のカリキュラム、均質化された子どもの集団（同年齢の人間だけが押し込められた部屋で1日を過ごすことなど、学校以外ではまずあり得ない）。学校は、工場の業務処理の方法を一種の信仰にまで引き上げたのだ。

つまり、私たちは、従来の典型的な学校に足を踏み入れるとき、過去に足を踏み入れているのだ。それは、フレデリック・ウィンズロー・テイラーによって設計され、オーガニゼーション・マンが住む場所である。アメリカ社会の中で、フリーエージェント経済の価値観や形態に最も適応できていない機関は、アメリカ人が最も重要だと言い続けてきた機関――すなわち学校なのだ。

しかし、「共通サイズの服」の学校が「共通サイズの服」の労働力を大量生産するというシステムがいつまでも続くとは考えにくい。この章の冒頭で提示した疑問に対する答えは、「アメリカは教育制度の欠陥を乗り越えて成功を収めている」というものなのかもしれない。しかし、それでいつまでもつだろう？　それに、もっと教育の質を高めることができれば、アメリカはもっと豊かになるかもしれない。

20年ほど前、アメリカ政府は「危機に瀕した国家」と題した報告書で、アメリカの教育は「凡庸という名の津波によって蝕まれている」と指摘した。しかし時代は変わった。いまアメリカの教育を襲っているのは、「非実用的」という津波なのだ。

と言っても、誤解しないでほしい。学校教育制度は、様々な面で目を見張るような成功を収めている。そのことを否定するつもりはない。テイラー主義と同じように、公教育は数々の素晴らしい成果を上げた。続々と流れ込む移民に英語とアメリカ的価値観を学ばせるうえで大いに貢献してきたし、識字率の向上を後押しした。それに、人々が親の世代には想像も及ばなかったような成功を収めるのを助けてきた。基本的には、アメリカの学校は民主主義の目覚ましい成果と言える。

だからと言って、昔のままでいいわけではない。親や政治家は、教育を改革する必要は感じていて、教育を国政の最重要課題に位置づけるようになった。しかし残念ながら、共通学力テストの導入や人格教育、教員の資格認定の見直しなど、ありきたりの処方箋では、アメリカの学校を苦しめている病気を治すことはできない。むしろ、症状を悪化させる恐れすらある。

これに対し、必要な変化を無理にでも実現させるのが、フリーエージェントの特徴だ。フリーエージェントという働き方を選ぶ人の増加は、教育の現場で起こりつつある3つの変化をいっそう加速・拡大させることになるだろう。その3つの変化とは、在宅教育の拡大、新しいタイプの高校の増加、それに成人教育の大胆な革新である。こうした新しい動きは、1世紀前の公的な義務教育の導入に匹敵する大きな変化になるだろう。ひと言で言えば、アメリカ社会の「脱学校」化が進むのだ。

在宅教育の革命が始まっている

「学校に通うというのは、12年間の懲役刑で人生を始めるようなものだ。そこで学ぶのは、実は悪い習慣だけだ。私は学校で教師をしていて、賞までもらった。だからよくわかる」。これは、元教師のジョン・テイラー・ガットの言葉だ。ガットは1991年にニューヨーク州の年間最優秀教師賞を受賞した人物だが、現在は在宅教育という新しい潮流の旗振り役になっている。在宅教育とは、子どもが従来のような学校には通わずに、自分の好きなように、親や家庭教師、ほかの子どもの力を借りて勉強することを言う。在宅教育は、18歳以下の子どもたちにとってのフリーエージェントなのだ。

１９８０年の時点では、アメリカのほとんどの州で在宅教育は法律違反だった。80年代前半に在宅教育で学んでいた子どもの数は、１万５０００人でしかなかった。しかし、現在の学校でキリスト教に基づいた教育が十分なされていないと不満を感じていたキリスト教保守派勢力が、自分たちの手で子どもを教育することを望み、変化を強力に後押しした。法律は変わり、在宅教育は一気に拡大した。90年には、全米で在宅教育を受けている子どもの数は30万人に達した。93年には、アメリカの50州すべてで在宅教育が合法化された。それ以来、キリスト教教育の推進とは無関係に、質が悪くて危険な学校に不満を抱く親たちが在宅教育を普及させている。現在、在宅教育を受けている子どもの数は全米で１７０万人。その数は、毎年15％の割合で増えているという。18歳未満の子どもの10人に１人が在宅教育を経験している計算になる。

在宅教育は、過去20年間で最も大規模かつ、最も成功を収めている教育改革運動と言えるかもしれない。

◆在宅教育を受けている小学生は、アメリカ全体の３％。しかし、公立学校による教育の独占に風穴を開けるという意味では馬鹿にできない数字だ。私立学校に通う子どもの割合と比べてみれば、それがよくわかる。在宅教育で学ぶ子どもの割合は、私立の学校に通学する子どもの４分の１にまで増えているのだ。

◆ウォールストリート・ジャーナル紙によれば、「在宅教育は、以前は一部の特殊な政治的・宗教的な信条の持ち主だけのものだったが、いまや教育成果の面で公立学校と互角であるだけでなく、いくつかの点では公立学校を上回っていることを示すデータもあらわれはじめている」という。実際、在宅教育の子どもは従来型の学校教育を受けている子どもより、共通学力テストの成績がいい。

◆在宅教育を受けている子どもは、社会性の面でも概して極めて好ましい傾向が見られる。在宅教育に対する最も大きな誤解のひとつは、社会性のない子どもが育つというものだ。しかし実際には、在宅教育を受けている子どもは、従来の学校に通う同世代の子どもより大人と接する時間や地域社会で過ごす時間、違う年齢の子どもとつき合う時間が多い。ブライアン・D・レイという研究者によれば、「従来型の学校に通う子どもは、在宅教育の子どもに比べて攻撃的で騒々しく、負けず嫌いな傾向がある」という。

在宅教育を意味する「ホームスクーリング」という英語は、いささか誤解を招く用語だ。フリーエージェントたちが自宅の地下に会社のオフィスを移植しているのではないのと同じように、親たちはリビングルームに「スクール」を移植しているわけではない。在宅教育は、子どもたちが自分なりのやり方でそれぞれの関心を追求しやすくすることを目指すものだ。要するに、教育における「自分サイズの服」のアプローチを可能にするものなのである。こうした理由もあって、一部の在宅教育推進派は、「脱学校教育」という言葉を使っている。

フリーエージェントとの共通点は多い。フリーエージェントが独立した労働者であるのに対し、在宅教育の子どもは独立した学習者だ。フリーエージェントは、ＦＡＮクラブや職業団体などを通じて強力なネットワークとコネをもっている。在宅教育を実践する親は、強力なグループをつくって、教育方法や教育素材を紹介し合うなど、助け合っている。フリーエージェントが仕事と家庭の境界線を崩しているとすれば、在宅教育は学校と家庭の境界線を崩そうとしている。在宅教育は、子どもにとっての「テイラーメード主義」なのである。

おそらく最も注目すべきなのは、在宅教育は、第４章で説明したフリーエージェントの４つの価値観――「自由」「自分らしさ」「責任」「自分なりの成功」――にほぼ合致しているということだ。

自由を例にとってみよう。普通の学校では、先生の許可がない限り、チャイムが鳴る前に、好きな場所に移動することはできない。勉強する科目や時間も選べない。高校では自由選択科目があるとはいえ、選択の幅は限られている。在宅教育はもっと自由だ。言ってみれば、子どもたちはもっと子どもらしく勉強することができるのだ。私たちは、小さな子どもにしゃべり方や歩き方、世界の理解の仕方を教えたりはしない。そういうことは、周りの環境から自発的に学ぶものだ。もちろん、「道の真ん中を歩いてはいけません」という具合に、ある程度の決まりは言い渡す。しかし、「チャイムが鳴るまで45分間、しゃべり方の練習をしなさい」というような常軌を逸したことは指示しない。在宅教育を受ける子どもたちも同じだ。他人のご親切な指図をそのまま受け入れるのではなく、自分で主体的に勉強の仕方を決めるのだ。

レゴの積み木遊びに夢中になっている5歳の女の子がいるとする。毎日長時間、農場や動物園、飛行場、宇宙船など、手の込んだ「建築物」をつくって過ごしている。友達が遊びにきて、一緒に「建物」をつくることもある。この子は、誰かに指図されてレゴ遊びをするわけではない。いつレゴ遊びをしろだとか、どういうふうにやれだとか、指図する人はいない。それにもちろん、完成した「作品」に先生が点数をつけることもない。それでも、この子は「学んでいる」と言えるのだろうか？　答えはイエスだ。在宅教育の子どもたちはこういうふうにして物事を学ぶのだ。

しかし、ここでお節介な大人が首を突っ込んで、レゴ遊びのやり方を教えてやるとしたらどうなるだろう？　大人は、毎日45分間レゴで遊びなさいと、子どもに指図するかもしれない。子どものつくったものに点数をつけて、いい点数の場合にご褒美をあげるかもしれない。同い年の5歳の子どもを集めて、同じことをやらせるかもしれない。全員一緒に、一斉に同じものを45分間つくらせて、成績をつけて、いちばん点数のいい子どもに賞品をあげるかもしれない。そうなればすぐに、5歳の女の子はレゴに対する情熱を失ってしまうに違いない。この子の作品は創造性がなくなり、学習効率は悪くなるだろう。これが、従来の学校でやっていることなのだ。

善意の大人たちは、遊び、学び、自分でなにかを発見していくという自由を子どもから奪ってきた。これでは、主体的に学ぶことも、楽しく学ぶこともできない。ロチェスター大学の心理学者エドワード・L・デシをはじめ、多くの研究者によれば、子どもでも大人でも、学校や職場、家庭で自由を奪われ、賞罰のシステムを押しつけられると、やる気を失い、学習や仕事に喜びを感じなくなるという。これは、第5章で説明した自由と安定の関係に似ている。自由はなにかを学ぶための回り道ではなく、近道なのだ。

レゴ遊びの例を使って、自分らしさについても考えてみよう。人は誰でも、他人の基準にはめられるのではなく、ありのままの自分でいたいという願望をもっている。あの5歳の女の子は、自分自身の意志に従って行動しているという実感を失ってしまった。代わりに、あるメッセージを受け取った。それは、きみはパパが会社に行くのと同じ理由で、つまり偉い人にそうしろと言われたからという理由で、レゴの積み木をつくらなくてはならないのだ、というメッセージである。

責任をもつという点はどうだろう？　女の子は、出来上がったレゴの作品に完全な責任をもつことはなくなった。レゴでなにをつくろうと、すべて他人に命令されてつくったものでしかない。作品の出来栄えがよくても悪くても、それは、もはや自分のものではないのだ。

レゴの作品の評価についてはどうか？　子どもは自分の作品に「A」の評価をもらっても、やる気が出ないというのか？　たぶん、そんなことはないだろう。しかし、その評価は自分自身の基準に従ったものではない。女の子は、「A」の評価をもらった作品より、「B」の作品のほうが好きだったかもしれない。けれど、これからはそうした感情を捨てて、他人の基準に従って行動するように努めなくてはならない。思い切って、憧れのスペースシャトルをつくるべきだろうか？　おそらく、それは得策でない。いい点数がもらえない可能性が高いのに、わざわざそんなものをつくってなんになるのか？　ここは、自分なりの基準で成功を定義するなどという発想とはまったく無縁の世界なのだ。それに対して多くの在宅学習者は、成功を自分なりの基準で定義している。

　確かに、子どもが学ぶべきことのなかには楽しくないものもある。嫌いな野菜だって食べなくてはならない。そういうケースでは、従来の賞罰主義的なアプローチが有効かもしれない。しかし多くの場合は、学校が生徒の自由を奪えば、新しい知識を学んだり、難しい数式をマスターしたりすることの興奮も薄まってしまう。在宅教育なら、もっと自由に自分の好きなことができるし、先生や同世代の子どもの意思に合わせて行動する必要も少ない。自分の行動に自分で責任をもち、リスクは自分で引き受け、自分なりの基準で成功を定義することができる。在宅教育の根底にある発想がフリーエージェントの価値観と極めて近いことに気づく親が増えるにつれて、在宅教育の人気はもっと高まるだろう。

フリーエージェントが教育のプロになることも！

　在宅教育の普及を後押しすると思われる要因はほかにもある。ひとつの要因は、在宅教育が早い段階から大きな潮流になっていることだ。在宅教育を選択する親が増えれば増えるほど、こうした教育のあり方は社会的に受け入れられやすくなる。その結果、勇気をもってこの「型破り」な道を選ぶ親がますます増える。在宅教育を実践するのは、一部の特殊な層ではなくなってきている。在宅教育人口の約9割は依然として白人だが、人種の多様化が進んでいる。在宅教育が最も速いペースで浸透しているのはアフリカ系かもしれない。所得の水準で見ても、在宅教育は裕福な家庭だけのものではなくなっている。在宅教育を行っている家庭の約87％は、年間の所得が7万5000ドルに満たない。

それに加えて、ここにきて州政府やそれぞれの学校当局が方針を転換しはじめたことで、在宅教育普及の道はいっそう開けるだろう。いまや在宅教育は、アメリカのすべての州で法律上認められているだけではない。多くの公立学校は、在宅教育の子どもを受け入れ、一部の科目だけ授業に出席したり、学校の課外活動に参加することを認めるようになった。アメリカの3分の2の大学では、高校の正式な卒業証明書だけでなく、親の書いた「成績証明書」や子どものつくった「作品集」も受理している。

フリーエージェントの増加も在宅教育の普及を後押ししている。子どもに在宅教育を行っている親は、フリーエージェントである場合が多い。フリーエージェントは、比較的時間の自由がきくため、会社などに勤める人に比べて在宅教育を実践しやすいのだ。

この新しい教育の世界では、フリーエージェントが教育のプロになることもあり得る。大工をしている人は、在宅教育の子どもたちに大工の技術を教えることができる。作家は、文芸雑誌をつくりたいと思っている子どもたちにアドバイスをすることができるだろう。それに、ベビーブーム世代を教えてきた教師たちがこれから定年を迎えはじめる。このなかには、おそらく完全には引退しないで、「eリタイヤ」して、在宅教育の家庭教師になる人も多いかもしれない。もちろん、子どもを家で教育することには、責任もともなうし、時間も食われる。多くの親にとって、それは大きな負担だ。それでも、教師や指導者を簡単に見つけられるようになれば、在宅教育に対する親の不安は和らぐかもしれない。

インターネットの普及も、在宅教育をいっそう容易にしている。在宅教育を実践する親や子どもは、インターネットを介して世界中の先生に教わることができる。クリスタ・マコーリフ・アカデミーやチャイルドU・ドット・コムなど、オンライン講座を運営し、在宅教育の家庭に「eティーチャー」を提供する取り組みも始まっている。

既存の学校が抱えるインフラの問題も、在宅教育の拡大を促す要因になるのかもしれない。現在の公立学校は、教室には大勢の生徒が押し込まれていて、校舎は老朽化が進んでいる。アメリカの公立学校の4分の3は、1969年以前に建てられた校舎を使っている。学校当局は、過密な教室と老朽化した校舎への負担が和らぐのであれば、ある程度は在宅教育を歓迎するかもしれない。

在宅教育を過大評価しようとは思わない。フリーエージェントと同じように、在宅教育もすべての人に適しているわけではない。自宅で子どもを教育する意欲のない親も多いだろうし、それだけの時間的余裕のない親も多いだろう。それに、学齢期の子どもが終始一貫して在宅教育を受け続けるわけでもない。実際には、ある時期は従来型の学校で勉強し、別の時期は在宅で勉強するというケースが多くなるだろう。フリーエージェント生活と会社員生活を繰り返す人がいるのと似たようなものだ。

しかし、仕事の現場を別にすれば、在宅教育は「フリーエージェント流」の最も力強い表明であることは間違いない。その意味で、在宅教育の浸透が今後も進むことは確実と言える。

高校はなくなる……?!

在宅教育の拡大、そして、もっと大きな「組織から個人へ」という社会的な潮流のもたらすもうひとつの結果は、多くの人が10代の頃に望んだに違いないものだ。そう、高校がなくなろうとしているのだ。

いまや「アメリカの高校は前時代の遺物と化している」と、高校不要論を唱えた先駆けのひとりであるバードカレッジのレオン・ボットステイン学長は述べている。いまの思春期の若者は、高校に行くよりも、いきなり大学に進むなり、仕事をもって働くなり、職業訓練を受けるなりしたほうがいいと、彼は述べている。在宅教育を厳しく批判してきた全米中等学校校長協会でさえ、「高校はときとして、過去の悪いやり方を驚くほどそのままの形で引きずっている」と認めている。

10代の子どもとその親たちの手によって、既存の高校にはやがて終止符が打たれるだろう。そして、フリーエージェント流の新しい教育のあり方が台頭してくるに違いない。たとえば、予想される変化には次のようなものがある。

◆**徒弟制度の復活**：かつて若者は、経験豊富な師匠に弟子入りして、技術や専門知識を学んだものだ。そのシステムがよみがえりそうだ。それは、配管工事などの分野に限った現象ではない。コンピュータ・プログラミングやグラフィック・デザインなどの分野でも徒弟制度が見られるようになるだろう。たとえば、14歳の子どもが学校で毎週いくつかの授業に出席し、それ以外の時間は商業美術の見習いをするようになるかもしれない。在宅教育を実践している人たちはよく知っているように、既存の高校は「学ぶ」ことと「する」ことを切り離してしまいがちだが、フリーエージェントはこの2つを一体不可分のものにする。

◆ティーンエージャー起業家の増加：運転免許を取るより前に、フリーエージェントになる時代がやって来るかもしれない。10代の起業家も、いまほど珍しくはなくなるだろう。実は、たいていのティーンエージャーには、起業家として成功するための2つの重要な資質が備わっている。ひとつは新鮮なものの見方、もうひとつは熱い情熱だ。カリフォルニア州サンディエゴ郡では、高校生の8％が自分のオンラインビジネスをもっている。やがて、こうした10代の起業家は当たり前になり、もしかするとティーンエージャーの通過儀礼になるかもしれない。

◆高校の教科の多様化：アメリカの50の州のうち、高校で経済学の基礎が学べるのは16州だけだ。これでは、フリーエージェント経済の土台としてはこころもとない。将来は、たとえば、数学と会計、それにビジネスの基礎を複合した新しい教科が誕生するかもしれない。

◆画一化への反発：高校の卒業証書は、いまやかつてのような「品質保証書」としての価値をもたなくなってしまった。そこで政治家たちは、高校卒業証書の価値を取り戻すために、生徒が卒業を認められるためのハードルを厳しくしようとしているようだ。全生徒が履修しなくてはならない共通科目の指定や共通学力テストの導入などは、その一環だ。こうした動きに対しては、生徒たちが座り込みをして抗議するという動きも起きている。

大半の政治家は、今日の高校が抱えている問題を解消するためには教育に対する管理や統制を強める必要があると思っている。しかしそれでは、問題は解決しない。実際に必要なのは、フリーエージェント流の処方箋、すなわち管理や統制を弱めることなのだ。フリーエージェントの時代には、ティーンエージャーは学校に通うよりも「実践」を通じて、様々なことを学ぶようになる。

大人の「脱学校」

20世紀のかなりの時期を通じて、アメリカはいわば「感謝祭のターキー」型の教育に依存してきた。すなわち、公教育というオーブンの中に子どもを12年間入れて、しっかり焼けたら、企業などの雇用主に引き渡していた（選ばれた一部は、大学という名の場所であと4年間、最後の仕上げをされた）。しかし、企業の寿命が短くなり、知識や技術があっという間に時代遅れになってしまう時代には、このモデルはもはや機能しない。フリーエージェント経済の時代には、人々が生涯を通じて学べるようにするシステムが不可欠だ。学校を卒業しても、まだ人生の4分の3は残っているのだ。

在宅教育と高校の変革は、オーガニゼーション・マンではなく、フリーエージェントの学習者を生み出す。子どもの頃「脱学校」で学んできた人たちは、大人になっても、会社の人材開発部門にせっつかれることなく自主的に勉強を続けることができる。

これは、別に目新しい現象ではない。20世紀のはじめまで、ほとんどのアメリカ人は「読む」ことによって、独学で物事を学んでいた。文字を読めることと本を手に入れられることは、知識を得るための切符だった。それはいまも変わっていない。私がオンライン上で行ったフリーエージェント・ネーションの「ミニ国勢調査」によれば、フリーエージェントたちがそれぞれの分野の最新情報を得るために最もよく用いられている手段は「読む」ことだ。

21世紀には、立派な大学の卒業証書よりも、インターネットへのアクセスと賢明な仕事仲間のネットワークが知識への切符になる。しかも、生涯を通じて、その切符を何度も使うようになるだろう。そうした時代の到来を告げる予兆はすでにいくつかある。

◆学歴の価値の低下：学位の耐用年数が短くなるにともなって、教養を身につけるというより、特定の技能を身につける目的で大学に行く人が増える。知識を身につけたいというニーズは、時間や時期を選ばない。人々は、実際に必要なときに高等教育を受けたいと考えるようになるだろう。裏返せば、学位を取得する前に大学を離れることがあってもいい。オラクルのラリー・エリソンも、アップルのスティーヴ・ジョブズも、映画監督のスティーヴン・スピルバーグも、大学を卒業していないのだ。

◆年長の大学生の増加：すでに、アメリカの大学生の40％が25歳以上だ。「いくつかの予測によれば、数年後には、35歳以上の大学生の数が18歳と19歳の学生の数を上回るという」と、ウォールストリート・ジャーナル紙は書いている。20代はじめに大学教育を不要と考えた若者たちが、40代になって、大学教育の必要を感じはじめるかもしれない。

◆教育のフリーエージェント化：遠隔教育の普及も、「脱学校」化の潮流を後押ししている。オンライン教育ビジネスに参入している企業は、いまや約５０００社。業界規模は、２００３年には１１０億ドルに達する見込みだ。フリーエージェントの教師とフリーエージェントの生徒が増えて、教育市場の流動性も生まれている。この新しい市場をつくり出し、生徒と教師の仲人役になっているのは、インターネットだ。

◆名門大学の苦境：これまで述べてきたような現象は、私立の名門大学にとって厳しい状況を生み出す。現代社会において、一流大学に通うことの目的は３つある。社会に出るのを先延ばしすること、仕事を始める際にある程度有益な「証明書」を手にすること、友人のネットワークを築くことの3つだ。しかし、私立の名門大学は、フリーエージェント経済の台頭への適応が遅れている。１９９８年の統計によれば、公立の4年制大学の78％が遠隔教育プログラムを設置しているのに対し、私立で同様の制度を設けている大学は19％に過ぎない。この20年で私立大学の学費は一気に跳ね上がったが、大学の質はそれに見合うだけ向上したのか？　そもそも、大学の質は多少でも向上したのか？　それに、名門大学に入学できるのは、従来型の（すなわち時代遅れの）

教育制度でいい成績を収めてきた若者だ。この点は、名門校の足を引っ張りかねない。トーマス・J・スタンリーのベストセラー『なぜ、この人たちは金持ちになったのか』によれば、「億万長者」の間ではフリーエージェントの割合が突出して高いが、SAT（米国大学進学全国適性テスト）の点数が高い人ほどフリーエージェントになる確率は低いという。

◆勉強のためのイベントやグループの増加：新しい人脈をつくり、新しいことを学ぶ場に対する需要が高まるのにともなって、会議ビジネスはますます繁盛するだろう。ファストカンパニー誌の主宰する「リアルタイム・カンファレンス」は、見事な成功例のひとつだ。第8章で紹介したフリーエージェントの医療コンサルタント、ノッティ・バンボは、こう語っている。「会議に出席してもいいし、セミナーを聴講してもいい。要するに、ソクラテスの学校のような場所と思えばいい。気に入った講師を選んで、好きなだけ講演を聞くことができる。膝を交えて話を聞くこともできるし、質問をすることもできる。講師の考え方に異論を唱えたり、自分自身の考え方を再検討したり、グループで自分の考え方に対する意見を聞くことができる」。第7章で説明したFANクラブやブッククラブなどのグループは、ベンジャミン・フランクリンの「ジャントー」が植民地時代のアメリカのフリーエージェントに教育を施したように、これからの時代の重要な教育の場になるだろう。

これから20〜30年間は、アメリカの教育にとって興味深い変革期になるだろう。これにより見えてくるものは、私たちを驚かすことになるかもしれない。私の予測も裏切られるかもしれない。しかし、フリーエージェント・ネーションの教育について、ひとつはっきりしていることがある。それは、学校の時代が終焉するということだ。

まとめ

【ポイント】

フリーエージェントの時代には、様々な形で「脱学校」化が進む。学校での義務教育が次第に廃れて、多様な教育の形態が生まれるのだ。在宅教育はますます盛んになる。仕事場を別にすれば、在宅教育は、フリーエージェント的な価値観が最も強くあらわれる場だ。それぞれの専門を活かして、在宅教育の子どもたちの「先生」になるフリーエージェントも増えるだろう。これまでのような高校は姿を消し、もっとフリーエージェント経済に適合したものに変わっていく。子どもの頃に主体的に勉強する習慣を身につけた人たちは、大人になっても独力で勉強できる。その結果、大学の学位の価値が下がり、非公式の自発的な学習の価値が高まる。


【現実】

すでに、アメリカの大学生の40％が25歳以上だ。いくつかの予測によれば、数年後には、

35歳以上の大学生の数が18歳と19歳の学生の数を上回るという。

【キーセンテンス】

私たちは、従来の典型的な学校に足を踏み入れるとき、過去に足を踏み入れているのだ。それは、フレデリック・ウィンズロー・テイラーによって設計され、オーガニゼーション・マンが住む場所である。アメリカ社会の中で、フリーエージェント経済の価値観や形態に最も適応できていない機関は、アメリカ人が最も重要だと言い続けてきた機関——すなわち学校なのだ。

【キーワード】

「感謝祭のターキー」型の教育（Thanksgiving Turkey Model）：20世紀に主流だった教育モデル。社会は、公教育というオーブンの中に子どもを12年間入れて、しっかり焼けたら、企業などの雇用主に引き渡していた。選ばれた一部は、大学という名の場所であと4年間、最後の仕上げをされた。

第16章 生活空間と仕事場は緩やかに融合していく

売り家――寝室3部屋のヴィクトリア朝様式。在宅教育の盛んな地域。徒歩圏内に、スターバックス、メールボックス・エトセトラ、バーンズ&ノーブルあり。フェデックスの即配対象地域内。高速回線、デル製のサーバ、家庭内ネットワークを完備。空港まで20分。地域地区規制は柔軟。

――20XX年6月14日のワシントン・ポスト紙の不動産広告

これまでの章では、フリーエージェントの「5WIH」のうち、「who（誰）」「what（なに）」「when（いつ）」「why（なぜ）」「how（どのように）」について論じてきた。この章では、「where（どこ）」について考えてみたい。フリーランスや臨時社員、ミニ起業家たちは、どこで仕事をするようになるのか？　いまの時代、仕事の場所はたいして問題ではないという意見もあるだろう。工業経済を支える3要素は、土地、労働、資本だったが、情報経済においては、労働と資本だけで十分だというのである。デジタル革命とワイヤレス革命により、ビジネスのルールはすっかり書き換えられたと、こうした論者は言う。私たちはバーチャルに、モバイルになったのだから、どこで働こうと関係ないというわけだ。

このような主張にも、もっともな点はある。確かに、昔に比べれば、私たちを縛る地理的な制約は少なくなった。しかし、バーチャルチームやテレビ会議など、物理的制約を克服しようという様々な取り組みについて聞くにつけ、私は「ペーパーレス・オフィス」の時代が来るという予言のことを思い出す。この「予言」がなされて久しいが、それが現実になる様子は一向にない。この先も、当分は実現しないだろう。

同じように、フリーエージェントという働き方が広まっても、空間や場所の重要性はなくなりそうにない。フリーエージェントが「オフィスレス」な世界を生み出すことはないだろう。しかし、仕事の「場」は驚くべき変化を見せるはずだ。まず、オフィスの変化について見てみよう。

理想のオフィスは「プライベート・アイダホ」と「山小屋」

いま私は、この文章をワシントンDC北西部の閑静な住宅街にある我が家の3階で書いている。このあたりの家の多くは、1930年代後半に連邦政府で働く職員のために建てられたものだ。この頃に建てられた家にはたいてい屋根裏部屋がある。もっとも、当時は、屋根裏部屋があることは購入する家を決めるうえでそれほど大きな判断材料になっていなかった。屋根裏部屋は、必要のないものやほかの場所に置いておきたくないものをしまっておく場所という程度の存在でしかなかった。しかし、97年に私たち夫婦がこの家を買うことを決めた際には、屋根裏部屋の存在が決め手になった。私たちにはホームオフィスが必要だった。この条件を満たしていない家は、さっさと候補のリストからはずしてしまった。

私がコンピュータの画面とにらめっこしながらこの文章を書いている間、妻は2階の自分のオフィスで取引先の電子メールに返事を書いている。我が家には、オフィスが2部屋、人間工学に基づいて設計されたアーロンチェアが2脚、コンピュータが3台、電話回線が4本、それに自動車が1台ある。近所にも、同じような生活をしている家庭がいくつかある。私たちは、変わり者でもなければ、新しい道を切り開く開拓者でもない。仕事の世界の新しいリズムに合わせて体を揺らしているだけだ。

生活の場と仕事の場を別々にすることは、別に必然的なことでもなければ、理想的なことでもない。人口の大半が農民だった時代には、朝になると家を出て、どこか別の場所に働きに出る人など、ほとんどいなかった。仕事をするために必要な道具類は家にあった。第3章で説明したように、そうした道具類が個人で保有するにはあまりに高価になり、家に置いておくにはあまりに大型化し、個人で使うにはあまりに操作が複雑になってはじめて、人々は家の外に働きに出るようになった。当時の人にとって、職場は巨大な道具倉庫だった。そこには、会社が購入した機械や道具がしまってあった。どんな仕事でも、この道具倉庫に赴かずに仕事をすることは不可能だった。

しかしいまや生産のための道具は個人でも購入できるようになり、保管も操作も容易になった。第3章でも説明したように、今日の経済では、道具倉庫としてのオフィスはあまり意味がない。個人にとって、そうしたシステムは非合理的であり、ときには苛立たしくもある。「絶対に家で仕事をするほうが好き」と、フリーエージェントのライター兼ウェブコンサルタントのカレン・ソロモンは、サンフランシスコのハイトアシュベリー界隈のコーヒーショップで語った。「朝早く起きて出勤するなんて、まったく気が滅入る。家でやれば3時間ですむ仕事を、オフィスで8時間もかけてやるなんて、勘弁してほしい」

会社などの雇用主にとっても、このシステムは非効率的だし、ことによれば不経済でもある。本当に必要なのは重さ1キロちょっとの脳ミソだけなのに、どうして企業は80キロもの身体を都心のオフィスまで30キロも運ぶために金を払うのか——と言ったのは、ピーター・ドラッカーだ。社会全体にとっても、オフィスに出勤して働くというシステムは無駄が多過ぎるとも言える。オフィスは1日の半分空っぽで、家は1日の半分空っぽだ。そして、人々は莫大な時間を費やして、車や電車、バスなどで自宅と職場を往復して、道路を傷め、空気を排気ガスで充満させている。

やがて、道具倉庫としてのオフィスは、かつてタイプライターがたどったのと同じ運命を歩むことになるだろう。代わって登場するのは、フリーエージェントにもっとふさわしい2つのタイプのオフィスだ。

第1は、「プライベート・アイダホ」とでも呼ぶべきタイプのオフィスである（「プライベート・アイダホ」という言葉は、B52というバンドの曲にちなんでいる。「きみが住むのはプライベート・アイダホ。野生のポテトみたいに生きている」という曲だ）。私が毎朝「出勤」する12・5平方メートル程度の小部屋も、私に言わせればプライベート・アイダホだ。プライベート・アイダホとは要するに、プライバシーと独立性とマイペースが必要な仕事にふさわしい環境のことである。多くの人にとって、そうした空間があるのは自分の家の中だろう。それに私は、仕事に集中するためにわざわざどこかに出かけるなんて面倒くさくてごめんだし、我が家の3人の女性たちと離れたくない。

しかしなかには、自宅の外に自分だけの空間をもちたいという人もいるかもしれない。そういう人にとっては、第9章で紹介したエグゼクティブ・スイートが役に立つ。最近は、仕事場の環境を自分の好みに合わせて調整するテクノロジーも生まれている。たとえば、音声消去技術が実用化されれば、音波を発して邪魔な音を消すことにより、どんなに騒々しい場所にいても集中して仕事をすることができるようになる。フリーエージェント流の働き方の核であるテイラーメード主義は、仕事場の環境づくりにも適用されるようになるだろう。

しかし、誰もが自分だけのプライベート・アイダホに閉じこもって、日がな1日、他人と関わりをもたずに働く世界はあまりに無味乾燥だ。それに、そうした環境では生産性も低い。この本の中ですでに述べたように、フリーエージェントには、人との接触やコミュニティー、助け合いが必要なのだ。

もうひとつの新しいタイプのオフィスは、そうした人との触れ合いを得ることのできる場だ。私はそれを「フリーエージェントの山小屋」と呼んでいる。ここでは、フリーエージェントたちが集まって、前の晩のテレビドラマの話題で盛り上がったり、仲間と一緒に共同のプロジェクトに取り組んだりすることができる。

この「山小屋」は、仕事場といっても、キュービクル（個人用の間仕切りスペース）が並んだオフィスより、キンコーズやスターバックスに近い。フリーエージェントたちは金を払って会員になり、同僚と噂話に花を咲かせたり、仕事中に誰かに話しかけられたりするなど、いまは会社勤めの嫌な点だと思っている経験をするために、こうした仕事場に出かけていくようになる。人とのさりげない接触は、創造性や革新性を促すうえで不可欠なものなのだ。仕事のしすぎで頭痛が抜けないときや、ビジネス上の問題が解決できないで困っているとき、あるいは大きなプロジェクトに共同で臨んでいるときは、誰もが名前を知っていてくれて歓迎してくれる「山小屋」は、生産的な仕事場になるはずだ。はっきりしているのは、道具倉庫としてのオフィスは過去の遺物になり、「プライベート・アイダホ」と「フリーエージェントの山小屋」が未来のオフィスになるということだ。

コンピュータがある場所＝自宅

この2つの新しいオフィスのモデルは、不動産ビジネスのあり方も変える。まず、住宅用不動産について見てみよう。テレビの普及が「家族の部屋」という新しい空間を生み出したのと同じように、フリーエージェントの増加は住宅の機能や設計を変えていく。屋根裏部屋にせよ、地下室にせよ、予備の寝室にせよ、ホームオフィスは「おまけ」ではなく、住宅に不可欠な要素になるだろう。変化はすでに始まっている。1998年の統計によれば、アメリカの家庭の3つにひとつは、家の中に誰かのホームオフィスがある。10年前の88年には、この割合は20世帯に1世帯にも満たなかった。ホームオフィスは、住宅を建設する際に不可欠な要素になり、多くの場合、ホームオフィス専用の入り口、防音設備、高速インターネット回線を備えるようになるだろう。

商才に長けた不動産業者は早くもこの変化に目をつけている。ホームオフィスが付設してあることを売り物にして家を売っている業者もいる。フリーエージェント・ネーションの旅の途中で南西部を訪れていたときに、私はある不動産業者のニューズレターを手に取った。ニューメキシコ州の不動産業者ノーベル・デーヴィスはこう書いている。「いまやどこに住んでいても、個人が自宅でビジネスを営める時代。どこにいても仕事ができるのなら、サンタフェに住まない理由はありません！」

家庭内のコンピュータネットワークの普及により、家の中の様子も様変わりする。家庭内ネットワークは、電気と同じくらいありふれたものになるだろう。家の中のコンピュータ同士がネットワークで結ばれるようになり、もっと将来は、冷蔵庫やリビングルームの照明などの家電製品もネットワークで結ばれるようになるかもしれない。地下室には、こうした家庭内ネットワークを支え、あるいはミニビジネスのオンラインショッピングサイトを動かすためのサーバが置かれるようになる。

こうした一連の変化のおかげで、家庭の快適性を高めることに関わるビジネスの活況はまだ続きそうだ。新たにフリーエージェントになった人は、自宅に自分のためのホームオフィスを増設しようとするだろう。ROPECでの生活に飽きて、子どもたちとまた一緒に暮らすようになったeリタイヤ組も、自分専用のオフィスを欲しがるに違いない。家で過ごす時間が増えれば、それだけ家が傷みやすくなり、修理や修繕ももっと必要になる。フリーエージェントのライフスタイルに合わせて家をリフォームするビジネスは、21世紀初頭を代表する成長産業になるだろう。

成長著しい在宅労働者市場を相手にオフィス家具や事務用品、通信サービスなどを販売するビジネスも、活況を呈しそうだ。アメリカのSOHO市場は、すでに200億ドル規模に達している。ホームオフィス・コンピューティングやスモールビジネス・コンピューティングなどのSOHO専門誌の販売部数は、フォーブス誌の販売部数に迫る勢いだ。もしかすると、マーケティングの専門家たちが次に目をつけるのは、「SOHO（Small Office/Home Office）」ならぬ、いわば「HOHO（His Office/Her Office）」かもしれない。つまり、カップルが自宅内にそれぞれ個人用のオフィスをもつ家庭を対象にしたビジネスである（hisとherという言葉はあくまでも便宜的なもの。HOHOを構えるカップルは、異性間のカップルだけとは限らない）。

フリーエージェントの台頭は、賃貸住宅市場も一変させる可能性がある。私がシアトルで会ったフリーエージェントのデザイン・コンサルタント、ティム・セレスキーは、画期的なオフィスのあり方を思いついた。自宅で仕事をしていたときはつい長時間働きがちで、仕事に不満をもつようになってしまったと、セレスキーは言う。しかし1984年、「自宅のすぐ近所に家を借りて、そこで働くことにした。これはベストのやり方だった」。自宅の外にホームオフィスをもったのである。自宅のすぐそばに家を借りることによって、家と仕事場の「ソフトな分離」が可能になったと、彼は言う。つまり、住宅街に住んで都心に通勤するほど遠く離れてはいないが、同じ家の2階で寝起きして、地下室で仕事をするほど密着してはいない、というわけだ。

こうした「仕事場」への需要はますます高まりそうだ。その昔は、子どもを社会に送り出した後の夫婦は近くの大学の学生を下宿させたものだが、これからは、近所に住むフリーエージェントに部屋を貸すのが普通になるのかもしれない。大学生と違ってフリーエージェントたちは、夜は自分の家に帰っていく。大音量で音楽をかけることも、キッチンを散らかすこともない。集中して仕事をするための場として部屋を使うだけだ。

やがて、「ホームオフィス」という言葉そのものが時代遅れに感じられる時代が来るかもしれない。家で仕事をするのが当たり前になれば、家の中にオフィスがあっても、家にキッチンがあるのと同じように、別に珍しいことではなくなるからだ。

フリーエージェントが集う近未来のオフィス

フリーエージェントは、事業用不動産のあり方もすっかり変えそうだ。いまの会社のオフィス、あるいは最後に勤めていた会社のオフィスについて考えてみてほしい。おそらく、完全な個人用オフィスこそなくても、各自が専用のキュービクル（個人用の間仕切りスペース）やデスクをもっているはずだ。しかし実際には、1日のかなりの時間をそれ以外の場所で過ごす人が多いのではないだろうか？ウイークデーのデスクやオフィス、個人用作業スペースの利用状況を見た場合、常時その7割が空席になっているという。週末や休日も計算に入れると、使用中のデスクの割合は15％程度にすぎない。

現在、平均的なオフィス（小売業を除く）は、面積の8割が個人の作業用スペース、2割がミーティング用スペースになっている。その結果、ほかの場所でもできる仕事をするために通勤を強いられる一方で、大勢が同じ場所に集まって働く最大の目的であるはずの共同作業向けのスペースが十分に取れないという状況が生まれている。フリーエージェントを宣言し、他人に邪魔されずに仕事に集中するためのプライベート・アイダホをもつ人が増えれば、この4対1の割合は変わってくるはずだ。

未来の職場は、個人用のスペースが20％、「着陸スペース」（ノートパソコンで作業をしたり、電子メールを送受信したり、ちょっと電話をかけたりすることのできるスペース）が20％、会議室などの共同作業スペースが60％という比率になるだろう。会社員は、出社すべき明確な理由がある場合以外は、会社に出てこなくてよくなる。会社に出入りしているフリーエージェントは、たまたま席にいない人のデスクを借りて慌ただしく作業をしなくても、落ち着いて打ち合わせをしたり、ノートパソコンで作業をすることができるようになる。

「フリーエージェントの山小屋」の設計も、これと似たような感じになる。ただし「山小屋」の場合は、フリーエージェント専用の施設だ。グループ用のスペース（打ち合わせや娯楽用のために使うことができる）と「着陸スペース」（電源コンセントと電話のジャック、テレビ会議用設備などを備えた小型のデスクがある）とで構成される。職業団体などがこうした施設を運営するケースも出てきそうだ。たいてい、年会費を支払って会員になれば「着陸スペース」の利用資格が与えられ、所定の利用料金をその都度支払えば会議室なども借りられるという形になるだろう。こうした「山小屋」は、キンコーズと同じような設備を備える半面、近所のパブのような肩の凝らない雰囲気をもった場所になる。

新しい動きはすでに見ることができる。

サンフランシスコで、私はサーカディアという店で何件か取材を行った。一見すると、サーカディアはおしゃれなコーヒーショップのような感じに見える。おしゃれなばかでかい椅子があって、奇抜な形をしたテーブルが置いてある。でも、もっとよく見てみると、それぞれのテーブルに電話が置いてあることに気づく。さらにもっとよく見ると、それぞれの電話に、コンピュータを接続するためのデータポートがあることに気づく。

そして、向こうに見えるのは……「グリーンルーム」だ。1時間50ドルの利用料を払えば、会議室として貸し切ることができる。この部屋の中には、壁一面のコンピュータ用モニターがあって、インターネットを利用することもできるようになっている。価格表を見ると、「本日のお勧めドリップコーヒー、1ドル35セント」「タプナード（南仏風ペースト）3種類セット、6ドル95セント」と並んで、「コンパックのノートパソコン（90分レンタル）、9ドル50セント」「フロッピーディスク、1ドル」

というのもある。サーカディアの経営者は？　そう、スターバックスだ。第9章で述べたように、この一見するとコーヒーショップに見える会社は、実は事業用不動産ビジネスの会社でもあるのだ。

エグゼクティブ・スイートなど、本来の事業用不動産ビジネスも、街のスターバックスに近づいてくる。いまのような人間味のない空間ではなく、「フリーエージェントの山小屋」に変身していくのだ。必要なときにフリーエージェントが1時間単位で安価に借りられるオフィスや会議室――いわばジャスト・イン・タイムのオフィス――は、これからも隆盛を続けるだろう。

一方、ニューヨークのクライスラービルやサンフランシスコのトランスアメリカビルなど、企業のシンボル的な「トロフィータワー」は次第に姿を消して、オフィスと住宅と商店を組み合わせた多目的タワーに取って代わられるだろう。高層ビルの15階の高級マンションに住むフリーエージェントが、同じビルの14階のスタッフ4人のミニビジネスのオフィスで仕事をし、1階の食料品店で買い物をする時代が来るかもしれない。大人のための寮のようなものと考えればいい。フリーエージェントたちは、すべてを1カ所ですませる生活を送る。第14章で登場を予測したROPECに変身するトロフィータワーもあるかもしれない。

まとめ

【ポイント】

フリーエージェントの時代には、道具倉庫としてのオフィスは姿を消し、2つの新しいタイプのオフィスが登場する。第1は「プライベート・アイダホ」とでも呼ぶべき形態のオフィス。集中力を要する仕事をするための静かな個人用のスペースのことだ。第2は「フリーエージェントの山小屋」。仲間が顔を合わせて協力し合う場、行きつけのパブとエグゼクティブ・スイートを足して2で割ったような場である。こうした新しいタイプのオフィスの登場は、住宅と事業用不動産のあり方も様変わりさせる。ホームオフィスが当たり前になり、リフォーム産業に好景気が訪れるだろう。オフィスではグループで利用するスペースが増え、「トロフィータワー」は、独立性の高い労働力のための多目的スペースに取って代わられる。

【現実】

ウイークデーのデスクやオフィス、個人用作業スペースの利用状況を見た場合、常時その7割が空席になっているという。週末や休日も計算に入れると、使用中のデスクの割合は15％程度に過ぎない。

【キーセンテンス】

「フリーエージェントの山小屋」では、フリーエージェントたちが集まって、前の晩のテレビドラマの話題で盛り上がったり、仲間と一緒に共同のプロジェクトに取り組んだりすることができる。この「山小屋」は、仕事場と言っても、キュービクル（個人用の間仕切りスペース）が並んだオフィスより、キンコーズやスターバックスに近い。フリーエージェントたちは金を払って会員になり、同僚と噂話に花を咲かせたり、仕事中に誰かに話しかけられたりするなど、いまは会社勤めの嫌な点だと思っている経験をするために、こうした仕事場に出かけていくようになる。

【キーワード】

HOHO（His Office/Her Office）：「SOHO（Small Office/Home Office）」の変形版。カップルが自宅内にそれぞれ個人用のオフィスをもつ家庭のこと。

第17章 個人が株式を発行する

場所　ファーストバッジャー銀行（ウィスコンシン州）
時　２０XX年8月16日
（フリーエージェントの電気工ジョン・ロビンソンが、銀行の融資担当スナイドリー・マイザーのデスクの前に座っている）

ロビンソン「よろしくお願いします。実は、ミニビジネスの事業資金に5万ドルほど融資していただきたいのですが。仕事は電気工をしています。商売はうまくいっています。収益の状況はこの紙の通りです」

マイザー「素晴らしいですね、ロビンソン様。ですが、お客様のようなビジネスには、私どもはご融資させて頂いていないのです。従業員も使っていらっしゃらないようですし。つまり、その……お客様は個人のお方でいらっしゃいますので、５万ドルという高額のご融資はいたしかねるのです」

ロビンソン　「従業員を雇っていないのは、社員をもちたくないからなんです。いろいろ面倒ですからね。でも、この書類を読んでみてください。ここ5年間は、続けて年間20万ドル以上の売り上げがあります。自分で言うのもなんですが、私は一流の電気工のつもりです。これを読んでください……得意先の私に対する評価です」

マイザー　「銀行というのはそういうところではないんですよ、ロビンソン様。お客様の得意先がどう言おうと、私どもには関係ありません。私どもファーストバッジャー銀行では、実体のあるビジネスに融資をするのです」

ロビンソン　「私がやっているのも実体のあるビジネスですよ。あなたよりは、金を儲けているつもりですがね。証拠の書類だってある。新しいコンピュータと新しい道具類を買って、仕事場の修繕をして、通信教育を受講するために、少しばかりのお金が必要なだけなんです。こうしたものはすべて、私がもっと金を儲ける役に立つはずです」

マイザー　「どう見ても、あなたは『ビジネス』には見えないんですよ。ただの個人にしか見えない。仕事で手を真っ黒にしている男にしか見えないんだ。おい、俺のテーブルに触るな！　うちで金を貸すのは、ボートや車みたいな大事なものの整備のために手を汚している人だけなんだ。あんたみたいに、くだらないことのために手を真っ黒にしているヤツに貸す金はないんだよ」

ロビンソン　（腰を浮かせながら）「ああ、そうかい」

マイザー　（書類に目を落として）「でもまあ。どうしてもと言うのなら、上司のそのまた上司に聞いてみてもいいがね。もちろん、担保は必要だ。家の権利証書、２人目の子どもの養育権、それにおたくの血液が最低４リットル……」

マイザー　（目を上げて、ロビンソンがいなくなっていることに気づいて）「ロビンソンさん？ロビンソンさん？」

既存の金融機関は相変わらずフリーエージェントに冷ややかかもしれないが、いまや新しい方策が次々と生まれている。

場所　ウィスコンシン州フリーエージェント電気工連盟
時　２０ＸＸ年８月17日
（電気工のジョン・ロビンソンが、連盟の財務責任者マーガレット・ムーアと会議室で話している）

ロビンソン「こんにちは、マーガレット。事業資金が必要なんです。コンピュータを買い替えて、いい道具を買って、仕事場を広げて、電気配線のオンライン講座を受講するために、5万ドル欲しいんです」

ムーア「素晴らしいですね。最近、商売の調子はいかがですか?」

ロビンソン「繁盛してますよ。ホームオフィスが増えているおかげで電気工事の需要が高まっているんです。収益の状況を記した書類です。この5年間は、毎年20万ドル以上の売り上げがあります」

ムーア「見事ですね。個人ビジネスに融資をするのは、貸す側にとっては少しリスクをともないます。でも、我が連盟にはいいプログラムがあるんです。ロビンソン電気の債券を5万ドル分発行するというのはどうでしょう?」

ロビンソン「どういうことです?」

ムーア「投資家を募ってグループをつくって、そこから5万ドルを貸してもらいます。ロビンソンさんは毎月、利息をつけて、借りたお金を返済していきます。金利は、ビジネスの状態を調査したうえで決定します。だいたい9%くらいですかね」

ロビンソン　「いいですね」

ムーア　「私たちは、大勢の会員のために同じことをやっています。そういう債券をまとめて、セットにして売るんです。投資家は、あなたのような才能ある人物にお金を貸すことによって、安定した収益を得ることができます。一方、あなたは、法外でない金利で、必要な5万ドルを手にすることができます。つまり、誰もが喜ぶわけです」

ロビンソン　「素晴らしい！　ありがとう！」

ムーア　「お礼を言う相手は、私ではありませんよ。マイケル・ミルケンとデヴィッド・ボウイのおかげです」

ロビンソン　「なんですって？」

ムーア　「いえ、こっちの話です」

資本（キャピタル）のない資本主義（キャピタリズム）は単なる「主義（イズム）」に過ぎないと言ったのは、黒人指導者のジェシー・ジャクソンだ。会社を立ち上げ、事業を拡大し、困難から脱するために、企業は資金を必要とする。企業が資金を調達する方法は大きく分けて2つある。ひとつは借金、もうひとつは会社の株式の売却である。借金は、金融機関などから融資を受けたり、社債を発行したり、クレジットカードで支払いをしたりといった形で行われる。株式売却は、友人や知人、あるいはベンチャーキャピタルから出資を得たり、株式公開をして株を売却するなどの方式がある。この2つの方法こそ、アメリカの莫大な資本の海に流れ込む2本の大河だ。

では、この金は、そもそもどこから来るのだろう？　そのほとんどは、もとをただせば私たちのような零細投資家の資金だ。第5章でも述べたように、ここ20年の間に、金融の民主化が進み、アメリカの中流層は投資家階級に変身した。社債の発行や株式の売却によって企業が資本を調達しようとすると、ごく普通の庶民が年金基金や「401kプラン」を通じて、あるいは直接の個人投資によって、資金を供給する。組織から個人への力の移行がさらに進めば、金融の民主化もいっそう進展するだろう。金融の民主化の第1段階は、株式や債券に投資する人口の増加だった。

だとすれば、数年後には訪れるであろう第2段階は、株式や債券を発行する人口の増加になるはずだ。大企業だけでなく、フリーランスのコンピュータ・プログラマーや自宅に拠点を置くクッキー製造業者、組織に雇われない電気工など、あらゆる形態のフリーエージェントたちが、市場から直接借入を行ったり、株式を売却して事業資金を調達するようになる。フリーエージェント流の資金調達の時代がやって来るのだ。それにともなって、様々な新しい金融商品も生まれようとしている。

これからはFAN債が広がっていく！

まず本題に入る前に、過去50年の金融の民主化の過程を簡単に振り返ってみよう。オーガニゼーション・マンの時代には、金融はとうてい民主的とはいえなかった。当時の銀行は偏狭で排他的な世界で、変化を嫌う銀行員たちが安定企業を対象にリスクの少ない融資を行っていた。大企業、それに「クラブ」のメンバーである一部の中小企業は、たいてい融資を受けることができた。しかし、無名の企業や新興企業など、「アウトサイダー」が融資を受けるのは簡単ではなかった。

この壁にようやくささやかな裂け目が入ったのは、１９６０～70年代のことだった。一部の企業が、銀行に融資を請うのではなく、社債を発行することによって、保険会社や投資銀行、個人投資家など、幅広い層から金を借りようとしはじめたのだ。社債を買えば、投資家は、一般的に銀行預金などより高い利息を受け取ることができる。企業にとっては、社債は、銀行から融資を受けるより簡単に多額の資金を借りられるというメリットがある。

社債の普及に本当に拍車をかけたのは、株式と同じように、発行済みの社債が売買されるようになったことだった。現在、全米で毎日取引される社債は、金額にして３５００億ドル。これは、株式市場のナスダックとニューヨーク証券取引所の出来高を足した額の8倍に相当する。一方、ムーディーズやスタンダード&プアーズなどの格付け機関の登場により、投資家は社債のリスクを知ることができるようになった。こうして、いまや民間企業にとって、社債による資金調達は金融機関の融資による資金調達を金額で上回っている。

とはいえ、1980年代までは、社債を発行して資金調達をすることができる企業は一部に限られていた。その社債の世界を拡大し、金融の民主化を劇的に推し進めた立て役者は、80年代のアメリカ金融界の風雲児マイケル・ミルケンだった。当時の投資銀行がもっぱら比較的堅実な企業の安全な社債を扱っていたのに対し、ミルケンはいわゆるジャンクボンド（くず債券）に目をつけた。ジャンクボンドとは、新興企業や経営が不安定な企業、経営不振の企業など、リスクが高いために従来は社債発行が難しかった企業の発行する社債のこと。ジャンクボンドは、たとえばゼネラル・モーターズ（GM）などの社債に比べればきちんと償還されない危険が高い半面、利率もいい。

ミルケンが偉大だったのは、こうした「リスクの高い企業」は、実は一般に考えられているほどはリスクが高くないと発見したことだった。だとすれば、利率の高いジャンクボンドは、極めて魅力的な存在だ。いろいろなジャンクボンドをまとめてセットにして販売すれば、投資家のリスクを分散させることもできる。ミルケンはこれを実践したのだ。その後、ミルケンはインサイダー取引と株価操作で逮捕されたが、その業績が大きいことに変わりはない。なにしろ、ほぼ独力で、いわば金融の「番外地」だったジャンクボンド市場を1兆ドル規模の巨大市場に育て上げたのだ。ジャンクボンド市場が生まれていなければ、多くの創造的な企業が資金を調達できずに終わったに違いない。

資金調達の転換点だったボウイ債

資金調達の歴史の次の転換点は、1997年にロックスターのデヴィッド・ボウイが自分で債券を発行したことだった。ボウイはざっと300の曲と25のアルバムの権利をもっており、著作権収入が安定して流れ込んでくる。この音楽的財産を担保にして、ボウイは利率7・9%の15年物の「ボウイ債」を発行した。格付け機関のムーディーズは、ボウイ債に「AAA（トリプルA）」の評価を与えた。これは、ニューヨーク市債より高い評価である。この債券は、保険会社のプルデンシャルがすべて購入した。これにより、プルデンシャルは安定した収益を得ることができたし、ボウイはその巨額の資金を使って投資対象を多角化し、新しい分野に手を広げることができた。

ほかのエンターテナーも、その後に続いた。ニューヨークの投資銀行家デーヴィッド・プルマンの力を借りて、作詞作曲チームのホランド・ドジャー・ホランド（シュープリームスやテンプテーションズなどに約300の曲を提供している）が「モータウン債」を発行。将来の音楽著作権収入を担保に、3000万ドルを調達した（ムーディーズの格付けは「A」）。1999年には、やはりプルマンの力を借りて、ジェームズ・ブラウンが利率8%の債券を発行し、3000万ドルを調達した。

要するに、この50年間、新しい金融手段が登場するたびに、金融の民主化が進んでいった。最初は、優良企業がエリートクラブのメンバーである銀行から金を借りていた。その後、一流の企業が社債を発行して、資本市場から直接、金を借りるようになった。その次は、経営が安泰とはいえない企業がハイリスク・ハイリターンのジャンクボンドを発行して、投資家から資金を借りるようになった。そして、経済的な力が組織から個人に移るにつれて、有名人が著作権収入を担保に債券を発行して、金を集めるようになった。

FAN債が便利な理由

次になにが来るかは、はっきりしているように思える。社債を発行する企業が堅実な大企業だけでなく不安定な新興企業にも広がったように、ボウイ債のような債券を発行する個人も、有名人だけでなく一般人にも広がるだろう。フリーエージェントは、こうしたいわば「フリーエージェント・ネーション（FAN）債」によって事業資金を調達するようになるに違いない（**図17－1**）。

FAN債という考え方は、それほど現実離れしたものではない。実はすでに、フリーエージェントが金を借りるための方法は2つある。その2つの方法とは、学生ローンとクレジットカードである。学生ローンとは、要するに、個人が金を

図17-1 **債券の種類**

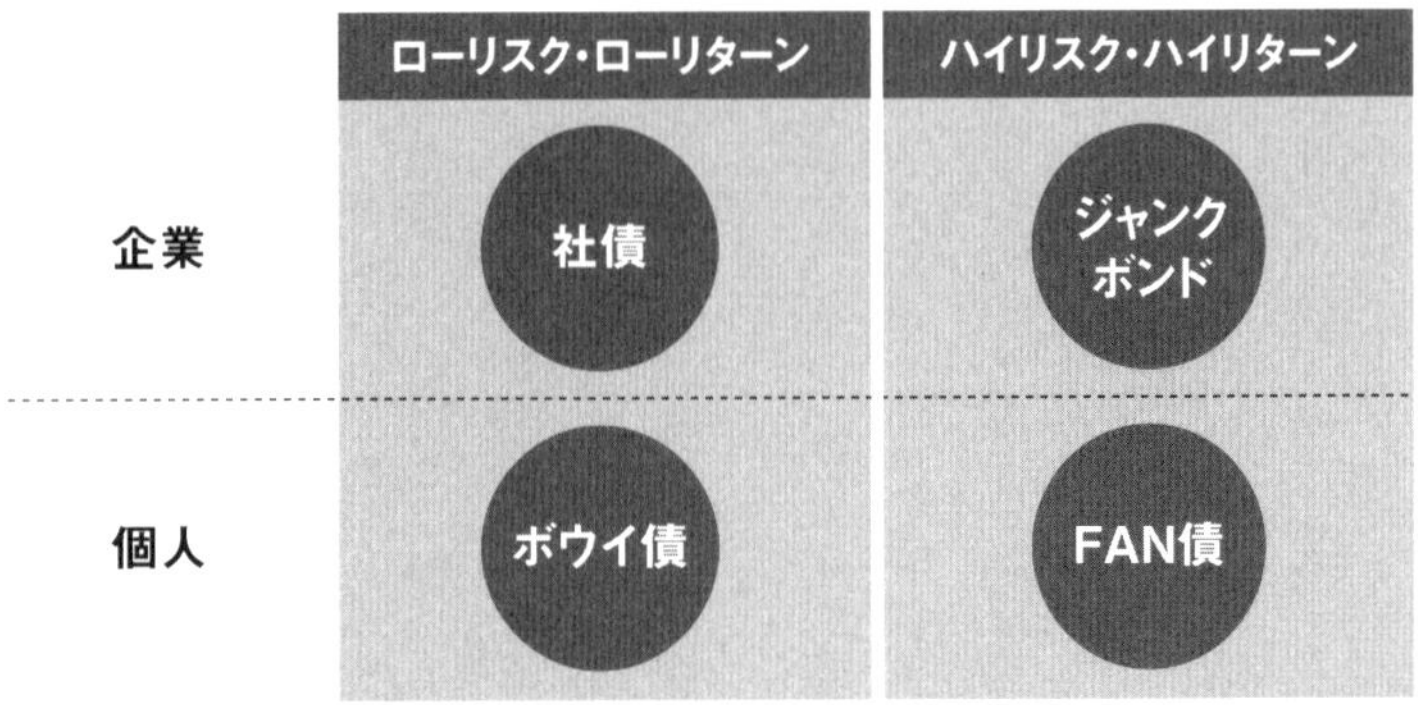

借りて、「資産」を改善・拡大する（この場合は、知的資質や技能、学歴などを高める）ためにその金を使い、その資産が生み出した収益の中から、借りた金と利息を返済するというものだ。一方、マスターカードやビザカードを使って貧乏時代を切り抜けた独立系の映画製作者やハイテク起業家の例は、決して珍しくない。マンハッタンで話を聞いた「デジタル人材仲介業者」のクリスティン・ハーメルは、個人のクレジットカードを使って資金をやり繰りして、5つのミニビジネスを同時に営んでいたことがあるという。ハーメルだけではない。大手会計事務所アンダーセンの1998年の調査によれば、起業家の47％は、個人のクレジットカードで事業の資金を調達したことがあるという。93年に比べて、この数字は2倍に増えている。小規模なビジネスの資金調達方法としては、クレジットカードは銀行の融資以上に有力な手段になっているのだ。

とはいえ、学生ローンやクレジットカードは、フリーエージェントの資金調達方法としては完璧とはいえない。学生ローンは、金利が比較的低いという利点があるが、利用資格が厳しく限定されているという欠点がある。学生ローンを利用するためには、大学や大学院に入学し、借りた金をその学資に使わなくてはならない。フランス語の通訳者になるためには、ハーバード大学で1年間の語学コースを受講するより、パリで半年暮らすほうが有効かもしれないが、それでは学生ローンは利用できない。クレジットカードには、実に簡単に融資が受けられるという利点がある（実際のところ、あまりに簡単に金を借りられることが問題になっているくらいだ）。しかし問題は、金利があまりに高いということだ。パリで半年生活するための費用をクレジットカードでまかなおうとすれば、返済額は莫大な金額にのぼるだろう。

FAN債はこのどちらよりも便利だ。学生ローンよりは金利が高いが、利用資格はもっと緩やかだ。クレジットカードほど借りやすくないが、貸し手のリスクが低いので金利は低い。デーヴィッド・プルマンがエンターテナーの債券を専門にしたように、3300万のフリーエージェントのための債券発行を専門にする投資銀行が登場する可能性もある。フリーランスの個人やミニ企業の発行する債券の評価を行う格付け機関も生まれるだろう。いわばフリーエージェント版のスタンダード&プアーズである。15年の実務経験とスタンフォード大学のMBAをもち、大勢の顧客を抱えている大物マーケティング専門家の発行するFAN債であれば、評価は「AA（ダブルA）」かもしれない。これに対して、美術学校を出たばかりの駆けだしのグラフィック・デザイナーは、才能の一端は垣間見せていても、経験がまだほとんどなければ、「BB（ダブルB）」（投機的）という格付けになるかもしれない。

しかし投資家にとっては、FAN債にはリスクもある。担保になる著作権をもっている人はごく一部に限られる。そこで、もうひとつの新しい金融手段が登場する。証券化である。証券化とは、自動車ローンや住宅ローン、クレジットカードローンなど、たくさんの債権を買い取って、それを束ねて証券にして、投資家に販売するという方法だ。たとえば、世界最大のノンバンクの金融サービス会社である連邦抵当金庫（ファニー・メイ）は、住宅ローンの債権を大量に買い取って、証券化し、小口に分けて投資家に販売している。全米学生ローン・マーケティング組合（サリー・メイ）は、その名の通り学生ローンを証券化して、販売している。ファニー・メイやサリー・メイのFAN債版——FAN債のパイオニアであるデヴィッド・ボウイの名を取って「ボウイ・メイ」とでも呼ぶべきかもしれない――があってもいいはずだ。そうした組織がFAN債を大量に買い取って、それを証券化して、小口に分けてリスクを分散させて売るのである。投資家は、フリーエージェントが定期的に返済する金利と元本から支払いを受けることになる。

ある程度は、職業団体がその役割を担うかもしれない。投資家は個々のグラフィック・デザイナーに投資するのではなく、いわばグラフィック・デザイン業界全体に投資することによって、リスクを分散させることができる。全米法曹協会や全米作家協会、それにワーキング・トゥデーのような団体も金融サービス業に参入するかもしれない。FAN債の投資信託が登場する可能性もある。たとえば、熟練した大工のFAN債に投資する投資信託が生まれるかもしれない。この場合、投資信託に組み込まれているFAN債の発行者の何人かは債務不履行に陥るかもしれないが、何千何万という数の熟練の大工に分散投資をしているため、投資家にとってのリスクは小さくなる。FAN債版の転換社債も登場するかもしれない。転換社債と同じように、そのフリーエージェントがはじめて株式を公開した際に株式に転換することができるFAN債だ。

どういう形になるにせよ、金融の民主化はさらに進むだろう。企業金融が銀行の融資、一流企業の社債、さらにはジャンクボンドに拡大したように、個人金融は、クレジットカードからボウイ債、そしてFAN債へと広がっていくのだ。

フリーエージェント版ＩＰＯのモデル

フリーエージェントが資金調達のために株式を発行するというケースは、ＦＡＮ債に比べると現実味が乏しいかもしれない。それでも、可能性はある。債券と同じように、株式も着実に民主化の道を歩んできた。かつては、株式の世界も排他的な世界だった。小型株は、大規模な取引所に上場することはできなかった。しかし、新しいテクノロジー、新しいビジネスモデル、新しい金融の方法の登場により、中小企業も公開の株式市場で資本を調達できるようになってきた。

ベンチャーキャピタルの歴史を考えれば、それはよくわかる。その昔、ベンチャーキャピタルは、リスクを愛する向こう見ずな人たちだけが参加するゲームだった。しかしこの10年で、ベンチャーキャピタルは金融の主流に躍り出た。１９９０年代後半、ベンチャーキャピタルから新興企業に流れ込む資金は5倍に増えた。99年の時点で、ベンチャーキャピタルの投資額は４８０億ドルを突破。２０００年に「ドットコム・バブル」が崩壊した後も、その額は増え続けている。ベンチャーキャピタルの飛躍的拡大は、新興企業の株式公開を早める結果になった。いまや、経営が黒字に転換する前に株式を公開する企業も珍しくない。

その結果、会社の実態は事実上、有名人ひとりという株式公開企業もあらわれてきた。テレビ番組制作のディック・クラーク・プロダクション、ファッションブランドのトミー・ヒルフィガー、人気コミック作家のスタン・リー・メディア、ライフスタイル提案ビジネスのマーサ・スチュワート・リビング・オムニメディアなどは、その典型だ。こうして見ていくと、株式の歴史は債券発行による資金調達の歴史とよく似ている。閉鎖的なクラブがその門戸をこじ開けられ、「ジャンク株」とでも呼ぶべきリスクの高いベンチャーキャピタルが登場し、有名人が事実上個人として株式を発行するようになった。次は、すべての人が株式を発行する時代になるかもしれない。

しかし、マーサ・スチュワートと違って、ほとんどのフリーランスやミニ起業家は株式を売るのに苦労するはずだ。ベンチャーキャピタルが、下水管の中をはい、壁をよじ登って窓をくぐり抜けて、我が家の3階のホームオフィスにやって来て、是非とも「ピンク株式会社」の株式を売ってくださいと頭を下げることなどあり得ない。現実には、株を買ってくれと、身近な人たちに頼み込むことになる。米連邦準備理事会（FRB）のアラン・グリーンスパン議長によれば、「小規模なビジネスの場合、株式による資金調達の3分の2以上は、会社の所有者やその家族、友人の資金が出所だ」。

しかし、小規模な企業も、現在の大企業と同じような方法で株式による資金調達を行うようになるかもしれない。「株式の公開公募（Initial Public Offering＝ＩＰＯ）」ならぬ、「個人の公開公募（Individual Public Offering＝ＩＰＯ）」である。

このいわば「フリーエージェント版ＩＰＯ」のモデルとなり得るもののひとつは、「株式直接公開（Direct Public Offering＝ＤＰＯ）」と呼ばれる方法だ。証券取引所や店頭市場を介さずに、小企業が一般投資家に直接株式を売るのである。アメリカでは、1998年に321件のDPOが行われて、4億3900万ドルの資金が調達された。こうしたミニ株式公開は、小さなビジネスを次の段階に発展させたい起業家なら、誰でも思いつく選択肢だ。意欲的なフリーランスにとっても、これは有力な選択肢と言える。

プロボクサーのなかには、投資家に株式を売って、トレーニング資金を調達している人がすでに大勢いる。アメリカのプロボクサーの10人に1人は、こうした方法で資金を得ている。次の戦いの準備をする資金を手にするために、自由をある程度手放しても構わないと考えるのは、プロボクサーだけではないだろう。フリーランスで働く人のなかにも、こうしたプロボクサーと同じ道を選択する人もいるかもしれない。たとえば作家なら、株式を公開して資金を調達するのと引き換えに、投資家に将来の印税収入の一部、そして場合によっては次作の内容についての発言権を与えるようになるかもしれない。

フリーエージェント版IPOは、実はそれほどとっぴな発想ではない。第3章で述べたように、企業の寿命は短くなり、人間の寿命は延びている。投資家にとっては、既存の企業に投資するより、将来有望な個人に投資したほうが、長期的に見れば賢明な投資なのかもしれない。

取引所や投信も登場する?!

株式ブームの原動力は、個人が株式を買えるということではなく、個人が株式市場で株式を売買できるようになっていることだ。投資家が「フリーエージェント株」を売買できるようにするためには、取引の流動性と公正性を保障する取引所の存在が欠かせない。いまとなっては信じられないかもしれないが、ナスダックは1971年までは存在していなかった。それまで、小規模な会社の株式は、全米各地の様々な取引所でまちまちの方法で取引されていた。インターネットは、フリーエージェント株版のナスダック――大勢の売り手と大勢の買い手が出会える場――をつくり出すことができるかもしれない。いまや電子コミュニケーションネットワーク（ECN）によって、ナスダック上場株の売買を大手証券会社より迅速かつ安価に行うことが可能になりはじめている。フリーエージェント株版のECNも生まれるかもしれない。

フリーエージェント株の投資信託が登場する可能性もある。株式を公開しているトップクラスのソフトウェア技術者1000人の株式に投資するファンドや、大手コンサルティング会社の元従業員の発行する株式に投資する「プライスウォーターハウスクーパース同窓会ファンド」、あるいは十数の業界の最も優良なフリーエージェントが発行する株式500銘柄に投資するインデックスファンドなども生まれるかもしれない。

と言っても、誰もが株式公開による資金調達ができるわけではない。実際、企業の場合も、圧倒的大多数は株式を公開していない。フリーエージェントも、圧倒的大多数は株式公開には踏み切らないだろう。株式公開による資金調達と縁があるのは、主に一部のエリートだけだ。それに、投資家は、個人に投資するより、特定のプロジェクトに投資したがる可能性も考えられる。たとえば、ある作家に長期的に投資するのではなく、特定の著作に短期的な投資を行おうとするかもしれない。一方、自由を大切にするフリーエージェントは、株主という部外者に介入されることを嫌う可能性もある。私自身、モンタナ州の怪しげなデイトレーダーが私を売買したり、娘を投機の対象にすることを心情的に許せるという自信はない。それに、米証券取引委員会（SEC）のような監督機関も必要になってくるだろう。そうなれば、フリーエージェントも、株式を公開する場合は、現在の株式公開企業と同じように経営情報の開示を義務づけられることになる。

しかし、これから新しいシステムが生まれようとしている段階では、細かい問題にとらわれ過ぎてはいけない。力の所在が企業から個人に移るにともなって、資金調達のための金融手段も、企業のためのものから個人のためのものに変わっていくだろう。

まとめ

【ポイント】

フリーエージェントの時代には、いま企業がやっているのと同じような方法で、個人も資金を調達するようになる。個人も、融資や社債発行により借金をしたり、株式を売ったりして金を集めはじめる。「FAN債」や「フリーエージェント版IPO」など、新しい金融手段も続々と生まれるだろう。

【現実】

大手会計事務所アンダーセンの1998年の調査によれば、起業家の47%は、個人のクレジットカードで事業の資金を調達したことがあるという。93年に比べて、この数字は2倍に増えている。小規模なビジネスの資金調達方法としては、クレジットカードは銀行の融資以上に有力な手段になっているのだ。

【キーセンテンス】

プロボクサーのなかには、投資家に株式を売って、トレーニング資金を調達している人がすでに大勢いる。アメリカのプロボクサーの10人に1人は、こうした方法で資金を得ている。次の戦いの準備をする資金を手にするために、自由をある程度手放しても構わないと考えるのは、プロボクサーだけではないだろう。フリーランスで働く人のなかにも、こうしたプロボクサーと同じ道を選択する人もいるかもしれない。

【キーワード】

FAN債（F.A.N. Bonds）：フリーエージェント版の社債。学生ローンより利用しやすいが、クレジットカードより金利は低い。FAN債市場を活性化させるためには、連邦抵当金庫（ファニー・メイ）が住宅ローンの債権を大量に買い取って、証券化して投資家に販売しているように、FAN債を買い取って証券化する仕組みが必要になるだろう。

第18章 ジャスト・イン・タイム政治がはじまる

フリーエージェントの1票を政治に。

――20XX年米大統領選の選挙期間中に、街を走る自動車に貼られるステッカー

「女性の年」「怒れる白人男性の年」「サッカーママ（郊外の中流主婦層）の年」……米大統領選には、しばしばこうしたキャッチフレーズがつけられてきた。フリーエージェントがこうした選挙のシンボルの仲間入りをするのは時間の問題だ。アメリカ政治における大企業と労働組合の対決は過去のものになり、近い将来、米大統領選に「フリーエージェントの年」というキャッチフレーズがつけられる日が来るだろう。

第V部で指摘してきたことの多くと同じように、フリーエージェント政治の到来は必然に思える。その未来を予見するために水晶玉は必要ない。計算機があれば十分だ。

民主党が労働組合にすり寄り、企業寄りの共和党が労働組合を攻撃するというのが、これまでのア

メリカ政治の構図だった。しかしここに来て、第2章でも述べたように、アメリカ人の生活、そしてアメリカの政治において、労働組合の存在感は弱まっている。労働組合の組合員数はここ10年伸び悩んでおり、組合員の高齢化も進んでいる。労働者人口全体に占める組合員の割合は、じりじりと減少している。いまや民間部門では、労働者の10人中9人は労働組合に加入していないのだ。一方、アメリカのフリーエージェント人口は3300万人に達し、労働組合員人口の2倍に達している。

しかし、労働組合と敵対してきた大企業も、決してバラ色の未来が開けているわけではない。アラン・ウルフが著書『ワンネーション・アフターオール』で述べているように、「中流階級は労働組合に無関心になっているだけでなく、企業に対して敵意を抱くようになった」のだ。ギャラップ社の世論調査によれば、大企業を国家に対する脅威であると考える人は、労働組合を脅威であると考える人の2倍にのぼる。それに、数字はここでもフリーエージェントに軍配を上げる。1970年代以来、フォーチュン誌上位500社の大企業に勤める人の割合は減り続けているのだ。フリーエージェント人口はこうした大企業に勤める人の数を軽く上回る。

労働組合と大企業の冷戦は終わった。しかし勝者はそのどちらでもなく、フリーエージェントだったのである。

それなのに、民主党と共和党は、第2次世界大戦モノのB級映画の兵士よろしく、戦争が終わったことも知らずにどこかの孤島で戦い続けている。大半の政治家は、斜陽の古いグループにこだわり続けて、新たに台頭しつつあるの若いグループを黙殺している。たとえフリーエージェントに目を向けることがあっても、共和党は、政府に敵対的で強欲な連中という見方しかしないし、民主党は、抑圧された「臨時」労働力としてしか見ようとしない。

しかし、3300万人という数字を見れば、誰でもフリーエージェントの政治的な可能性に思いいたるはずだ。しかも第12章で指摘したように、この人たちは現状の法制度に強い不満を抱いている。フリーエージェントは、アメリカ政治の眠れる巨人なのだ。当然、そこに目を向ける政治家も出てくるだろう。

フリーエージェントが政策も変える

ニューディール政策は、経済の変化と大恐慌に対応するための革新的政策として出発し、20世紀アメリカの成し遂げた最も偉大な業績のひとつとなった。一連の政策は、失業者の苦しみを和らげ、貧しい人たちの生活水準を向上させ、高齢者を貧困から救い出した。しかしニューディール政策的なアプローチでは、現在の本当のニューエコノミー、すなわちフリーエージェントの台頭に十分対応できなくなっている。ニューディール政策の「セーフティーネット」を織りなしていた糸——人々の求めているものや経済の仕組みに関する基本的想定——によっては、いま台頭しつつある独立した労働力を支えられないのだ。ニューディール政策に代わって登場するのは、21世紀の仕事と生活の現実に即した新しい政策、いわばフリーエージェント・ネーションのための「ニューエコノミー・ディール」

である。

ニューエコノミー・ディールでは、政策の土台となる発想に4つの大きな変化が生じるだろう（**図18－1**）。

◆**安定重視から機会重視へ**：ニューディール政策では、国民を様々なリスクから守ることが政府の最大の役割であると考えられていた。ニューエコノミー・ディールでは、政府の役割は、本当の弱者だけを助け、それ以外の人たちには自分なりの方法でリスクを管理させることであると考えられるようになる。安定を保障するという空手形を振りかざすのではなく、すべての人に、とりわけ経済的に最も貧しい人たちに自力で生きていくための手段を与えることが政府の役割となる。

◆**企業から個人へ**：ニューディール政策では、大企業を介して医療保険や年金を支給するのが最も公正であり、効率的であると考えていた。これに対してニューエコノミー・ディールでは、大企業で働く人が少なくなり、企業の寿命が短くなっているという変化を受けて、個人単位で社会保障給付を行うのが最も合理的であり、道義的にも理にかなっていると考える。

図18-1　**フリーエージェントによる政治の変化**

	ニューディール	ニューエコノミー・ディール
社会保障などの中心軸	企業	個人
政府の役割	安定の保障	機会の保障
労働政策の目標	安定性	流動性
労働運動の目的機能	従業員の賃金と労働環境	市民の福祉と生涯学習

◆従業員の権利から市民の権利へ：ニューディール政策は、雇用主と従業員の間にはっきりと境界線を引き、弱い立場の人たち、すなわち従業員を特別に優遇してきた。ニューエコノミー・ディールでは、この古い境界線がぼやけはじめていると考える。そして、従業員に与えられている権利や特典はその人が「従業員」であるという理由で与えられるべきものではなく、すべての市民、すべての人間に与えられるべきものであるという発想をする。

◆安定性重視から流動性重視へ：ニューディール政策では、政府の仕事は安定性を維持・強化することだとされている。ニューエコノミー・ディールでは、政府の仕事は社会の流動性を高めることだと考える。個人が自由に活動し、自分なりの決断を下せるようにするのである。

こうした根本的な変化は、フリーエージェントの利害を反映した新しい政策課題を生み出す。具体的には、医療保険、マイクロファイナンス、失業保険、税制、臨時社員の権利章典、年金の6つの課題がテーマになるだろう。

医療保険

フリーエージェント政治の難問中の難問は、医療保険だ。第12章で指摘したように、雇用主を介して医療保険に加入するというアメリカの現行制度は、歴史的な偶然の産物に過ぎない。この制度は、かつては機能していたが、次第に大勢の人たちを置き去りにするようになってきている。医療保険に加入していないアメリカ人の数は4200万人を上回る。会社などの組織に勤めないで働く人が増えるのにともなって、現行の制度は時代遅れになっているのだ。「私たちの乗る自動車は、法律で保険をかけることが義務づけられているのに、肝心の自分が保険に入っていないなんて、情けない」と、ダラスのフリーエージェント、リサ・ワーナー・カーは言う。

雇用主を介する医療保険制度はもはや合理性がない。もっと公正で優れていて、おそらくもっと金のかからない制度は、会社などの従業員としてではなく、個人として保険に加入するというものだろう。

では、それをどうやって実現すればいいのか？　医療保険制度の改革に手を着けるのは政治的にリスクが大きいということは、1994年のビル・クリントン大統領とヒラリー夫人の経験でも明らかだ。そのため、医療保険改革は、全面的な制度改革という形は取らずに、企業年金制度の場合と似たパターンをたどって変化していく可能性がいちばん高い。第5章で述べたように、アメリカの企業年金は、かつては確定給付型（退職した従業員に企業が決まった額の年金を支払う制度）が一般的だったが、いまは確定拠出型（掛け金を個人が自分で運用する制度。受け取る年金の額は運用成績によって変わる）中心に変化してきた。

医療保険制度の場合も、将来は、フリーエージェントも従来型の従業員も自分の医療保険に自分で責任をもつようになるだろう。雇用主の用意した医療保険をそのまま受け入れるのではなく、自分に最適な医療保険を選択するようになるのだ。会社を移っても、クビになっても、フリーエージェントになっても関係ない。医療保険は「職」ではなく、個人に属するものになるのだ。

新しい医療保険制度のお手本になり得るのは、連邦公務員医療保障プログラム（ＦＥＨＢＰ）と呼ばれる制度だ。９００万人の連邦職員を対象とした医療保険制度である。この制度の下で、連邦職員は十いくつかある医療保険のなかから好きなものを選んで加入できるようになっている。不満があれば、毎年でも別の保険に加入し直すことができる。保険会社は、このプログラムの対象になるためには一定の基準を満たさなくてはならず、すべての加入希望者を受け入れなくてはならない。それでも、９００万人の潜在的な顧客を奪い合って、保険会社の間では激しい競争が行われる。政府は保険料の一定割合を負担し、職員負担分の保険料を給料から天引きするが、関与するのはここまでだ。このシステムでは、あくまでもボスは働く側なのだ。

このＦＥＨＢＰの対象を拡大して、フリーエージェントも（雇用主が医療保険を提供していない場合はそういう人たちも）利用できるようにしてはどうだろう？　連邦職員と違って、フリーエージェントは保険料を全額負担しなくてはならないが、現在のようなとてつもない額の保険料を支払わなくても医療保険に加入することができるようになるし、加入する医療保険を自分で選択することも可能になる。

確定拠出型の医療保険制度を導入した場合も、貧困層には保険料支払いのための経済的な援助が必要だ。そこで、現行の「共通サイズの服」型の「メディケイド（低所得者医療保障）」をやめにして、「食料クーポン（フードスタンプ）」ならぬ「医療保障クーポン（ヘルススタンプ）」を導入し、それを使って自分で選んだ医療保険に加入できるようにしたらどうだろう？　あるいは、税額控除の制度を導入して、低所得者がFEHBPに加入しやすくしてもいい。こうした政策を実行するにはかなりの予算が必要だ。しかし、予算を捻出する方法はある。議会が大企業のために導入した様々な助成制度や税制優遇策など、いわゆる「企業助成政策」に大ナタをふるえばいい。「連邦政府だけでも、企業助成政策に年間1250億ドルを費やしている」と、ジャーナリストのドナルド・L・バートレットとジェームズ・B・スティールは書いている。こうした現実は、フリーエージェントの政治運動の発火点になる可能性もある。企業に対する「福祉」を削って個人の福祉を増進することを要求する運動が生まれるかもしれない。

フリーエージェントの台頭は、医療保険問題を解決する糸口になる可能性をもっている。

マイクロファイナンス

児童扶養世帯補助制度（AFDC）を中心とするアメリカの福祉制度は多くの人々を貧困から救い出した半面、人々が自力で貧困からはい出すのを妨げてきたことも否定できない。1996年、当時のクリントン大統領は「従来の福祉制度」を撤廃すると宣言。福祉の受給期間に上限を定めた。福祉を受給するのではなく、貧しい人々が仕事をして収入を得られるようにしようと考えたのだ。ただし、ここで言う「仕事」とは、「雇用」されることを基本的に意味していた。

それに対して、ニューエコノミー・ディールは、人々を「福祉から雇用へ」ではなく、「福祉からフリーエージェントへ」移行させることを目指す。

そのためのモデルになり得るのは、バングラデシュのグラミン銀行だ。ムハマド・ユヌスという経済学者がつくったこの銀行は、貧困の原因は不運や人格的欠陥ではなく、資本とコネの不足にあるという発想に立ち、世界の最貧国のひとつであるバングラデシュの小規模な起業家、とくに女性に少額の融資を行っている。融資は、米ドルに換算して50ドル程度の小さな額から行う。これまでに融資を受けた人は、3万5000の村の200万人以上。融資の回収率は97%に達する。これは、米大手のチェース・マンハッタン銀行の回収率に匹敵する数字だ。

グラミン銀行がこれだけ高い回収率を維持できる理由のひとつは、借り手をグループ化して、ひとりが返済を怠れば、ほかのメンバーも融資を受けられなくする制度を採用していることにある。ユヌスの目的は、貧しい人たちに金を貸すことだけにとどまらない。「グラミン銀行が提供するものは金だけではない」と、ユヌスは言っている。「私たちの融資は自己発見と自己探求への切符でもあるのだ」

アメリカでも、グラミン銀行の手法をまねた取り組みが始まっており、ささやかな成功を収めている。こうしたマイクロファイナンスと呼ばれる制度は、貧しい人々を経済の主流に仲間入りさせるための切り札と考えられている。たとえば女性を対象にしたシカゴの「セルフエンプロイメント・プロジェクト」は、300のビジネスに総額100万ドル以上の融資を行ってきた。回収率は93%を維持している。現在、全米で350ほどの同様のプログラムが存在し、25万人以上の人に総額1億6000万ドルの融資を行っている。すべて、低所得層を次世代のミニ起業家に育て上げるための取り組みなのである。

「(こうしたプログラムは) 自営で働くことに関心と希望のある人たちに、起業家としての技術を磨き、事業を安定させる方法を教えている」と、ラトガーズ大学の社会学者リサ・セルヴォンは述べている。自助こそ、福祉から脱却するための道なのである。そしてその道を切り開くのは、ニューエコノミー・ディールのマイクロファイナンスなのだ。

失業保険

会社勤めをしている人は、失業すればすぐわかる。ある日の午後、「出社に及ばず」と記された書類を手渡される。そして仕事を失う。これに対して、次々とプロジェクトを渡り歩く人や、様々な顧客や得意先を同時に相手にする人は、失業しているかどうかはわかりにくい。そもそも「失業」という概念そのものが前時代の遺物になりはじめているのかもしれない。組織に雇われずに働いている人の場合、なにをもって「失業」というのか？　ビジネスが不振なときだろうか？　それとも、技術が時代遅れになってしまったときなのか？　もう仕事をしたいと思わなくなったときなのか？

ニューディール政策によって生まれた失業保険制度は、ほとんどの人が企業や団体に雇用されていて、失業が極めて例外的なことである状態を前提にしている。しかし、時代は変わった。それなのに、失業保険制度はほとんど変わっていない。失業保険を受給できるのは、大企業に一定期間勤務した従来型のフルタイムの従業員にほぼ限られている。現在、失業保険の受給資格のある人は労働人口の36%でしかない。

フリーエージェントは本質的に、従来型の働き方より不安定だ。収入は、ベルトコンベヤーに乗って定期的にやって来るのではなく、間隔を置いて打ち寄せる波のようにやって来る。そのため、安定を前提にした失業保険制度では、フリーエージェントにとって有意義なものとはいえない。フリーエージェントのための「失業」保険は、一人ひとりがそれぞれの難局に対処するのを助けるものでなくてはならない。画一的な失業保険ではなく、個人年金の「個人退職勘定（ＩＲＡ）」にならって「個人失業勘定（ＩＵＡ）」とでも呼ぶべき制度を導入したらどうだろう？　フリーエージェントがいざというときに備えて貯蓄した場合、その金を課税所得から控除できるようにするのである。その金は、ビジネスが不振なときや新しい技術を習得する資金が必要なときに引き出せるものとし、引退したり、eリタイヤするときには、残った金を年金に振り替えることができるようにする。低所得のフリーエージェントを援助するために、労働者がＩＵＡに金を拠出した場合、政府がそれと同じ額を助成するようにしてもいい。

税制

第12章で指摘した理由で、フリーエージェントの政治指導者は税の公平性と簡易性を要求していくことになるだろう。ニューエコノミー・ディールでは、事業を法人化していないフリーエージェントが社会保障税を二重に課税されるという事態は解消されるだろう。フリーエージェントの政治運動は、支払った医療保険料の全額控除も要求していくだろう。

現在の複雑極まる税制をもっと単純化するよう求める声も強まるに違いない。フリーエージェントにとって、確定申告は拷問に等しい。どの費用を必要経費として計上していいかがわかりにくく、納税者はいつも査察の恐怖と背中合わせだ。「自営で働いている人にとって税金は悪夢に等しい」と、第8章で紹介したオハイオ州のフリーエージェント、ダイアナ・ウィルソンは言う。「もっと税制を簡単にするべきだと思う。わざわざ税理士に依頼しないと確定申告をできないなんて、どうかしている」。当を得た発言である。ブルッキングズ研究所のウィリアム・ゲイルによれば、アメリカの家庭が税務の帳簿をつけて確定申告を行うために支出している費用は、所得税の納税額の10～20％に相当するという。税制の単純化（たとえば大型間接税の導入）は、アメリカ政治の争点のひとつになるかもしれない。

臨時社員の権利章典

第13章で詳しく述べたように、フリーエージェント・ネーションでは経済的に潤う人も大勢いる半面、臨時社員など、つらい立場に置かれる人もいる。そうした状況を受けて、「臨時社員の権利章典」とでも呼ぶべき法律が制定されるかもしれない。そこには、ロードアイランド州やサウスカロライナ州の州法ではすでに認められている臨時社員の「知る権利」を保障する規定も盛り込まれるかもしれない。職務内容、給与基準、勤務体系などを事前に明らかにするよう人材派遣会社に義務づける規定である。従業員に万年臨時社員としての劣悪な待遇を強いる悪質な企業には厳しい罰則が定められるかもしれない。

年金

医療保険に比べれば、年金制度のほうがフリーエージェントに好意的だ。個人退職勘定(IRA)や自営業者退職年金制度(キオプラン)を利用すれば、引退に備えて金を蓄えた場合に課税所得から控除することができる。しかし、会社などに勤めている人が確定拠出型年金の401kプランを利用する場合、従業員の拠出に応じて雇用主も掛け金を一部拠出する場合が多いのに対し、フリーエージェントはそのような恩恵に浴することはできない。そんなことは、高所得のフリーエージェントにとっては大した問題ではないだろう。取引先に請求する料金を引き上げて、その埋め合わせをすることもできるかもしれない。

しかしフリーエージェントの政治指導者たちは、経済的に恵まれないフリーランスや臨時社員、ミニ起業家のために「個人開発勘定(IDA)」のような制度の導入を訴えていくことになるだろう。ワシントン大学のマイケル・シェラデン教授が考案したIDAは、先に提案した「個人失業勘定(IUA)」と似た発想に立つ。ただし、IDAのユニークな点は、低所得者が年金の資金を1ドル積み立てるごとに政府が2ドル拠出するとしていることだ。積み立てた金は、家を買う場合、学費を支払う場合、ビジネスを立ち上げる場合以外は引き出せないものとする。アメリカでは、401kプランのおかげで大勢の中流層が豊かになった。だとすれば、中流層を拡大するいちばんいい方法は401kプランのような資産形成の手段を国民全体に提供することだ。

政治もジャスト・イン・タイム方式で

フリーエージェントは、政治の新しい争点を生み出すだけでなく、新しい政治の方法も生み出すだろう。仕事の世界で独立を宣言した人は、政治でも独立を志向する傾向が強い。アメリカではここ10年以上にわたって、独立して働く労働者が増えるとともに、民主党にも共和党にもくみしない「独立系」の有権者も増えている。この2つの現象の間には相関関係がある。私が実施したフリーエージェント・ネーションのミニ・オンライン世論調査でも、民主党支持者と共和党支持者のどちらよりも、自分を「独立系」と位置づける人のほうが多かった。この新たな政治勢力は、すでにビジネスの世界を席巻しているやり方を政治にももち込むだろう。私はそれを「ジャスト・イン・タイムの政治」と呼んでいる。

アメリカの製造業がこの15年間で復活を遂げた理由のひとつは、「ジャスト・イン・タイム方式」と呼ばれる生産手法を導入したことにあった。その昔、企業は工場で製品を大量生産し、それをすべて倉庫に保管していた。このやり方だと、需要を読み誤ったり、景気が落ち込んだ場合は、売れ残った製品を在庫として大量に抱え込む羽目になる。それに対してジャスト・イン・タイム方式は、需要の正確な予測と生産の迅速化を通じて、在庫の削減を目指す。これによりコストの削減が可能になり、ゲートウェイやデルのコンピュータのようなカスタマイズ生産もできるようになった。

フリーエージェントとは、企業側から見れば、ジャスト・イン・タイムの人材調達を可能にするものだ。特定のプロジェクトのために必要な「適材」を必要な人数だけ調達することができる。政治の世界も、こうした形態に少しずつ近づきはじめている。政党に対する忠誠心が弱まる結果、有能な政治家は、個々の争点ごとにジャスト・イン・タイム方式で、その都度必要な政治的連合体をつくり上げるようになる。

ジャスト・イン・タイムの政治は、オールドエコノミーの「在庫政治」とは違う。かつて、政治家の仕事のひとつは単一の政治的連合体を大切に守り通すことだった。あらゆる政治的需要に応えることのできる堅実な「在庫」を築き上げることが政治家の仕事と言ってもよかった。これも、ニューディール時代の遺物だ。民主党にとっては、労働組合員、マイノリティ、高齢者からなる「ニューディール連合」を維持することが、議会で法案を通し、選挙に勝つための道だった。しかし、時代は変わった。無党派層が増えた結果、いま目の前にある政治課題に取り組むための政治的連合体をその都度リアルタイムでつくり出すことが求められるようになった。ひとつの政治課題にケリがつけば、また次の課題のための新しい連合づくりが始まるのだ。

ビル・クリントン米大統領はジャスト・イン・タイム政治の達人だった。政権初期には、極めて民主党的な連合体の支持を取りつけて、大規模な財政赤字削減案を成立させた。しかしその数カ月後には、ガラリと変わって共和党的な連合体の支持を受けて、北米自由貿易協定（ＮＡＦＴＡ）を推し進めた。１９９６年のある月には、リベラルな政治的連合体を築いて最低賃金の引き上げを実現したかと思うと、保守的な政治的連合体をまとめて福祉改革を断行したこともあった。政治的連合体をまとめるのに土壇場まで苦労したこともあった。そうした状況を見て、大半の政治評論家は、クリントン政権の政治的基盤の弱さのあらわれであると指摘した。

しかしそれは、新しい時代の政治の特徴に過ぎず、この大統領が新しい政治のやり方を熟知していることの証拠にほかならなかったのだ。ワシントンの政治評論家がこうした政治手法を大統領の「弱点」とみなすのは、デルのパソコンの在庫が5日分しかないと知って、証券アナリストが同社の「弱点」を見つけたと主張するようなものだ。もちろん、デルの在庫が少ないことは弱点などではなく、むしろ新しいビジネスの方法であり、そこに同社の強みがあるのだ。２０００年のアメリカ大統領選は空前の大接戦になり、議会でも民主党と共和党の勢力がほぼ拮抗している。二大政党制に代わって、ジャスト・イン・タイム連合が台頭するうえで理想的な環境が整ったと言える。

フリーエージェントたちは、今日の経済のジャスト・イン・タイム的性質をよく理解している。彼らは政治にもジャスト・イン・タイムを求めるようになるだろう。有権者を倉庫に抱え込もうとする政党があれば、国民の抵抗を受ける。政党は、争点や選挙ごとに有権者の支持を掘り起こさなくてはならなくなる。フリーエージェントという眠れる巨人を最初に目覚めさせ、食べ物を与えた政治家は強い力を得るだろう。しかし、この巨人はいつまでも満足していてくれるとは限らない。

まとめ

【ポイント】

フリーエージェントの時代には、ホワイトハウスへの道はホームオフィスを通るようになる。アメリカ政治の眠れる巨人、すなわちフリーエージェントたちがいよいよ選挙で大きな影響力をもちはじめるのだ。この新しい政治勢力は、ニューディール政策に代わって、フリーエージェント経済に合った新しい政策を生み出す原動力になる。このいわば「ニューエコノミー・ディール」は、医療保険や年金の支給、労働者の権利保護のメカニズムの中核に、企業ではなく個人を据えるものになりそうだ。フリーエージェントたちは、税制の簡素化、福祉受給者のためのマイクロファイナンスの充実、臨時社員の権利章典の制定、個人失業勘定制度の創設などを要求していくだろう。

【現実】

ギャラップ社の世論調査によれば、大企業を国家に対する脅威であると考える人は、労働組合を脅威であると考える人の2倍にのぼる。

【キーセンテンス】

大半の政治家は、斜陽の古いグループにこだわり続けて、新たに台頭しつつある若いグループを黙殺している。たとえフリーエージェントに目を向けることがあっても、共和党は、政府に敵対的で強欲な連中という見方しかしないし、民主党は、抑圧された「臨時」労働力としてしか見ない。

【キーワード】

ジャスト・イン・タイム政治（Just-in-time Politics）：ジャスト・イン・タイムの生産システムの政治版。いまの政治家に求められるのは、支持層を固めてそれを守ろうとするのではなく、目の前の政治課題に対応するための政治的連合をその都度リアルタイムで築いていくことだ。

第19章 フリーエージェントで未来は大きく変わる

私たちは数年後の新聞に、次のような記事が載っても決して驚かないだろう。

巨大合併でダウ平均が3・1%上昇
新会社はガソリン、コーヒー、そしてシナジー効果を約束
(20XX年9月3日付のウォールストリート・ジャーナル紙より)

E・リザ・ラーナー(本紙記者)
サンフランシスコ――ダイムラークライスラー・シティバンク・トラベラーズ・ゼネラルフーズ社は本日、エクソン・モービル・モルガン・スタンレー・ディーン・ウィッター・スターバックス社の買収を完了したと発表した。現時点では、地球上最大の企業が誕生することになる。現在、連邦取引委員会(FTC)の承認待ち。買収が正式に成立すれば、新会社は「ビッグコープ(大きな会社)」と呼ばれるこ

とになる。

ダイムラークライスラー・シティバンク・トラベラーズ・ゼネラルフーズ社の広報担当ケート・ドバーマンは、こう語っている。「今回の合併は、シナジー効果と流通チャネルの拡大を狙ったものです。ビッグコープでは、消費者は1度で同時に、自動車を購入し、ガソリンを給油し、高級コーヒーを買うことができるようになります。代金を支払うためにわざわざ銀行に行く必要もありません」

ドバーマンによれば、この合併により8カ月間で約12万5０００人がレイオフされる見通しだという。「このお知らせを最後に、私も退社し、フリーエージェントになります。新会社ケート・コミュニケーションズ社では、どんな仕事の依頼も歓迎します」と、ドバーマンは述べている。

カリフォルニア州サウサリートのロジャー・サラザー市長は、これを歓迎している。「ケートが自宅でフルタイムで働くようになれば、サウサリートの在宅労働者の層がまた厚くなります。これは、彼女の家族にとってもサウサリートにとっても歓迎すべきことです」

フリーエージェントの台頭のような大きな変化は、私たちの生活のほぼあらゆる側面に影響を及ぼす。第18章までに、フリーエージェントという新しい風が吹きそうな様々な分野について触れてきたが、すべてのテーマを取り上げることができたとは思わない。

この章では、現時点ですでに予想される疑問に答えたい。そのほとんどは、ビジネス、キャリア、コミュニティーの3つの分野に分けることができる。

ビジネス：企業規模は二極化する

【質問】まったく逆の現象が起きることは考えられませんか？　私たちはフリーエージェントになるのではなく、みんながひと握りの巨大多国籍企業で働くようになることはないのでしょうか？

アメリカでは、この10年、大企業の合併が活発に行われた。1994〜99年の間に、アメリカの大企業上位50社のうち6社が吸収合併により姿を消した。この上位50社が関わった吸収合併は、4000件以上。買収総額は1兆4000億ドルにのぼった。しかし、そうした吸収合併の影響は、見かけほど大きくない。そのほとんどは、石油、自動車、金融など、斜陽産業や「規模の経済」のメリットが大きい産業での動きなのだ。

企業、とくにグローバルな巨大企業は、当分は消えてなくならない。第2章で述べたように、アメリカ人の4人に1人がフリーエージェントであるということは、4人に3人は組織に勤めているということにほかならない。消えていくのは中間サイズの企業だ。「規模の経済」の恩恵を受ける企業はとほうもなく巨大化し、国家の規模に近づく。一方、企業の小規模化もさらに進行し、フリーランスやミニ企業は増え続ける。しかし、その中間の規模の企業は、消滅するか、そうでなくても存在感が薄まるだろう。経済の新しい生態系では、たくさんの象ともっとたくさんのネズミが活躍し、その中間サイズの種は滅んでいくのだ。

「ひとつの企業の内部で取引を行ったほうがコストが安ければ、企業の規模は大きくなる傾向がある。オープンな市場で外部の独立した相手と取引をしたほうがコストが安ければ、企業の規模は小さいままだったり、さらに小型化する傾向がある」と、マサチューセッツ工科大学（ＭＩＴ）のトーマス・マローンとロバート・ローバッチャーは述べている。私も同感だ。

インターネットの普及により、企業と外部との取引は容易になった。その一方で、企業内のイントラネットのおかげで、巨大企業はその内部で取引を行えるようになった。経済学者のロナルド・コースはウォールストリート・ジャーナル紙に、「企業が仕事を下請けに出すのが容易になれば、多くの中小企業が活動できるようになる。そして、中小企業がたくさん存在すれば、一部の企業が大きくなることが可能になる」と述べている。しかし、中規模の企業は、このどちらかに移行しなければ、両者の間に広がる裂け目に落ち込んでしまう。

企業同士の連携も増えるだろう。新薬を開発したり、ある商品を市場に売り出したりするために、企業が短期的な連携を組むケースは増える。フリーエージェント同士の連携も目立つようになるだろう。フリーエージェントたちは、購買グループをつくって、市場での交渉力を強めようとするだろう。

一方、すでに述べたように、企業の寿命は短くなっていく。その結果、第17章でも指摘したように、投資家は、企業ではなく個々のプロジェクトに投資するようになるだろう。企業とプロジェクトの中間のような存在が登場する可能性もある。映画や不動産の世界ではすでに、あらかじめ存続期間を定めてミニ企業体を立ち上げることが行われている。今後は、そうした形態がもっと一般的になるかもしれない。

イノベーションは、様々な考え方を組み合わせ、組み合わせ直すことによって生まれる。人間や組織を組み合わせ、組み合わせ直せば、驚くような結果が生まれるかもしれない。象とネズミをかけ合わせたら、どんな生き物が生まれるだろう？　15年後には、その答えがわかるかもしれない。

【質問】料金や代金の支払いはどうやって行うようになるのでしょう？　大企業の利点のひとつは、料金を徴収し、それを給料などの形で分配するのに長けているところです。個人対個人の取引が増えると、その点はどうなってしまうのでしょう？

インターネットを利用したマイクロペイメント（少額決済）はまだ産声を上げたばかりだが、これからもっと容易になり、普及も進むだろう。ビルポイント社をはじめとする新しい金融サービス会社の登場により、個人でもクレジットカードによる支払いを受けやすくなる。そうなれば、個人がインターネット上でサービスを売るのがいっそう容易になる。ペイパルやペイミーといった新興企業は、デジタルマネーを電子メールで送るなど、個人が簡単に金をやり取りする道を開こうとしている。取引が完了するまで第三者が代金を預かるサービスも盛んになるだろう。

物々交換も復活するかもしれない。アメリカではすでに年間約25万の会社が160億ドル相当の物々交換を行っている。フリーエージェントの弁護士は、デザイナーに法律サービスを提供するのと引き換えに法律事務所のロゴマークを考えてもらうこともできるだろう。

キャリア：「梯子型」から「レゴ型」へ

【質問】私たちの「キャリア」はどう変わるのでしょう？　いろいろな職を転々とする混乱状態が生まれるのでしょうか？　それとも、ある種のパターンが生まれるのでしょうか？

かつて、キャリアの道筋は画一的だった。ほとんどの人は、学校を卒業し、働いて、ある年齢になると引退した。しかしフリーエージェントの時代には、人々のキャリアのあり方は多様化する。たとえば若い人たちのなかには、フリーエージェントになるための準備段階として短期間会社勤めをする人もいるかもしれない。フリーエージェントのなかには、数年会社勤めに戻って、新しい技術を身につけようとする人もいるだろう。金をもらって勉強をして、新たに手にした技術やコネを自分のビジネスに活かすのだ。第1章で紹介したテレサ・フィッツジェラルドのように、企業での高い地位を捨

て て、 フリーエージェントに転身する人もいるだろう。

これとは逆の道を選ぶ人もいるかもしれない。フリーエージェントとしての経験を活かして、従来型の職場での地位を高めようとするのだ。リズ・ロジャーズ（仮名）は、フリーエージェントとして商売繁盛していたが、ひとりで働くことに孤独感を感じていた。そこで、勤め先を探すことにした。ただし、自分の流儀を捨てるつもりはなかった。職探しにあたっては、自分の好きな労働形態を認めてほしいと、面接担当者に訴えた。そして最終的に、異例とも言える大幅な在宅勤務を認めさせて、就職することに成功した。

「フリーで働いていなかったら、『出勤するのは月に2、3回だけにしたいんです』なんて、33歳の私にはとてもじゃないけど言えなかったと思う」と、ロジャーズは昼下がりのマンハッタンで話した。ワシントンで最近までフリーエージェントの医療アナリストをしていたカレン・ギンズバーグも、いま勤めている会社で高給を取ることができているのは、10年間フリーでやってきたことを会社が高く評価してくれたおかげだと言う。

キャリアの道筋は多様化しても、労働者のタイプごとに、ある程度一般的なパターンは見えてくるかもしれない。たとえば、家族のいる専門職の場合は、次の4つの段階を経ることになるだろう。

①モーレツ期：大企業での長時間労働。新興企業で働く場合もあるかもしれない。
②育児期：子どもが生まれて、パートタイムで働くなど、働く時間を減らしたり、フリーエージェントになったりする。

③子離れ期：子どもが巣立った後は、また精力的に仕事に打ち込むようになる。これまでと同じ職業ではなく、新しい仕事に挑戦する人もいるだろう。
④eリタイヤ期：これについては、第14章で説明した。

しかし、キャリアの道筋が個人の選択に大きく左右されるようになることはまちがいない。そもそも、「道筋」という言葉自体がもはや適切ではないのかもしれない。新しいキャリアのあり方は、「道筋」という言葉が連想させるような直線的なものでもなければ、系統立ったものでもない。オーガニゼーション・マン経済の「キャリアの梯子」は崩れ去ったのだ。

私たちのキャリアは、レゴの積み木ようなものになる。すなわち、技能やコネ、関心など、基本的なブロックをいろいろ組み合わせて仕事の形態を決めるようになるのだ。そして、出来上がった積み木に飽きたり、その安定が悪いと思えば、壊して、新しくつくり直す。風変わりな組み合わせ方を試してみる人もいれば、安定した形を壊したがらない人もいるだろう。組み合わせ方のパターンはほぼ無限にある。手持ちのブロックの種類は同じでも、キャリアをどのように築き上げ、また築き直すかは、人それぞれだ。「梯子型」のキャリアは例外になり、「レゴ型」のキャリアが普通になるだろう。

【質問】フリーエージェントの時代には、管理職はどうなるのでしょう？　前時代の遺物になってしまうのでしょうか？

大半の管理職は前時代の遺物になる。典型的な管理職がなにをやっているか考えてみてほしい。管理職の主な役割は、部下を監視すること、そして上から下へ情報を伝達すること。このいずれの役割も時代遅れになる。会社のオフィス以外の場所で働く人が増え、チームで仕事をするケースが増えれば、上司による部下の監視は無意味になる。それに、こうしたお目付役は、自由と自立を大切にするフリーエージェントやフリーエージェント志向の従業員にとって不愉快な存在だ。

大手長距離電話会社MCIのCEOを務めたウィリアム・マクゴワンはかつて、中間管理職は「人間メッセージ交換機」であると言ったが、コンピュータネットワークや電子メールの普及により、そうした役割も不要になりつつある。『これまでのビジネスのやり方は終わりだ』という本にも、次のように書かれている。「ハイパーリンクは企業の階層構造を覆す」「健全なイントラネットは様々な意味で労働者を組織化する。その影響力はいかなる労働組合よりも強い」。中間管理職には、もう退場願おう。

それでも生き残るごく一部の管理職は、ハリウッドの映画プロデューサーのようにプロジェクトの立ち上げから完了までを監督するプロジェクト・マネジャーだ。そのいちばん重要な役割は適材適所の人材を集めること。つまり、これからの管理職は人材を評価する目をしっかりもたなくてはならないということになる。フリーエージェントと会社員の両方を束ねる以上、会社の内外に幅広い人脈をもっていなくてはならない。同時に、すべてのスタッフの仕事内容をよく把握している必要もある。未来の管理職は、素晴らしいパーティーのホストであり、らつ腕の映画プロデューサーであり、優秀なバスケットボールコーチであることが求められるのだ。

コミュニティー：いっそう活気づく

【質問】誰も彼もがコンピュータの前に座ってひとりで仕事をするようになると、コミュニティーが崩れてしまうのではないですか？

そんなことはない。1970年代以降、昼間の住宅地は、いわば「中性子爆弾エリア」になることが多くなった。一家の父親も母親も町の外に働きに出かけてしまって、町は、中性子爆弾の直撃を受けた後のような様相を呈している。建物は建っているのに、人影がないのだ。

しかしフリーエージェントは、町に活気を呼び戻しはじめている。フリーエージェントは、会社などに勤めている人よりも、地域との結びつきが強い。子どもたちが学校に通学するのを見守ってくれるし、近所のお店屋さんとも顔見知りだ。文房具が急に必要になれば、隣の家にもらいにいくこともあるかもしれない。第7章で述べたように、FANクラブのようなグループが続々と生まれていることからもわかるように、フリーエージェントたちは、職場のコミュニティーを失った代わりに、新しいグループや人的ネットワークを自分たちで築いていく可能性が強い。人間は社交する動物である。生存し、繁栄するためには、フリーエージェントにもコミュニティーが必要なのだ。

【質問】フリーエージェントがとくに普及しそうな地域はありますか？

フリーエージェントの特徴のひとつは、地理的制約を乗り越えることだ。実際、東はニューヨークのハーレムから、西はシリコンバレーにいたるまで、私がフリーエージェントの人たちと会って話を聞いた町は数知れない。才能をもった人材がいて、その才能に金を出したいという人がいれば、どこでもフリーエージェントの肥沃な土壌になる。

それでも、アメリカの9つの大都市圏など、フリーエージェントという働き方がとくに広まりそうな地区はある。いずれも、フリーエージェントの価値観がすでに当たり前になっていて、フリーエージェントのためのインフラストラクチャーも整っている地区である。その9つの大都市圏とは、シアトル、サンフランシスコのベイエリア、ロサンゼルス、ダラス＝フォートワース地区、ミネアポリス、シカゴ、ワシントンDC周辺、ニューヨーク、マイアミである。アメリカ以外では、ロンドン、ストックホルム、サンパウロ、シドニーが先を進んでいる。

【質問】この本には女性が多く登場するように思います。女性は、社会のフリーエージェント化の原動力になっているのでしょうか？

女性は、フリーエージェント・ネーションの形成を強力に推し進めている。会社を立ち上げる女性の数も急増している。多くの場合、女性が「ガラスの天井」に跳ね返されないためのいちばんいい方法はその部屋の外に出てしまうことなのだ。女性が所有する小企業の数は1987年以降、2倍に増えた。99年の統計によれば、女性が経営する企業の数は全米で910万社。全体の38%にあたる。一部の推計によれば、2005年には、女性が経営する会社は、大小合わせれば全体の半数を占めるようになるという。自宅を拠点にビジネスを営む人は、現時点では男性のほうが多いが、増加率で見ると、女性は男性の2倍にのぼる。組織に雇われないで働く人の増加率にいたっては、女性は男性の12倍だ。オンラインに接続している人の割合は、すでに女性が男性を上回っている。このことは、ネット経済の時代には大きな意味をもつかもしれない。21世紀はアメリカの時代でも太平洋の時代でもなく、女性の時代なのかもしれない。

フリーエージェント・ネーションの取材で全米を旅しているうちに、女性はフリーエージェント・ネーションの「建国の父」(「建国の母」と呼ぶべきか?)なのではないかと、私は思いはじめた。女性に、「どうしてフリーエージェントになると宣言したのか?」と尋ねると、たいていこんな答えが返ってきた。「上司が気にくわなかったから」「社内政治に嫌気が差したから」「家族と過ごす時間を増やしたかったから」「自分らしい生き方ができないと感じたから」……。第4章で説明したフリーエージェントの労働倫理そのものである。これに対して男性の場合は、「新しいことに挑戦したかったから」と答える人が多い。もっとも、男性も1時間くらい男同士の会話をすると、女性たちと同じような本音の答えが返ってくる。フリーエージェントになる動機は男性も女性も同じだが、女性のほうが本音を堂々と語るというだけのことなのかもしれない。

しかし取材の過程で、私はこの問題についての考えを大きく左右される経験をした。コロラド州クレステッドビュートで、女の子向けのテレビゲームを制作する会社を経営していたブレンダ・ローレルという女性に会った。彼女によれば、4年の歳月を費やして1000人の子どもを調べた結果、男の子と女の子の間には、遊び方に違いがあることがわかったという。この調査結果は、私の思ってもみなかったものだった。

案の定と言うべきか、男の子は陣取り合戦のような遊びを好む傾向がある。男の子たちは、ナンバーワンになることによって、小さなコミュニティーの中でのステイタスを獲得する。ボビーは、ビリーを負かせば、ビリーより地位が上になる。逆にビリーに負ければ、ビリーより地位が下になる。誰にも勝つことができない男の子は、地位がいちばん低い。しかし、テレビゲーム制作会社元経営者のローレルによれば、女の子も競争はするが、基本的な発想が男の子とはまるで違うという。女の子たちの間でいちばんステイタスが高いのは、誰よりも強い子

図19-1 女の子の友人関係

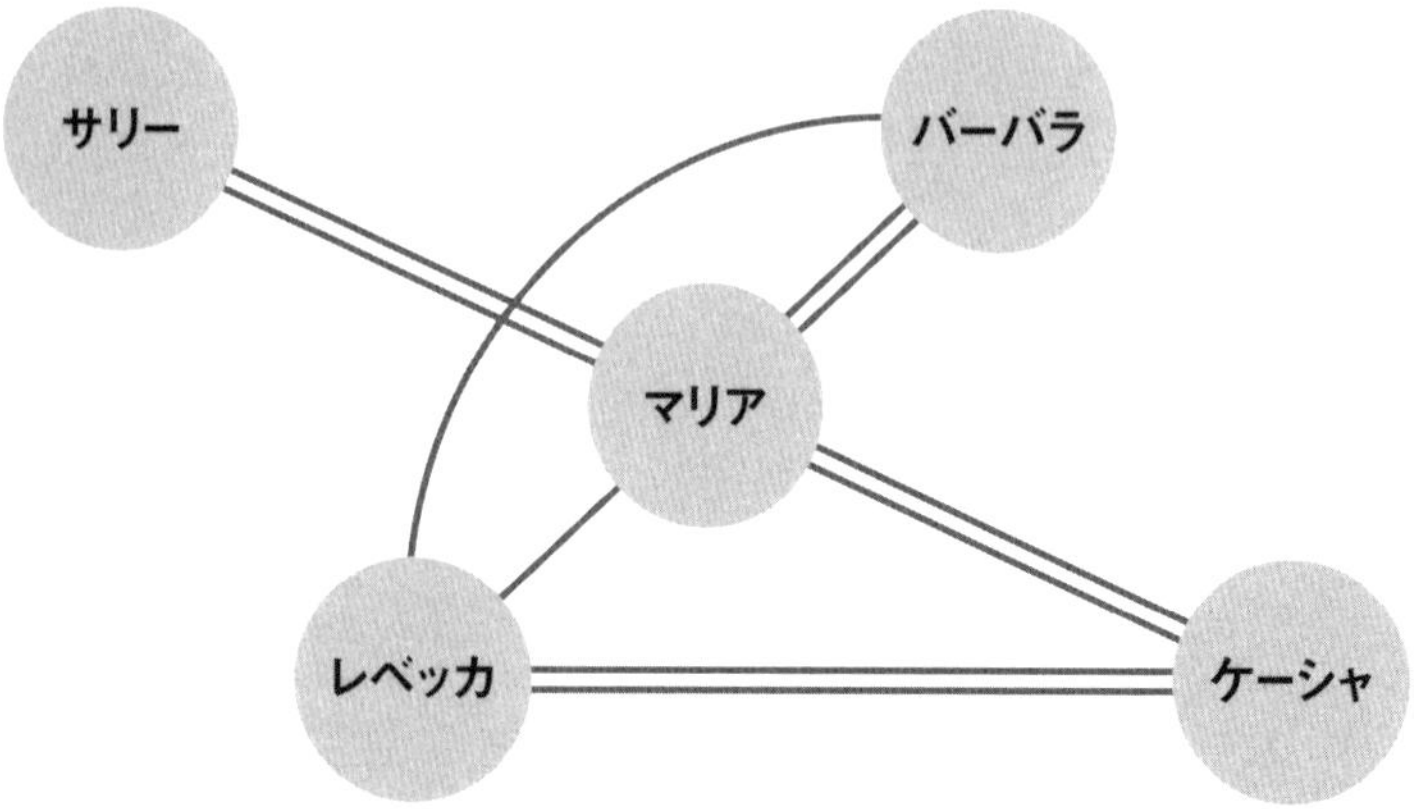

ではない。いちばん大勢の子と仲良しな女の子だ。それも、ほかの子との関係が双方向的なものであるほうがなおいい。

ここに、5人の女の子がいるとしよう。名前は、マリア、ケーシャ、レベッカ、サリー、バーバラ。マリアは、ほかの4人全員と仲良しだと思っている。ケーシャとサリーとバーバラも、マリアのことを友達だと思っている。ケーシャとレベッカはお互いを友達だと思っている。サリーとレベッカは接点がない。レベッカはバーバラを信用しているけれど、バーバラはレベッカを信用していない。こうした関係を図にあらわしてみよう（**図19-1**）。

それぞれの女の子の線の数を比べてほしい。線の数そのものも、双方向の関係をもっている相手の数も、マリアがいちばん多い。いちばん広くて深い交友関係をもっているのはマリアだ。つまり、5人のなかでいちばんステイタスが高いのはマリアということになる。

この図をもう1度見てみてほしい。それから、第8章の「フリーエージェントの人間関係図」（図8-4）をもう1度見てほしい。男女のどちらがニューエコノミーで成功するのに適しているだろう？答えは言うまでもない。

まとめ

【ポイント】

フリーエージェントの時代には、ビジネスやキャリアのあり方、コミュニティーの築き方も変わる。経済の生態系には、巨大企業とミニ企業が主に生息し、中間サイズの企業は廃れていく。マイクロペイメントや物々交換の拡大により、個人やミニ企業の間の取引はいまより容易になる。従来のような管理職は姿を消し、特定のプロジェクトのために適材適所の人材を集めることのできるプロジェクト・マネジャーが生き残るだろう。フリーエージェントの台頭により人と人との触れ合いがなくなるという指摘は、杞憂に終わる。むしろ、地域社会やコミュニティーは活気を取り戻すだろう。21世紀は、女性の世紀になるのかもしれない。男性ではなく、女性が中心になって築いていく。フリーエージェントの未来は、

【現実】

１９９９年の統計によれば、女性が経営する企業の数は全米で９１０万社。全体の38％だ。一部の推計によれば、２００５年には、女性が経営する会社は大小合わせれば、全体の半数を占めるようになるという。

【キーセンテンス】

「規模の経済」の恩恵を受ける企業はとほうもなく巨大化し、国家の規模に近づく。一方、企業の小規模化もさらに進行し、フリーランスやミニ企業は増え続ける。しかし、その中間サイズの企業は消滅するか、そうでなくても存在感が薄まるだろう。新しい経済の生態系では、たくさんの象ともっとたくさんのネズミが活躍し、その中間の大きさの種はほろんでいくのだ。

【キーワード】

レゴ型のキャリア（Lego Careers）：私たちのキャリアは、あらかじめ用意された梯子を1段1段、決められた方法で上っていくだけではなくなる。選択肢はもっと多様になる。レゴのブロックで遊ぶ子どものように、コネや技能、意欲、機会などのブロックを組み合わせて、自分なりのキャリアの積み木をつくり、それに満足できなくなれば、壊してまたつくり直すようになるのだ。キャリアの積み木の組み立て方は、無限にある。

エピローグ

将来は、どうなるかわからないけれど、とりあえずいまの生活を楽しんでいるわ。満足よ。なんてったって、私はグランマ・ベティなんだもの。

――ベティ・フォックス(ニューヨーク市クイーンズ区)

グランマ・ベティは買収された。

私がベティ・フォックスと会って話を聞いてから1年ほど後、新興ネット企業のｉグランドペアレンツがある提案を彼女にもちかけてきた。

「ある日、会社の人たちが家にやって来たの」と、グランマ・ベティは言う。「コーヒーとベーグルを出してもてなして、会話は弾んだわ。そのうちに、あの人たちはある提案をもち出してきたの」

その提案とは、ひと言で言えばこんな内容だった。グランマ・ベティは、ウェブサイトをｉグランドペアレンツのサイトに統合することを受け入れる。それと引き換えに、ｉグランドペアレンツは、グランマ・ベティに給料を支払い、会社のストックオプションを与え、技術的な支援を提供する。

彼女はこれまでに、買収の申し出を2件断っていた。どちらの会社も、十分に自由を保障してくれなかったからだ。でも、今度の人たちはいい人に見えたし、金額も悪くなかったと、彼女は言う。ただし、彼女にはどうしても譲れない条件が2つあった。サイトのコンテンツの決定権を完全にもち続けること、そして、古くからのファンが戸惑わないようにサイトのURLを変えないことである。iグランドペアレンツは、この条件を受け入れた。

グランマ・ベティの生活は1年前とほとんど変わっていない。仕事場は、前と同じニューヨーク市クイーンズ区の自宅。リンクを追加したり、高齢者の寄せる電子メールに返答したり。サイトの運営をすべてひとりでやっているのも昔と同じだ。唯一の違いは、定期的に安定した収入が入ってくること。「お金が入ってくるようになって、生活はだいぶ楽になった」と、彼女は言う。

自分はチームの一員であると同時に、独立した存在でもあると、ベティは言う。新しいパートナーは尊敬しているけれど、先方のオフィスに出向いたことはまだ1度しかない。「私は誰にも指図されない」と、彼女は言う。「私はフリーエージェントのまま」

「ゲームの仕組みは組織に有利なようにできている」とウィリアム・ホワイトは『組織のなかの人間』で書いている。いまは、その逆だ。潤沢な資金をもち、一大ビジネスを築きたいという野望を抱くiグランドペアレンツの3人の創業者たちは、グランマ・ベティの家のリビングルームでベーグルにクリームチーズを塗り、カフェインレスコーヒーを口に運びながら、失業した68歳の女性が産み育ててきた個人ビジネスを売ってほしいと頭を下げなくてはならなかったのだ。

いまや、健やかなるときも病めるときも、景気の山にあるときも景気の谷にあるときも、ゲームの仕組みは個人に有利なようにできているのである。

私が未来を楽観しているのは、そのためだ。これからは、もっと多くの人が独立を宣言し、仕事でも私生活でも、自分の運命を自分の手で切り開くようになる。道は、平坦ではないかもしれない。仕事のペースはますます加速し、人生のプレッシャーはいっそう激しくなる。それでも、自発的な決断であるにせよ、意に反するものであるにせよ、ますます多くの人が画一性という衣を脱ぎ捨て、他人に指図される生活から脱却し、自分の能力を存分に発揮するようになるだろう。それでもまだ完璧な状態とはいえないかもしれないが、ひとつの進歩であることは間違いない。

30年前に未来学者のアルビン・トフラーが発表した著書『未来の衝撃』は、この半世紀に書かれたなかで最も的確に未来を予測した本のひとつと言えるが、そこに書かれている予言がすべて当たったわけではない。しかし、トフラーは、予言を当てるためにこの本を書いたわけではなかった。トフラーのねらいは、議論のきっかけをつくることにあった。「最終的な結論」を下すのではなく、「新しい現実についての最初の大まかな説明」をすることを目指したと、彼は書いている。

この本で私も、私たちの働き方とライフスタイルの新しい現実について、私なりの「最初の大まかな説明」を試みたつもりだ。さあ、コーヒーをいれてベーグルを食べながら、一緒に議論を続けよう。

［著者］

ダニエル・ピンク（Daniel H. Pink）

1964年生まれ。ノースウェスタン大学卒業、イェール大学ロースクール修了。米上院議員の経済政策担当補佐官を務めた後、クリントン政権下でロバート・ライシュ労働長官の補佐官兼スピーチライター、1995年～97年までゴア副大統領の首席スピーチライター。フリーエージェント宣言後、ファストカンパニー誌やニューヨーク・タイムズ紙、ワシントン・ポスト紙をはじめ様々なメディアに、ビジネス、経済、社会、テクノロジーに関する記事や論文を執筆。本書をはじめ、『ハイ・コンセプト』（三笠書房）、『モチベーション3.0』、『人を動かす、新たな３原則』（以上、講談社）などの著書は34カ国語に翻訳され、世界中で200万部以上を売り上げている。2013年は世界のトップ思想家を選出する“Thinkers50”の13位に選出された。妻と子ども３人とともにワシントンD.C.在住。

［序文執筆］

玄田有史（げんだ・ゆうじ）

1964年生まれ。東京大学経済学部卒業、1992年学習院大学専任講師、2000年より同大学教授。その間、ハーバード大学、オックスフォード大学などで客員研究員を務める。2002年東京大学社会科学研究所助教授、2007年より同教授（現任）。専門は労働経済学。著書に『仕事のなかの曖昧な不安』（中央公論新社／サントリー学芸賞、日経・経済図書文化賞を受賞）、『ジョブ・クリエイション』（日本経済新聞社／労働関係図書優秀賞、エコノミスト賞を受賞）、『希望のつくり方』（岩波書店）、『孤立無業（SNEP）』（日本経済新聞出版社）など著書多数。

［訳者］

池村千秋（いけむら・ちあき）

書籍・雑誌等の翻訳者。『＜新装版＞「経験知」を伝える技術』（ダイヤモンド社）、『年収は「住むところ」で決まる』『ワーク・シフト』（ともにプレジデント社）、『大格差　機械の知能は仕事と所得をどう変えるか』（NTT出版）など訳書多数。

フリーエージェント社会の到来　新装版
――組織に雇われない新しい働き方

2014年8月28日　第1刷発行

著　者――ダニエル・ピンク
訳　者――池村千秋
発行所――ダイヤモンド社
〒150-8409　東京都渋谷区神宮前6-12-17
http://www.diamond.co.jp/
電話／03·5778·7232（編集）　03·5778·7240（販売）
装丁·本文デザイン―トサカデザイン（戸倉 巌、小酒保子）
DTP――――桜井　淳
製作進行――ダイヤモンド・グラフィック社
印刷――――加藤文明社（本文、表紙、別丁扉）・太陽堂成晃社（カバー、帯）
製本――――川島製本所
編集担当――柴田むつみ

ISBN 978-4-478-02929-9